Forensics
and Criminology

深掘り！
関係行政論
司法・犯罪分野
公認心理師必携

髙坂康雅 編著

尾崎一浩／若井貴史／熊上 崇 著

北大路書房

INTRODUCTION TO LEGAL AND ADMINISTRATIVE SYSTEMS FOR CERTIFIED PUBLIC PSYCHOLOGISTS

はしがき

　心理学界念願の心理職の国家資格「公認心理師」が誕生して，6 年が経った。公認心理師は，心理の専門的な知識と技術をもって国民の心の健康の保持増進に寄与することが求められている。2024 年 6 月時点で 73,438 人が公認心理師として登録しており，すでに，保健・医療，福祉，教育，司法・犯罪，産業・労働という主要 5 領域を中心に，広く活躍をしており，国民的な認知も広まってきている。本書は，司法・犯罪分野で心理職として働く際に知っておいてもらいたい法律やガイドラインについて説明するとともに，司法・犯罪分野の現状を把握するためのデータの紹介，事例を通して司法・犯罪分野における支援の視点や方法などについて説明したものである。

　序章で詳述するが，司法・犯罪分野で働いている心理職は，公認心理師の主要 5 領域のなかで最も少ない。これは，司法・犯罪分野で働く心理職の多くが，国家公務員（家庭裁判所調査官，法務技官（心理）など）や地方公務員（警察官など）であることや，その主な勤め先である裁判所，少年鑑別所，刑事施設などの数は決まっており，そこで働く心理職の数も限られているためである。また，教育分野（学校など）であれば，公認心理師を目指す大学生・大学院生もこれまでに通ったことがある場所である。保健・医療分野（精神科など）については，そこで実習をすることが必須となっている。福祉分野（児童養護施設，放課後等デイサービスなど）はボランティアやアルバイトなどで関与している者も少なくない。このように保健・医療分野，福祉分野，教育分野は公認心理師を目指す大学生・大学院生が何らかの関わりをもちやすく，どのようなところなのか，そこで心理職がどのように働くのかをイメージしやすい。一方，公認心理師を目指す大学生・大学院生の多くは警察と関わること（逮捕されるなど）を経験しておらず，裁判所や少年鑑別所，少年院，刑事施設などにも縁がない者が多い。そのため，何となくのイメージ

はもてていても，司法・犯罪分野での心理職の働き方を具体的に考え，また自らの進路の選択肢に入れることは難しいといえる。

　そのような大学生・大学院生にも本書を手にとっていただき，司法・犯罪分野の心理職の考え方や働き方について知ってもらいたいと思っている。そのなかで，特に知ってもらいたい点を3点あげておく。

　1点目は，再犯・再非行予防の重要性である。いかに犯罪を起こさないか，いかに非行を防ぐかという未然防止の観点はもちろん重要であり，精神疾患やいじめ，虐待など他の分野においても，予防的視点の重要度は増している。それは司法・犯罪分野でも同様である。一方，警察は基本的に，犯罪を行った者を逮捕し，起こった事件に対して捜査をする。裁判所は起こった事件を扱い，少年院や刑事施設は犯罪・非行を行った者を収容・入院させる。つまり，司法・犯罪分野は，基本的に「起こった事件」を扱うのであり，そこで扱われる者は「犯罪・非行を行った者」なのである。そのため，予防的支援も重要であるが，犯罪・非行を行った者がいずれ社会に戻ったときに，二度と犯罪・非行を行わないためには，どのような支援が必要なのかを考えなければならない。当然，それには心理支援だけでなく，医療，福祉，キャリアなどの多様な支援が必要となり，そのためには関係機関・多職種との連携・協働が必須となっているのである。「閉じられている」と思われがちな司法・犯罪分野，特に少年院や刑事施設のような矯正局関係は，再犯・再非行防止のためにも，「開かれた」支援を行わなければならないのである。

　2点目は，犯罪や非行を行った者に対しては少年院や刑事施設，保護観察などを通して，さまざまな支援が行われる。それに対して，これまで被害者本人や被害者の遺族等の支援は十分に行われてこなかった。被害者や被害者の遺族等のなかには，うつ病やPTSDのような精神疾患を生じさせるものもいて，その支援には多面的・長期的なものが求められる。犯罪被害者等基本法が成立し，少しずつ被害者や遺族等の支援（心理的支援だけでなく，経済的・福祉的な支援も）が整いつつあるが，犯罪を行った者などに比べると，組織的・体系的な支援が行われているとは言いがたい。このような状況にこそ，公認心理師の活躍の場が

見いだされるのであり，公・民問わず，被害者や遺族の支援をどのように行うことができるのかを考えていかなければならない。

　3点目は，家事事件における支援ニーズの高まりである。司法・犯罪分野というと，犯罪・非行を行った者への支援などが思い浮かぶが，司法・犯罪分野には家事事件，いわば家庭内で起こる問題も含まれる。具体的には，配偶者暴力や離婚などがある。特に離婚については，夫婦間の問題だけでなく，その夫婦の子どもも関わる問題である。これまで離婚後は一方の親が親権をもつ単独親権であったが，2024年5月に民法が改正され，今後は共同親権となる。それによってこれまでには生じなかった様々な問題が生じてくることが予想され，そのような問題のなかでも心理的な問題については，公認心理師が適切に関わることが期待される。

　本書では，このような状況を鑑み，司法・犯罪分野で心理職として働くために知っておくべき法律やガイドラインなどを詳細に解説している。また，各章に掲載されている各種統計を通して，現在の司法・犯罪分野における現状や課題を理解することができる。これらを読むことで，司法・犯罪分野で働きたいと考える公認心理師（あるいは公認心理師を目指す大学生・大学院生）が，司法・犯罪分野での活躍を決意し，また実際に活躍してくれることを期待している。もちろん，すでに司法・犯罪分野で活躍している心理職の方においても，情報のアップデートや現状把握，新たな視点の獲得のために，本書を手にとってもらいたい。

　各章には事例を示し，事例を通して実際の支援のあり方について解説している。また，法令やガイドラインなどだけでは足りない支援に必要な知見や考え方も示している。

　支援のあり方については，ここで示したものが「正解」というわけではない。また，解説のように常に支援がうまくいくわけでもない。むしろ，うまくいかなかったり，順調に進まなかったりするほうが多いかもしれない。そのようななかで，どのように考えればいいのか，誰と連携・協働すればよいのかなど柔軟に考え，積極的に関わりをも

つことが求められる。

　各章の最後には，「ワーク」を設けた。「ワーク」は事例を示し，〈①考えてみよう！〉〈②話し合ってみよう！〉〈③ロールプレイをしてみよう！〉という3つの課題で構成されている。〈①考えてみよう！〉は自分で調べたり考えたりするための課題である。〈②話し合ってみよう！〉は，グループでディスカッションするための課題である。〈③ロールプレイをしてみよう！〉は，要支援者やその家族等，支援者など，示されている人物になりきって，実際に演じてみる課題である。いずれも，大学・大学院の授業や各種研修会で活用することも想定して作成したものであり，活用していただければ，司法・犯罪分野における支援について理解が深まると考えている。なお，ロールプレイについては，以下のルールを徹底して行うことが有効である。

【ロールプレイのルール】

①性別・年齢・立場・気持ち・言葉づかいなど，できる限りその役割になりきる。
②役割になっている相手のことを笑ったりせず，相手をその役割そのものとして扱う。
③前提条件・設定には従い，勝手に変えたりしない。
④前提条件・設定に書かれていない部分は想像をもって補う。ただし，その想像は，前提条件・設定に照らして妥当な範囲で行い，過剰な想像（妄想）は行わない。
⑤前提条件・設定には書かれておらず，また想像することも難しければ，「わからない・不明」という判断をしてもかまわない。
⑥ファシリテーター（授業担当教員，研修担当講師など）の判断で，事例をより詳細に設定したり，役割を増減させたりしてもかまわない。

　なお，これらの事例はすべて仮想のものであり，人名や内容などは実在したものではない。

　本書を通して，習得した知識などを活用して，司法・犯罪分野で活躍できる公認心理師がいっそう増えること，それにより，国民のメン

タルヘルスが向上することを心より願っている。

長かった酷暑の夏の終わりを感じながら
髙坂康雅

目　次

はしがき　i

序　章　公認心理師と司法・犯罪分野
―公認心理師法―　1

1. 公認心理師とは何か　1
2. 司法・犯罪分野で働く公認心理師　6

第1章　犯罪と捜査・裁判手続き
―刑法・刑事訴訟法―　11

1. 刑法　11
   (1)「犯罪」とは何か　11／(2)「犯罪」と責任　14

2. 刑事訴訟法　18
   (1) 刑事司法制度　18／(2) 裁判員裁判（裁判員の参加する刑事裁判に関する法律）　23

3. 刑事事件の現状　26
   (1) 刑法犯の発生数の推移　26／(2) 検挙率・起訴率　27

   事例を読む　犯罪者の心を理解する　29

   ワーク 1　34

   Column 1　プロファイリングで「犯人はお前だ！」……？　35

第2章　刑と刑務所
―刑事収容施設法―　37

1. 刑　37

2. 刑事施設　39
   (1) 刑事施設の種類　39／(2) 処遇調査・処遇指標・処遇要領　39／(3) 処遇の態様・秩序維持　40／(4) 矯正処遇　40／(5) 外部とのつながり（外部交通）　43／(6) 制限の緩和・優遇措置　44／(7) 就労支援と福祉的

支援　44／（8）生活環境の調整　45／（9）釈放　46

3. 刑務所収容者の現状　46
（1）終局決定　46／（2）刑務所収容者　46

🔍**事例を読む**　刑務所における就労支援指導としてのSST　49

ワーク 2　58

Column 2　刑罰とは何か？　59

第**3**章　非行少年と少年審判
―少年法―　61

1. 少年法の対象　61
（1）少年　61／（2）非行少年（審判に付すべき少年）　62

2. 少年審判手続の流れ　63

3. 発見過程　64

4. 少年保護手続　66
（1）観護措置　66／（2）調査　68／（3）開始決定・不開始決定　69／（4）審判（少年審判）　69／（5）終局決定　70／（6）少年審判における実名報道　70

5. 少年事件の現状　70
（1）検挙人員　70／（2）少年事件の凶悪化　72

🔍**事例を読む**　家庭裁判所の試験観察　74

ワーク 3　83

Column 3　少年法の制定と厳罰化　84

第**4**章　非行少年はどのように処遇されるのか？
―少年法・少年院法―　85

1. 非行少年の処遇　85
（1）不処分　85／（2）児童相談所への送致　86／（3）保護処分　86／（4）検察官送致（逆送）　88／（5）刑事裁判における実名報道　89／（6）少年刑務所　89

2. 少年院　90
（1）少年院の年齢制限　90／（2）少年院の種類　91／（3）矯正教育課程

目次　vii

91／（4）処遇の段階・矯正教育の内容　92／（5）少年院からの退院　94

3. **少年院入院者の現状　94**

（1）家庭裁判所の終局処分　94

🔍**事例を読む**　少年院におけるマインドフルネスの導入　98

　ワーク 4　106

　Column 4　少年処遇の歴史　107

第5章　社会のなかで改善更生を支援する
―更生保護法―　109

1. **更生保護法　109**

（1）地方更生保護委員会　109／（2）保護観察所と保護観察官　110／（3）保護観察の方法と内容　111／（4）保護観察の終了・解除および取り消し　113

2. **社会内処遇に関わる施設・機関　114**

（1）更生保護施設　115／（2）自立準備ホーム　115／（3）自立更生促進センター　116／（4）地域生活定着支援センター　116

3. **保護観察の現状　117**

（1）成人の保護観察対象者　117／（2）少年の保護観察対象者　117

🔍**事例を読む**　保護観察所就労支援センターの支援　120

　ワーク 5　127

　Column 5　保護司が足りない　128

第6章　精神障害者の犯罪と処遇
―心神喪失者等医療観察法―　129

1. **心神喪失者等医療観察法　129**

（1）対象者と対象行為　129／（2）対象者に対する処遇の決定　130／（3）対象者の処遇　132

2. **通院による医療の目標と処遇　134**

（1）通院処遇の目標と理念　134／（2）医療の質や地域連携を確保する組織体制　135／（3）精神保健福祉法による入院の選択　136

3. **医療観察制度の現状　136**

（1）入院決定対象者の特徴　136／（2）入院決定対象者の在院期間　139

🔍 **事例を読む** 心神喪失者等医療観察法と社会復帰調整官　142

ワーク 6　150

Column 6　心神喪失者は無罪！……許せる？　151

第7章　犯罪被害者を支援する
―犯罪被害者等基本法―　153

1. 犯罪被害者支援の歴史　153

2. 犯罪被害者等基本法　154

3. 犯罪被害者等支援のための具体的な施策　156
（1）相談・捜査の過程における犯罪被害者等への配慮および情報提供　157／（2）精神的被害の回復への支援：カウンセリング体制の整備　158／（3）経済的負担の軽減に資する支援：犯罪被害給付制度　158／（4）犯罪被害者等の安全の確保：再被害防止措置の推進　159／（5）犯罪被害者等支援推進のための基盤整備：指定被害者支援要員制度　159

4. 犯罪被害者等への支援の現状　160
（1）相談件数の推移　160／（2）被害を受けた犯罪種別　161／（3）相談への対応　161／（4）直接的支援　161

🔍 **事例を読む** 被害者支援の一例　163

ワーク 7　170

Column 7　被害者等の人権は保護されているか？　171

第8章　配偶者による暴力から守る
―配偶者暴力防止法―　173

1. 配偶者暴力防止法　174
（1）配偶者暴力とその保護　174／（2）保護命令　177

2. 配偶者暴力の心理　179
（1）配偶者暴力の形態とその影響　180／（2）加害者の特徴　181／（3）配偶者暴力のサイクル　182／（4）被害者はなぜ逃げられないのか　183

3. 配偶者暴力の現状　185
（1）配偶者からの暴力（DV）に関する相談件数等　185

目次　ix

🔍**事例を読む** 配偶者暴力被害者の理解と支援　189

ワーク 8　194

Column 8　加害者をどのように更生させていくのか？　195

第9章　親の離婚を経験した子どもを支援する

―離婚と面会交流に関わる民法―　197

1. 日本における離婚制度　197

2. 親権　200

3. 離婚家庭の現状　203

（1）離婚件数とその特徴　203／（2）離婚家庭の状況　204／（3）養育費・面会交流の状況　205

🔍**事例を読む**　離婚後の子と別居親の面会交流　211

ワーク 9　219

Column 9　共同親権　220

補　論　司法・犯罪分野におけるコミュニティ・アプローチ

223

1. コミュニティ・アプローチ　223

2. 司法・犯罪分野のコミュニティ・アプローチの実践例　226

（1）長崎県「雲仙・虹」　226／（2）埼玉県「埼玉福興」　228

3. 国際的な動向と今後の課題　229

文　献　233

索　引　237

法令一覧　239

序　章

公認心理師と司法・犯罪分野

公認心理師法

　法律は多くの人が安心して生活ができるように，また他者との間でトラブルが生じないようにするために規定されている。しかし，なかには法律で定められていることを守らず，犯罪をする者がいる。そのような者に対しては，未成年（少年）であれば保護と矯正が行われ，成年には罰則が与えられる。そして，犯罪をした者の多くは，保護や矯正，罰則を受けたのち，社会へと復帰していく。そのようななかで，司法・犯罪分野の心理職の役割は，犯罪や非行の予防，犯罪を行った者に対するアセスメントや支援，社会復帰後の支援など多岐にわたる。

　また，近年では配偶者暴力や離婚後の親権問題，子どもとの面会交流など民事に関わる事項についても，心理職の活躍が期待されている。

　2015 年 9 月に公布され，2017 年に施行された心理職初の国家資格である公認心理師は，保健・医療，福祉，教育，司法・犯罪，産業・労働という主要 5 分野を中心に活躍することが求められている。2024 年 6 月末時点で 73,438 名が公認心理師として登録している（心理研修センター，2024）。ここでは，公認心理師とはどのような資格なのかを公認心理師法に基づいて説明するとともに，司法・犯罪分野で働く公認心理師について紹介していく。

1．公認心理師とは何か

　公認心理師は，公認心理師法に規定された国家資格である。公認心

1

理師法第1条では,「この法律は,公認心理師の資格を定めて,その業務の適正を図り,もって国民の心の健康の保持増進に寄与することを目的とする」と規定している。ここから,公認心理師には,精神疾患や障害を有した者への治療や支援だけではなく,精神疾患や障害を有することがないようにするための予防的対応や,そのような兆候がみられる者の早期発見・早期対応などを行い,国民の心の健康の保持増進に努めることが求められている。

公認心理師の具体的な職務(業)については,公認心理師法第2条に4つが規定されている。

第2条　この法律において「公認心理師」とは,第28条の登録を受け,公認心理師の名称を用いて,保健医療,福祉,教育その他の分野において,心理学に関する専門的知識及び技術をもって,次に掲げる行為を行うことを業とする者をいう。
一　心理に関する支援を要する者の心理状態を観察し,その結果を分析すること。
二　心理に関する支援を要する者に対し,その心理に関する相談に応じ,助言,指導その他の援助を行うこと。
三　心理に関する支援を要する者の関係者に対し,その相談に応じ,助言,指導その他の援助を行うこと。
四　心の健康に関する知識の普及を図るための教育及び情報の提供を行うこと。

(公認心理師法　第2条)

第2条第一号は,心理的アセスメントと呼ばれるものである。アセスメントとは,観察や面接,心理検査,関係者などからの情報の聞き取り・収集などを通して,心理に関する支援を要する者(以下,要支援者)の心理状態を把握・分析・解釈し,それらを整理することである。単に,何ができて何ができないかを明らかにしたり,平均や一般に比べて優れているか劣っているかを明らかにするだけでなく,そこから要支援者自身の自助資源や援助ニーズを見出したり,どのような支援を行ったり環境を提供すれば要支援者がいっそう生活しやすくなるかなど,今後の支援計画を立案するために行われるものである。

第二号は要支援者に対する相談や助言,第三号は要支援者の関係者に対する相談や助言である。必ずしも「カウンセリング」や「心理療

法」など狭義の支援だけではなく，情報提供や環境調整，適切なほか
の相談機関等の紹介（リファー），コンサルテーションなどを含めた広義
の支援を意味している。要支援者の関係者とは，要支援者が子どもで
あれば保護者・家族や教師などが含まれるであろうし，大人であれば
配偶者・家族や勤務先の上司・同僚，施設などを利用している場合に
はその施設の職員などが含まれる。公認心理師がこれら関係者に対し
て一方的に助言をするというよりは，それぞれがもっている情報を共
有し，要支援者に統一的な方針をもって対応できるようにするなど，
チーム援助を念頭に行われるべきである。

　第四号は，心理教育や心の健康教育などと呼ばれるものである。心
の健康に関する講演や研修を行ったり，ソーシャル・スキルズ・ト
レーニング（SST）やアンガーマネジメント，リラクセーション法など
具体的な方法を伝え，また実践したりすることなどが含まれる。この
ような心理教育などを行うことで，国民が心の健康に意識を向け，精
神疾患や障害などを予防するための行動をすることで，結果として，
心の健康の保持増進につながっていくのである。精神疾患や障害など
については，正しく理解されず，偏見をもっている者もいる。公認心
理師がエビデンスに基づいた正確な知識を伝えることは，精神疾患や
障害を有する当事者だけではなく，関係者にとっても当事者を正しく
理解することにつながり，それによって当事者も生活しやすくなるの
である。

　公認心理師には，このような職務（業）を行うなかで，以下の4つ
の義務が規定されている。

第40条　公認心理師は，公認心理師の信用を傷つけるような行為をして
はならない。

第41条　公認心理師は，正当な理由がなく，その業務に関して知り得た
人の秘密を漏らしてはならない。公認心理師でなくなった後においても，
同様とする。

第42条　公認心理師は，その業務を行うに当たっては，その担当する者
に対し，保健医療，福祉，教育等が密接な連携の下で総合的かつ適切に
提供されるよう，これらを提供する者その他の関係者等との連携を保た
なければならない。

> 2　公認心理師は，その業務を行うに当たって心理に関する支援を要する
> 　者に当該支援に係る主治の医師があるときは，その指示を受けなければ
> 　ならない。
> 第43条　公認心理師は，国民の心の健康を取り巻く環境の変化による業
> 　務の内容の変化に適応するため，第2条各号に掲げる行為に関する知識
> 　及び技能の向上に努めなければならない。
>
> （公認心理師法　第40条・第41条・第42条・第43条）

　第40条は，**信用失墜行為の禁止**と呼ばれるものであり，公認心理師
の信用を傷つけるような言動を禁じたものである。人事院が作成した
『義務違反防止ハンドブック―服務規律の保持のために―』では，信
用失墜行為には，職務上の行為だけではなく，勤務時間外の私生活上
の行為も含まれるとされている。また，暴行，窃盗，横領など犯罪行
為だけではなく，セクシュアル・ハラスメントなどの行為や，SNSに
おいて職務遂行に支障を来しかねない不適切な内容や差別を肯定する
ような内容を投稿することも信用失墜行為に含まれる。このハンド
ブックは国家公務員の服務について解説したものであるが，このよう
な信用失墜行為の考え方は，公認心理師にも適用されると考えられ
る。公認心理師が信用失墜行為を行った場合には，登録の取り消しや
名称使用の停止のような行政処分が科せられることがある（公認心理師
法第32条）。

　第41条は**秘密保持義務**（守秘義務）である。秘密保持義務は公務員や
医師，弁護士，精神保健福祉士，各福祉施設職員，学校の教職員など
多くの国家資格や職種において求められ，また義務とされているもの
である。秘密保持義務が守られなければ，要支援者は安心して公認心
理師に秘密を話すことができなくなり，結果として要支援者や国民全
体にとっても不利益となる。特に公認心理師をはじめとした心理職
は，要支援者のプライバシーや秘密など，他者には打ち明けない／打
ち明けたくないことを知る機会が多いため，秘密保持義務を厳守する
ことは，心理職の基本であり，最も重要なことである。なお，公認心
理師が秘密保持義務に違反した場合は，1年以下の懲役または30万
円以下の罰金に処せられることがあり（公認心理師法第46条），公認心理

4　┃　序章　公認心理師と司法・犯罪分野：公認心理師法

師の登録の取り消しまたは名称使用の停止のような行政処分が科されることがある（公認心理師法第32条）。

第42条は，多職種との連携に関わる規定である。公認心理師は，医療分野や福祉分野，教育分野などで働くことになり，そこにはそれぞれの専門職がいる。そのような専門職と連携・協働することは，要支援者に対する理解を深め，支援をより効果的に行うことができるようになる。特に，医療との連携は重視されており，第2項では主治医の指示を受けなければならないとされている。連携を行わなかったことによる罰則や行政処分は規定されていないが，第2項の主治の医師との連携を十分に行わなかった場合には，公認心理師の登録の取り消しまたは名称使用の停止のような行政処分が科されることがある（公認心理師法第32条）。

第43条は**資質向上の責務**と呼ばれるものである。公認心理師資格には更新制度がなく，公認心理師試験（国家資格）に合格し，登録簿に登録されると，登録取り消しにならない限り，ずっと公認心理師のままである。しかし，心の健康に関わる状況は刻々と変化し，また心理支援に必要な知識や心理支援で用いられる技法は次々と新しいものが生み出されている。要支援者に対して適切な支援を行うためには，そのような情報のアップデートや技術の研鑽などが必要なのである。

公認心理師は，「**名称独占資格**」である。診断や手術のような〈医行為〉は医師しか行うことができず，このようにある資格を有する者にしか特定の行為を行うことが認められていない資格を「**業務独占資格**」と呼ぶ（ほかに，弁護士，公認会計士，美容師など）。一方，リハビリテーションなどを行う国家資格に理学療法士や作業療法士があるが，理学療法士や作業療法士でなくても，リハビリテーションを行うことは可能であり，法的にも問題はない。しかし，理学療法士の資格をもたないものが「理学療法士」と名乗り，作業療法士の資格をもたないものが「作業療法士」と名乗ることはできない（法的に罰則がある）。このようにその資格の名称を使用することはできないが，その資格をもたないものがその資格を有する者と同等の行為を行うことが認められている資格を「**名称独占資格**」と呼ぶ。公認心理師は名称独占資格であるた

1. 公認心理師とは何か　5

め，公認心理師の資格をもっていなくても，心理検査を実施したり，心理療法やカウンセリングを行ったりしても問題はない。しかし，公認心理師が国家試験を経て得られる国家資格であることから，公認心理師資格を有していない者よりも心理学や心理支援に関する知識，心理検査や心理支援に関する技術をなどを有しており，また少なくとも，有していることが期待されている。そうすることで，公認心理師が国民の心の健康の保持増進に努めることができるとともに，社会的な信頼を得て，責任を果たすことができるようになるのである。

2. 司法・犯罪分野で働く公認心理師

司法・犯罪分野で働く公認心理師は実際にはどのような形で働いているのであろうか。日本心理研修センター（現・公認心理師試験研修センター）(2024) が 2023 年に実施した「令和 5 年度　公認心理師活動状況等調査」では，回答した 38,327 名のうち，「主たる勤務先」（単一回答）として〈司法・犯罪分野の勤務先機関〉を選んだ者は 1,527 名であり，回答者全体の 3.9％であった。〈保健医療分野の勤務先機関〉を選んだ者が 9,368 名 (24.1％)，〈福祉分野〉が 9,571 名 (24.7％)，〈教育分野〉が10,512 名 (27.1％) であったのに対し，〈司法・犯罪分野〉を主たる勤務先とする者の少なさは顕著である（主要 5 分野で最も少ない）。

また，非常勤なども含めた「現在の勤務先」として〈司法・犯罪分野の勤務先機関〉を選んだ者は 1,844 名 (4.7％) であった。〈司法・犯罪分野の勤務先〉のなかでは，「法務省矯正局関係（少年鑑別所，少年院，刑事施設等）」が 654 名（〈司法・犯罪分野の勤務先機関〉を選んだ者のうちの 35.5％）が最も多く，次いで「裁判所関係（家庭裁判所等）」（460 名，24.9％），「警察関係（警察，科学捜査研究所等）」（389 名，21.1％）となっている（表 0-1）。

司法・犯罪分野において支援・活動等の対象となった者のうち本人では，「非行少年」が最も多く，「加害者・犯罪者（成人）」「非行以前の問題行動のある少年」が続いている（表 0-2）。また「家庭内紛争の当事者」も司法・犯罪分野で働く心理職の 31.4％が支援している点も注目される。

6 ┃ 序章　公認心理師と司法・犯罪分野：公認心理師法

表 0-1　司法・犯罪分野における「現在の勤務先」(複数回答) (日本心理研修センター, 2024)

司法・犯罪分野の勤務先機関	人	%
警察関係（警察，科学捜査研究所等）	389	1.0
裁判所関係（家庭裁判所等）	460	1.2
法務省矯正局関係（少年鑑別所，少年院，刑事施設等）	654	1.7
法務省保護局関係 （保護観察所，地方更生保護委員会，更生保護施設等）	183	0.5
各種支援団体（被害者支援，加害者更生支援等）	123	0.3
その他	84	0.2
合計	1,844	4.7

表 0-2　司法・犯罪分野で行った支援・活動等の対象 (複数回答) (日本心理研修センター, 2024)

	人	%
〈本人〉	1,388	97.1
非行以前の問題行動のある少年	517	36.2
非行少年	878	61.4
加害者・犯罪者（成人）	527	36.9
触法障害者	303	21.2
犯罪被害者（少年）	422	29.5
犯罪被害者（成人）	242	16.9
家庭内紛争の当事者	448	31.4
その他	66	4.6
〈関係者〉	1,279	89.5
上記 8 項目（本人）の親族	907	63.5
保健・医療分野の関係者	392	27.4
福祉分野の関係者	640	44.8
教育分野の関係者	643	45.0
産業・労働分野の関係者	108	7.6
他の司法・犯罪分野の関係者	849	59.4
その他	44	3.1
合計	1,429	100.0

　また関係者に対する支援・活動も 89.5％が行っており，そのなかでも「上記 8 項目 (本人) の親族」，つまり非行少年や加害者，犯罪被害者などの親族を支援・活動等の対象としたものが 63.5％と最も多かった。また，「他の司法・犯罪分野の関係者」(59.4%) が多いことは当然であるが，「教育分野の関係者」(45.0%)，「福祉分野の関係者」(44.8%)，

「保健・医療分野の関係者」(27.4%) と，多分野の関係者との関わりも多く行われている。

　次に，司法・犯罪分野で行った支援・活動等の内容 (表0-3) では，〈支援者本人に対する支援〉として「個人に対するアセスメント面接」(64.0%)，「個人に対するその他の心理的支援」(56.1%)，「個人に対する心理面接 (カウンセリング，心理療法)」(42.0%) などが多く行われていた。

　また，本人以外に対する支援・活動等としては，「家族，集団に対する心理アセスメント」(35.8%)，「研修会等での講演」(38.9%)，「心理教育」(35.9%)，「司法問題を抱える当事者の家族および問題を抱える家族に対するアセスメント」(39.5%)，「司法問題を抱える当事者および問題を抱える家族に対する心理面接」(35.3%)，「多職種カンファレンスへの参加」(35.3%) などが比較的多く行われていた。

　司法・犯罪分野は，適応的に生活をしている者にとってはやや縁遠いものであり，そこで行われている支援・活動等にもなかなか想像しがたいことがある。なかには，司法・犯罪分野の心理職の仕事は，加害者や非行少年のアセスメント (心理検査含む) や面接に限られているとか，ドラマに出てくる「プロファイリング」を行うものであるなど，限定的な認識や誤った認識をもっている者もいる。しかし，司法・犯罪分野の心理職は，実際にはこの調査結果にもあるように，幅広い対象に対して多様な支援・活動を行っているのである。

表 0-3　司法・犯罪分野で行った支援・活動等の内容（複数回答）（日本心理研修センター，2024）

	人	%
〈対象者本人に対する支援〉	1,321	92.4
個人に対する心理検査	482	33.7
個人に対するアセスメント面接	914	64.0
医師の診断補助としての心理アセスメント	66	4.6
心理検査のフィードバック，セッション	409	28.6
個人に対する心理面接（カウンセリング，心理療法）	600	42.0
個人に対するその他の心理的支援	801	56.1
集団療法，グループワーク	356	24.9
家庭内紛争の解決やその家庭の子どもに対する支援	474	33.2
〈対象者本人以外に対する支援〉	589	41.2
家族，集団に対する心理アセスメント	512	35.8
地域コミュニティに対するアセスメント	117	8.2
地域コミュニティに対するコンサルテーション	138	9.7
〈心理教育〉	795	55.6
心理教育	513	35.9
研修会等での講演	556	38.9
広報誌等の発行，寄稿等	165	11.5
〈司法判断に係る手続き内の支援〉	376	26.3
起訴前に実施する捜査・アセスメント	101	7.1
各種の鑑定およびその補助	84	5.9
家事事件上の判断に資する心理検査，アセスメント	242	16.9
〈研究・政策〉	182	12.7
調査研究	182	12.7
〈当事者の家族に対する支援〉	953	66.7
司法問題を抱える当事者の家族および問題を抱える家族に対するアセスメント	564	39.5
司法問題を抱える当事者の家族および問題を抱える家族に対する心理面接	505	35.3
集団療法，グループワーク	96	6.7
地域リソース（社会資源）の組織育成	85	5.9
多職種カンファレンスへの参加	504	35.3
他職種に対する心理アセスメントの伝達	325	22.7
アウトリーチ	201	14.1
職員のメンタルヘルス支援	190	13.3
その他	31	2.2
合計	1,429	100.0

2.　司法・犯罪分野で働く公認心理師

第1章
犯罪と捜査・裁判手続き

刑法・刑事訴訟法

　刑法は犯罪と刑罰に関する法律である。現行の刑法には多くの犯罪が規定されており、刑法学ではこれらの規定の意味内容を明らかにしたうえで、具体的な事件を題材に、その結論が適切かどうか、結論に至る理由をどのように考えるべきかについて解釈論が戦わされている。しかし、これらの解釈論以上に、犯罪とは何か、犯罪が成立するための要件はどのようなもので、それはどのように体系づけられるのかといった議論が盛んに行われており、その対立も激しい。本章では、犯罪とは何かという議論と、犯罪の要件のうちで心理学と大きな関わりをもつ責任能力についての議論を解説する。

　犯罪と刑罰を定めるだけでは、犯罪取り締まりの際に警察による人権侵害が生じるおそれがある。このようなことが起きないように、犯罪捜査や裁判の手続きについて刑事訴訟法が詳細な定めを置いているので、これを概説するとともに、2009年から行われるようになった裁判員裁判の手続きについても紹介する。

1．刑法

(1)「犯罪」とは何か

　犯罪と刑罰に関する法律については、大原則が憲法に定められている。

> 何人も，法律の定める手続によらなければ，その生命若しくは自由を奪は
> れ，又はその他の刑罰を科せられない。 （日本国憲法　第31条）

1) 構成要件

　この条文（日本国憲法第31条）は，刑罰を科する手続きを法で定めれば
よいというものではなく，どのような行為が犯罪となり，どのような
刑罰が科せられるのか，それらもあらかじめ法律で規定していなけれ
ばならないということも意味していると解釈されている。これを**罪刑
法定主義**という。罪刑法定主義に基づいて，あらかじめ犯罪となるべ
き行為と刑罰を定めたものが刑法（刑法典）である。

　刑法（刑法典だけでなく犯罪と刑罰が定められている法律）の条文に示された犯
罪類型を，刑事実務や刑法学では構成要件と呼んでいる。刑法典では
第2編「罪」（第77条〜第264条）がこれにあたる。これらは，それぞれど
のような利益（保護法益）を保護するために設けられたのかによって，
国家的法益に対する罪（内乱罪・公務執行妨害罪など），社会的法益に対する
罪（文書偽造罪・放火罪），個人的法益に対する罪（殺人罪・窃盗罪など）に分類
され，刑法典には概ねこの順番で規定が置かれている。

　たとえば，殺人罪については，刑法199条に定めがある。

> 人を殺した者は，死刑又は無期若しくは5年以上の懲役に処する。
> （刑法　第199条）

　また，窃盗罪については，刑法235条に規定がある。

> 他人の財物を窃取した者は，窃盗の罪とし，10年以下の懲役又は50万円
> 以下の罰金に処する。 （刑法　第235条）

2) 違法性

　しかし，刑法の構成要件に該当する行為をすべて犯罪とすると，処
罰すべきでない行為も犯罪に含まれることになる。たとえば，現行犯
逮捕や，治療行為，ボクシングなどの格闘技などがこれにあたる。そ

12　┃　第1章　犯罪と捜査・裁判手続き：刑法・刑事訴訟法

こで，刑法典は処罰すべきでない行為を犯罪から除外している。

> 法令又は正当な業務による行為は，罰しない。
> (刑法　第35条)

　これらの行為は，「**正当行為**」と呼ばれ，正当行為を行った場合，それが逮捕監禁罪や傷害罪などの構成要件にあたる行為であったとしても違法性が認められず（違法性が阻却され）犯罪とはならないとされる。なお，人を安楽死させる行為が正当行為にあたるかどうかは，この要件に関わる判断の難しい問題である。

　また，「**正当防衛**」も犯罪から除外されている。

> 急迫不正の侵害に対して，自己又は他人の権利を防衛するため，やむを得ずにした行為は，罰しない。
> (刑法　第36条第1項)

　これは殴りかかってきた人に「対して」反撃して殴り返すような場合に，違法性を阻却するというものである。反撃であっても防衛の程度を超えた場合は，違法性は阻却されず犯罪となる。しかし，裁判官は情状を斟酌して刑を減軽したり免除したりすることができる（刑法第36条第2項）。

　さらに，「**緊急避難**」と呼ばれる行為についても，犯罪行為としては扱われない。

> 自己又は他人の生命，身体，自由又は財産に対する現在の危難を避けるため，やむを得ずにした行為は，これによって生じた害が避けようとした害の程度を超えなかった場合に限り，罰しない。
> (刑法　第37条第1項抜粋)

　これは，殴りかかってきたのを避けるときに，避難経路に立っていた「第三者」を突き飛ばして逃げたような場合である。この場合，避難行為であっても避けようとした害の程度を超えた場合，たとえば，殴りかかってきたのを避けるために，避難経路に立っていた「第三者」を撃ち殺して逃げた，というような場合，違法性は阻却されず犯罪となる。しかし，裁判官は，情状を斟酌して刑を減軽したり免除したりすることができる（刑法第37条第1項）。

1.　刑法　13

このような「正当行為」や「正当防衛」,「緊急避難」などの行為は構成要件に該当するけれども,法的には「やってもよい」行為である。そこでこれらの場合は,構成要件に該当するけれども,違法性はなく,犯罪とはされない。

3) 責任

このように違法性を阻却する行為を犯罪から除外しても,まだ刑罰を科すべきとはいえない場合が残る。国が行為者に刑罰という生命・人身の自由・財産権を剥奪・制限する行為を行うことができるのは,行為者が違法な行為を避けることができたのに,あえて違法な行為を行ったからである。避けることができたのにもかかわらず行為に及んだので「なんでそんなことをしたんだ！」と非難することができ,言葉の非難だけでは足りないときには非難の意味を込めて苦痛を与え思い知らせることができる (応報刑論)。そうだとすれば,行為者が自分の意思で避けることができなかった場合,非難することはできず,刑罰を科することはできない (責任主義)。つまり法的に「やってはいけない」けれども,本人の意思では「どうすることもできない」場合は責任を負わせることができない。そこで,刑法典は構成要件に該当し,違法性が認められても,責任がなければ犯罪は成立しないものとしている。

以上より,犯罪とは,構成要件に該当する違法有責な行為である,と定義される。

(2)「犯罪」と責任

上記のように,行為者が違法な結果を発生させてしまうことを「どうすることもできない」場合,刑罰という責任を負わせることはできない。では,どのような場合に「どうすることもできない」と評価されるのか。刑法は,故意も過失もない場合 (刑法第38条第1項),違法性の意識の可能性のない場合 (刑法第38条第3項参照),適法行為の期待可能性がない場合 (盗犯等ノ防止及処分ニ関スル法律第1条第2項) のほか,責任能力がない場合 (刑法39条),責任年齢に達していない場合 (刑法第41条) に責

任がないとしている。このうち，責任能力と責任年齢について説明する。

1) 責任能力（心神喪失／心神耗弱）

責任能力について，刑法では次のように規定されている。

> 第三十九条　心神喪失者の行為は，罰しない。
> 2　心神耗弱者の行為は，その刑を減軽する。　　　（刑法　第39条）

心神喪失とは，責任能力がない場合をいい，**心神耗弱**とは，責任能力が著しく減退している場合をいう。

2) 責任能力の判断の方法

責任能力の有無の判断の仕方には，①生物学的方法（生物学・医学的に精神の障害が存在したか否か），②心理学的方法（自由な意思決定能力の有無・意思に従って行為する能力の有無），③混合的方法（両者をあわせて考える）があり，刑法39条は③の混合的方法を採用しているというのが判例の立場である（大審院判決 S6.12.3 刑集 10-682）。この立場からは，責任無能力とは，精神の障害により事物の是非・善悪弁別能力（事理弁識能力）「又は」それに従って行動する能力（行動制御能力）を欠くことと定義されることになる。精神疾患があることを前提に，事理弁識能力あるいは行動制御能力の「一方」が欠ければ責任無能力と判断される。

責任能力の有無を判断するために行われるのが「鑑定（精神鑑定）」である。鑑定には，起訴前の鑑定，起訴後の鑑定，弁護側の鑑定（私的鑑定）がある。起訴前の鑑定は，検察官が起訴をするかどうかを判断するための鑑定で，簡易鑑定（検察庁の庁舎で医師が30分〜1時間程度面接する方法で行われるもの）と，起訴前本鑑定（裁判所の許可を得て，被疑者の身柄を2〜3か月にわたって精神科病院や拘置所内に留置し（刑事訴訟法第167条），医師が継続的に観察する方法で行われるもの）がある。起訴後の鑑定は，裁判中に裁判所が被告人などの精神状態や精神能力の有無・程度を判断するために，精神科医などの鑑定人に命じて鑑定させるものである（刑事訴訟法第165条から）。私的鑑定は，被疑者が起訴されることを避けたり，被告人の責任能力

1. 刑法　15

を争ったり，情状を主張するために，弁護側が精神科医などに依頼して行うものである。検事や弁護士が起訴前の鑑定結果を証拠として提出したり，裁判において起訴後の鑑定が行われた場合，裁判所はこれらの鑑定結果に基づいて被告人の責任能力の有無を判定する。

　ただし，鑑定で医師が精神障害であり心神喪失・心神耗弱状態であったと診断したからといって，必ずしも裁判所が心神喪失・心神耗弱と認定するとは限らない。精神病であるかどうかや，その程度は医学的判断であるが，それが心神喪失または心神耗弱に該当するかどうかは法律判断であるので，専ら裁判所に委ねられるべき問題であり，裁判官は鑑定医の判断に拘束されないからである（最決 S58.9.13 判時 1100-156）。

　たとえば，被告人が統合失調症を発症していた場合，裁判所は被告人の犯行当時の病状・犯行前の生活状態・犯行の動機・態様などを総合して判断し，①動機が被害妄想等に導かれたものか，②自己の行為が「悪いこと」であることを認識していたか，③病識および病感の程度，④意識は清明であったか，記銘能力に欠けることがなかったか等を考慮しつつ，幻覚，妄想に完全に支配され他の行為を選択することができないような精神状態で行われた犯行といえるか否かを検討して，無能力とするか否かを決定している。

　被告人がパーソナリティ症／障害である場合は，大部分の裁判例で責任能力があると判断されている。被告人が知的障害者の場合は，責任無能力とされることは少ないが，必ずしも完全責任能力が認められるわけではなく，心神耗弱が認められることもある。これは障害の程度の重い者については検察官が起訴しないことが多く，裁判にかけられるのは障害の程度が軽い者がほとんどだからであるといわれている。

　被告人が飲酒により酩酊していた場合については，単純酩酊程度（酩酊しているが精神運動性の興奮（酒癖が悪くなり多弁になったり行動に抑制がなくなる状態）はさほどではなく，平素の人格とあまり変わりがない程度）であれば，責任能力があると判断される。病的酩酊（精神運動性の興奮が著しく，時・場所・人を正しく認識できない。妄想や幻覚があり，行動が周囲からは了解不能な状態）の場合は心神喪失と認められる傾向がある。複雑酩酊（精神運動性の興奮は著しいが，

時・場所・人の認識の誤りはさほどではなく，妄想や幻覚もなく，行動も周囲の状況から了解可能な状態）の場合は心神耗弱とされることが多い。

覚醒剤により統合失調症に類似した精神病症状が生じた場合には，心神喪失・心神耗弱が認められることは少ない。

なお，心神喪失であるとして無罪となったり心神耗弱であるとして刑の執行が全部猶予された場合，刑に服することはないが，重い罪の構成要件に該当する行為をした場合は心神喪失等の状態で重大な他害行為を行った者の医療及び観察等に関する法律（心神喪失者等医療観察法）に基づく裁判所の命令により，それ以外の場合は精神保健及び精神障害者福祉に関する法律（精神保健福祉法）に基づく都道府県知事の措置により，精神科病院に強制入院となることがある。

3）責任年齢

刑法は，行為者が年少者の場合，責任がないものとして，犯罪不成立としている。

> 14歳に満たない者の行為は，罰しない。　　　　　　　（刑法　第41条）

確かに年少者には違法行為に及ぶことを自分では「どうすることもできない」場合がある。たとえば母親の買い物に連れられてきた2歳の幼児は，陳列棚にあるお菓子を口に入れることを思いとどまることができないかもしれない。しかし，13歳の中学生であれば思いとどまれるはずである。刑法第41条が，14歳未満の者について犯罪不成立とするのは，責任能力がないからではない。年少者の可塑性（立ち直りの可能性）や，犯罪を成立させることによる子どもの育成への悪影響を考慮して，政策的に犯罪不成立としたのである（責任年齢）。

このように，14歳未満の者（刑事未成年者）が構成要件に該当する行為を行った場合，犯罪とはされないが，少年法の非行行為とされ，同法による審判・保護処分の対象となる。

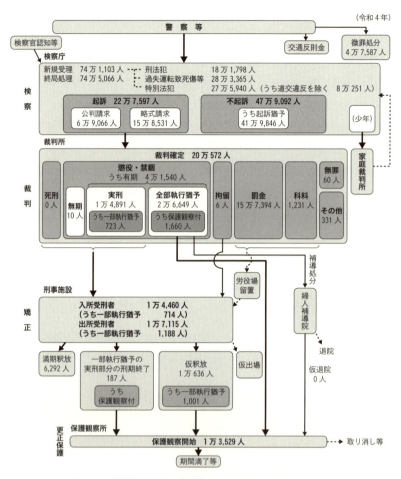

図 1-1　犯罪者処遇の概要（法務省 法務総合研究所, 2024）

2. 刑事訴訟法

(1) 刑事司法制度

　犯罪が発生したとき，それをどのように捜査し，どのように裁判が行われていくのか。それを定めるのが刑事訴訟法である。犯罪が行われてから判決が下されるまでの手続きは，図 1-1 の通りである（なお，婦人補導院での補導処分は売春防止法の改正により 2024 年 4 月に廃止されている）。

1）捜査の端緒

　刑事司法手続きは，警察官（司法警察職員）が，犯罪が行われたことを知った時点から始まる。犯罪が発生したということが明らかになるきっかけを捜査の端緒という。捜査の端緒には，職務質問（警察官職務執行法第2条）や検視（刑事訴訟法第229条），通報（110番通報），自首（刑事訴訟法第245条），告訴（刑事訴訟法第230条），告発（刑事訴訟法第239条），請求（刑事訴訟法第237条第3項，第238条第2項），犯罪の現認（現行犯逮捕；刑事訴訟法第212条），検問（道路交通法第61条），マスコミの報道（犯罪捜査規範第59条）など，さまざまなものがある。

2）捜査

　警察官は犯罪が行われたことを知ると，**捜査**を行う。汚職や大型脱税事件などについては，東京・大阪・名古屋の地方検察庁の特捜部で捜査が行われる（刑事訴訟法第191条第1項）。

> 司法警察職員は，犯罪があると思料するときは，犯人及び証拠を捜査するものとする。
> （刑事訴訟法　第189条第2項）

　捜査には，任意捜査と強制捜査がある。任意捜査には，任意出頭を求めて被疑者や参考人を取り調べたり（刑事訴訟法第198条），公私の団体に照会・報告を求めたり（刑事訴訟法第197条第2項），承諾を得て家屋に立ち入ったり証拠の提出を受けるなどさまざまなものがある。

　強制捜査には，被疑者の身柄確保（逮捕；刑事訴訟法第199条，第213条，第210条および，勾留；刑事訴訟法第207条，第208条，第60条）と，証拠の収集（捜索・押収・検証・鑑定，刑事訴訟法第99条・第101条・第102条・第128条・第165条）がある。強制捜査は刑事訴訟法にある特別の定めがなければできない（刑事訴訟法第197条第1項）。

　警察官が捜査を終えると，検察官に引き継がれる。なお，罪が軽い場合には検察庁に送致せずに，警察の取り調べだけで手続きを終了する場合もある（微罪処分；刑事訴訟法第246条）。

> 司法警察員は，犯罪の捜査をしたときは，速やかに書類及び証拠物とともに事件を検察官に送致しなければならない。
> （刑事訴訟法　第246条抜粋）

　検察官は書類・証拠物の検討と被疑者や関係者の取り調べを行い（刑事訴訟法第191条第1項），裁判所に公訴を提起（起訴）する。ただし，犯罪の嫌疑がある場合すべてについて必ず公訴提起しなければならないのではなく，犯人の性格・年齢・境遇・罪の軽重・情状・犯罪後の情状により必要がないと判断したときは公訴提起をせず起訴猶予（不起訴処分）とすることもできる（起訴便宜主義：刑事訴訟法第248条）。

3) 捜査（身柄を拘留する場合）
　捜査および裁判に出頭させるために被疑者の身柄を拘束することを未決拘禁という。未決拘禁には，逮捕と勾留がある。

> 何人も，現行犯として逮捕される場合を除いては，権限を有する司法官憲が発し，且つ理由となっている犯罪を明示する令状によらなければ，逮捕されない。
> （日本国憲法　第33条）

　過去に不当な逮捕・勾留が横行し人権侵害があったことから，逮捕・勾留の手続きは刑事訴訟法で規定されているだけでなく憲法でも定められている。
　未決拘禁には以下に述べるような時間の制限がある（図1-2）。有罪が確定していないのにもかかわらず被疑者を長期間拘束することは被疑者の人権を不当に侵害することになるからである。
　逮捕により身柄拘束をできるのは48時間である。逮捕されたときには，警察署内の留置場に収容され（刑事収容施設及び被収容者等の処遇に関する法律（以下，刑事収容施設法）第14条），取り調べを受ける。その際，被疑者は弁護人を選任することができる（刑事訴訟法第30条第1項）。しかし，こ

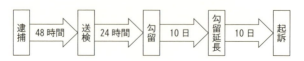

図1-2　捜査手続きの流れ

の段階では国選弁護人の選任は行われないので，私選弁護人を選任する必要がある。また，全国の弁護士会は弁護士を警察署などに派遣して1回に限り無料で接見し助言・援助を与える制度を設けている（当番弁護士制度）。

警察官（司法警察職員）は，逮捕した被疑者について捜査のため身柄を引き続き拘束する必要があると判断した場合，逮捕から48時間以内に事件を検察官に送致する。送致を受けた検察官は，送致を受けてから24時間以内に裁判所の令状（勾留状）の発布を受け，身柄の拘束を継続することができる（勾留：刑事訴訟法第207条第5項）。

> 何人も，理由を直ちに告げられ，且つ，直ちに弁護人に依頼する権利を与へられなければ，抑留又は拘禁されない。　（日本国憲法　第34条抜粋）

日本国憲法第34条の「拘禁」は刑事訴訟法上の「勾留」にあたる。勾留による身柄拘束の期間は10日間である（刑事訴訟法第208条第1項）。ただし，1回のみ，10日間延長できる（刑事訴訟法第208条第2項）。勾留された後も，警察署の留置場で収容されたまま警察官（司法警察職員）の取り調べを受けるのが一般的である（刑事収容施設法第15条）。勾留状が発せられた場合，被疑者が貧困その他の事情（弁護人になろうとする者がいないなど）により私選弁護人を選任できない場合は，国選弁護人が選任される（刑事訴訟法第37条の2第1項）。

未決拘禁者（逮捕・勾留により身柄が拘束された者）は拘禁刑（懲役刑・禁錮刑）の受刑者と異なり，作業や指導はない。また，居室は，できる限り単独室とされているが，共同室に収容されることもある。未決拘禁者には衣類・寝具が貸与されるが私物を使用することもできる。飲食物・切手・封筒・便せん・日用品などの購入やその他の物品の差し入れが認められている。弁護人との面会や手紙のやりとりの制限はない（刑事訴訟法第79条）。それ以外の者との面会や手紙は，勾留決定を受けた翌日から認められるが（刑事訴訟法第80条），罪証隠滅や逃亡のおそれがある場合は禁止されることがある（刑事訴訟法第81条）。面会や手紙の発受が認められる場合も，面会については職員が立ち会い，手紙については内容の検査が行われる。図書，雑誌および新聞紙の閲読は，罪証隠

滅の結果を生ずるおそれがなく，かつ，施設の規律・秩序を害するお
それのない限り許されている。

4）公判・起訴後勾留

　検察官から起訴状を受理した裁判所は，公判を開き事件を審理する
(刑事訴訟法第 273 条)。

> すべて刑事事件においては，被告人は，公平な裁判所の迅速な公開裁判を
> 受ける権利を有する。　　　　　　　　　　　(日本国憲法　第 37 条第 1 項)

　起訴された場合に弁護人が選任されておらず（在宅のまま捜査が行われた
場合など），かつ，被告人が自ら私選弁護人を依頼できないときは，国選
弁護人が選任される（日本国憲法第 37 条第 3 項）。
　裁判所は起訴された者（被告人）を勾留できる。捜査中に勾留されて
いた場合は起訴後も引き続き勾留されることが多い。勾留期間は 2 か
月であるが，裁判所は 1 か月ごとに延長することができる（刑事訴訟法
第 60 条）。勾留場所は，警察署の留置場から，法務省が管轄する拘置所
へ移管されるが，処遇内容は留置場とほぼ同じである。起訴後は，被
告人の請求により裁判所は保釈をすることができる（刑事訴訟法第 88 条）。
保釈に際しては，裁判所に保釈金を預託する必要があるほか（刑事訴訟
法第 93 条第 1 項），実務上，身元引受人を立てることを求められる。保釈
の決定がなされて保釈金を納付すると身柄は解放される。保釈中は，
裁判所から指示された保釈条件を守り，公判があるときは裁判所に出
頭しなければならない。保釈金は，被告人が保釈後も公判に出頭すれ
ば有罪でも無罪でも還付されるが，保釈条件を守らなかったり逃亡し
たりすると没収される。なお，保釈中に被告人が逃亡する事件が相次
いで発生したことから，2023 年 5 月に刑事訴訟法が改正され，裁判所
は，保釈中の者を監督する者を選任できるほか（刑事訴訟法第 98 条の 4），
保釈中の者に GPS 発信機の装着を命じることができることとなった
(刑事訴訟法第 98 条の 12：2028 年 5 月までに施行される)。

22 ┃ 第 1 章　犯罪と捜査・裁判手続き：刑法・刑事訴訟法

5）公判準備手続・公判手続

裁判所が必要と認めるときは，事件を公判前整理手続に付すことができる（刑事訴訟法第316条の2）。公判前整理手続では事件の争点の整理や検察官・弁護人双方の提出予定の証拠の開示や，検察官の手持ち証拠の開示などが行われ，審理計画が立てられる。

公判は裁判所の本庁または支部の法廷で開かれ（刑事訴訟法第282条第1項），裁判官，書記官，検察官，被告人，弁護人が出頭する（刑事訴訟法第282条第2項）。公判は公開され，誰でも傍聴することができる（日本国憲法第37条第1項）。裁判官は通常は1名で担当するが，重大な事件については3名で担当する（合議事件，裁判所法第26条）。

公判の審理は，冒頭手続（刑事訴訟法第291条），証拠調べ手続（刑事訴訟法第292条），弁論手続（刑事訴訟法第293条），判決の宣告（刑事訴訟法第333条）から構成されている。

地方裁判所や簡易裁判所の第一審判決に不服のある場合は高等裁判所に控訴できる（刑事訴訟法第372条）。控訴審の審理は裁判官3名で行われ，第一審で取り調べられた証拠に基づいて第一審判決事実認定が正しかったか，法律の解釈適用が正しかったか，量刑が適切かを事後に審査するものとされている（事後審制）。そのため，新たな証拠の提出は認められないことが多い（刑事訴訟法第382条，第382条の2）。

控訴審判決に不服がある場合はさらに最高裁判所に上告ができる。上告審は控訴審の事実認定に基づいて法律の解釈適用が憲法に違反したり，判例に違反したりしていないかを審査する（刑事訴訟法第405条）。上告審の裁判は，通常は裁判官5名（小法廷）で行われるが，判例変更など重要な事件の場合は裁判官15名（大法廷）で行われる。

（2）裁判員裁判（裁判員の参加する刑事裁判に関する法律）

これまでの裁判は，検察官や弁護士，裁判官という法律の専門家が中心で，審理や判決が国民にとって理解しにくく，審理に長期間を要することが問題とされた。そこで，2009年から**裁判員裁判**が行われている。

> この法律は，国民の中から選任された裁判員が裁判官と共に刑事訴訟手続に関与することが司法に対する国民の理解の増進とその信頼の向上に資することにかんがみ，裁判員の参加する刑事裁判に関し，裁判所法及び刑事訴訟法の特則その他の必要な事項を定めるものとする。
>
> （裁判員の参加する刑事裁判に関する法律　第 1 条抜粋）

1）裁判員裁判の流れ

　裁判員裁判は，地方裁判所で行われる刑事事件の第一審のうち，重大な事件を対象とする。これには，死刑または無期の懲役・禁錮に当たる罪に係る事件や法定合議事件（3 名の裁判官で審理することが裁判所法で定められている重大な事件）であって故意の犯罪行為により被害者を死亡させた罪に係るものがある（裁判員の参加する刑事裁判に関する法律（以下，裁判員法）第 2 条第 1 項）。

　原則として，裁判官 3 人，裁判員 6 人で審理が行われる（裁判員法第 2 条第 2 項）。

　裁判員は，まず 18 歳以上で衆議院議員の選挙権を有する者のなかから（裁判員法第 13 条），無作為に候補者が抽出される（裁判員法第 26 条 3 項）。候補者は指定された日に裁判所に出頭する。そして欠格事由や就業禁止事由に該当する者，不適格事由を有する者が候補者からはずされる。欠格事由者とは義務教育を受けていない者や刑罰を受けたことがある者など能力的あるいは道徳的に裁判員を適切に務めることができないおそれのある者である（裁判員法第 14 条）。就業禁止事由は裁判官・検事・弁護士や国会議員など専門家以外の一般国民に裁判への参加を求めるという制度目的に反することになる者である（裁判員法第 15 条）。不適格事由は事件の関係者など審理に参加すると裁判の公平性を損なうおそれのある事由である（裁判員法第 17 条）。さらに，辞退希望者のうち要件に該当する者は候補からはずされる。高齢者や学生，家族を介護・養護しなければならない人，仕事を抜けることができない社会人などが辞退を認められる（裁判員法第 16 条）そして，裁判長からの質疑応答があり，その内容を聞いた検察官・弁護人が除外を求めた者も候補からはずされる。最後に残った候補者のなかからくじで裁判員 6

名と補充裁判員（最大6名）が選任される。

裁判員は，刑事裁判の審理に出頭し，証拠調手続や弁論手続に立ち会う（裁判員法第52条）。また，証人尋問や被告人質問をすることもできる（裁判員法第56条，第59条）。裁判員裁判では，裁判員の負担軽減のため，通常裁判と異なり公判前整理手続が必ず行われ（裁判員法第49条），期日は連日開廷される。証拠は厳選され，証人尋問は連続して行い，証拠調べ終了後速やかに論告・求刑が行われ結審される。

結審後，事実の認定・法令の適用・刑の量定について，裁判官と裁判員の評議が行われる（裁判員法第66条）。そして過半数かつ裁判官と裁判員のそれぞれ1名以上が賛成すればそれが評決となり（裁判員法第67条），評決に基づき判決が言い渡される。

2) 裁判員の義務と保護等

裁判員や裁判員候補者には，守秘義務が課せられており，評議の経過，それぞれの裁判官および裁判員の意見，意見の多少の数などについて，他者に話したりしてはならない。これらに関する守秘義務は裁判が終了してからも消滅しない（裁判員法第9条第2項，第70条）。また，裁判員の秘密漏洩行為等は刑事罰の対象となる（裁判員法第108条）。

一般国民が安心して裁判員裁判に参加できるようにするため，従業員が裁判員の職務のために仕事を休んだこと，その他裁判員になったことを理由として，雇用主が解雇その他不利益な取り扱いをすることは禁じられる（裁判員法第100条）。また，裁判員を保護し公平な審理を行えるようにするため，誰であっても，裁判員を特定できるような情報を公開してはならず（裁判員法第101条，第109条），また担当事件について裁判員に接触することは禁じられ（裁判員法第102条），裁判員に対する請託・威迫行為をした場合は，刑事罰の対象となる（裁判員法第106条，第107条）。

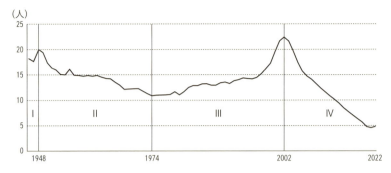

図 1-3 刑法犯の発生率（人口 1,000 人あたり）(法務省 法務総合研究所, 2024 より作成)

3. 刑事事件の現状

(1) 刑法犯の発生数の推移

　我が国では，犯罪は増えているのか，減っているのか。これを知るために，まずは人口 1,000 人あたりの刑法犯（自動車事故を除く）の発生数をみてみる。

　戦後の犯罪発生率は，図 1-3 の I 〜 IV の期間に区分できる。

　第 I 期は，1946 年から 1948 年までの期間であり，終戦直後の社会の混乱で，犯罪が多発したため，犯罪発生率が高くなっている。

　第 II 期は，1949 年から 1974 年までの期間であり，犯罪発生率が緩やかに減少していった時期である。

　第 III 期は，1975 年から 2002 年までの期間であり，窃盗罪の増加により刑法犯全体の犯罪発生率が増加していき，1989 (平成元) 年頃から急増し，2002 年にピークを迎える時期である。1990 年代に入り失業率が高まったことが背景にあると考えられるが，それ以外にも，少年犯罪の増大や，来日外国人犯罪の増加のほか，警察庁が都道府県警に窃盗犯よりも重大犯罪の取り締まりに重点を置くよう指示したため検挙率が下がったことの影響も指摘されている (前田, 2022)。

　第 IV 期は，2003 年から現在に至るまでの期間である。この期間は，犯罪発生率が急激に減少する時期である。2000 年代の刑法犯の発生率の急増を受け，政府は 2003 年に犯罪対策閣僚会議を組織し，同年

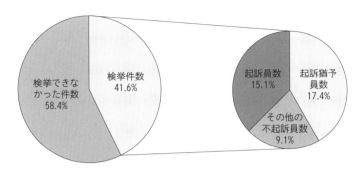

図 1-4 認知件数中の検挙率・起訴率（刑法犯）(法務省 法務総合研究所，2024 より作成)

12月に「犯罪に強い社会の実現のための行動計画」を策定した。そこでは①身近な犯罪の抑止，②少年犯罪の抑止，③国境を越える脅威に対する対処，④組織犯罪対策，⑤治安回復のための基盤整備のような計画が策定された。この計画に基づく施策も実施され，犯罪発生率は19年間大きく減少し続けた。

しかし，2022年・2023年と連続して刑法犯発生率が上昇した。ほぼすべての刑法犯について増加しているが，目立つものとしては，自転車窃盗・傷害・暴行など街頭で行われる犯罪の増加が大きい（前年比14.4%増）。ただし，両年の件数は2020年の値を下回っている。したがって，犯罪の増加は，2020〜2021年に新型コロナのパンデミックによる行動制限があったため減少していたものが元に戻ったのではないかと推測されている（法務省 法務総合研究所，2024）。

(2) 検挙率・起訴率

2022（令和4）年の警察の刑法犯の認知件数は60万1,331件であり，検挙件数は25万0,350件，検挙率41.6%となっている（図1-4）。検挙人数は16万9,409人である。

また2022年の検察庁の刑法犯の終局処理人員数は16万3,212人で，このうち起訴された者は5万9,125人であった（起訴率36.2%）。このうち，裁判員裁判の対象となった者は839人であった。また，起訴猶予や不起訴になった者は，10万4,087人，そのうち犯罪の嫌疑が十

分であるけれども起訴猶予となった者は 6 万 8,227 人であった。その他の不起訴のうち，心神喪失者は 370 人であった（法務省 法務総合研究所，2024）。

事例を読む

犯罪者の心を理解する

　29歳の男性，貝塚さんはX年12月24日の夜に電車内でガソリンをまき，火をつけようとしたところを乗客に取り押さえられ，現行犯逮捕された。貝塚さんは警察署の留置所内で接見した弁護士に対して，犯行に及んだ動機について以下のように述べた。貝塚さんは地方都市で生まれ，母一人子一人の母子家庭で育った。母親は子育てにほとんど関心がなく，わずかなお金を置いて数日帰ってこないこともあった。貝塚さん自身に，母親から愛されているという実感はなかった。学校でも友人と呼べる人は誰もおらず，いつも一人で身を隠すように過ごしていた。地元の高校を卒業したのち，就職のため上京した。誰にでもでき，特にやりがいも感じられないような単純作業の仕事を毎日こなすだけで，楽しみもなく，話をするような友人もできなかった。いつものように仕事を終え，帰宅するために電車に乗ると，クリスマスが近づいているため，家族で楽しく過ごしているような広告や，クリスマスの話題で盛り上がるカップルを見かけることが増えた。そのようななか，自分だけが不幸なのはズルいと感じ，幸せな人たちも不幸にしてやろうと思い，犯行を計画した。なお，犯行当時，貝塚さんに飲酒や違法薬物の使用などはなく，精神疾患の症状も認められず，明瞭な意識のもとで犯行に及んでいる。

STEP1：犯罪者の心理を知る

　社会にはさまざまな法律やルールがあり，小さい頃から人は「○○してはダメ」「△△を守りましょう」などと言われて育つ。それでも，一部の人は法律やルールを守らず，犯罪をする。人がなぜ犯罪をするのかについては，古くから多くの理論などが示されている。たとえば，Lombroso, C. (1876) は『犯罪人論』のなかで，「犯罪者は生まれつき犯罪を犯すように運命づけられており，身体的・精神的特徴を有し，野蛮人の隔世遺伝した者である」という考えのもと，**生来性犯罪者説**を提唱

29

している。また，Merton, R. K. (1938) は犯罪を「一面的な人生目標の強調」と「合法的な達成手段提供の失敗 (＝アノミー)」から説明する**アノミー理論** (緊張理論) を提唱している。ほかにも，Sutherland, E. H. (1947) の**分化的接触理論**，Glaser, D. (1956) の**分化的同一化理論**，Becker, H. S. (1963) の**ラベリング理論**などがある。

　これら犯罪に関する理論のなかでも著名なもののひとつに，Hirschi, T. (1969) の**社会的絆理論**がある。Hirschi は，「人はなぜ犯罪をするのか？」という問い (人は犯罪をしないのが前提となる問い) ではなく，「人はなぜ法律やルールを守るのか (犯罪をしないのか)？」という問いを立て，①愛着 (attachment)，②投資／関与 (commitment)，③没頭 (involvement)，④規範観念 (belief) とう犯罪を抑制する 4 つの要因 (社会的な絆；bond) を取り上げた。この 4 つの要因があることで，犯罪は抑制されており，これらの要因が弱まる (絆が切れる) ことで犯罪をする可能性が高くなると考えた。

　①愛着 (attachment) とは，家族や友人など重要な他者との情緒的な結びつきのことである。「自分が犯罪をすると，家族が悲しむ／迷惑がかかる」という思いが，犯罪を抑制するのである。②投資／関与 (commitment) は正統的な価値観や人生目標を受け入れ，自分をそれに関与させることである。就職先で一生懸命仕事に取り組むことで昇進したり周囲から高い評価を得たりすることや，プロを目指してスポーツに打ち込んだりすることが，投資／関与にあたる。犯罪をしてしまうと，これまでの努力が無駄になり，また努力の成果として得た現在の社会的地位，周囲からの評価が失われてしまう。そのような損失を避けるために，犯罪が抑制されるのである。③没頭 (involvement) は社会的に承認されている諸活動 (勉強・仕事，スポーツ，ボランティア活動，趣味活動など) に自分のもてる力や時間をつぎ込むことである。これらは自分が楽しいと思える活動であり，「来週，楽しみにしているライブがある」のような今後の予定も含まれる。「犯罪をすると，自分が楽しみにしていることができなくなる」という思いが犯罪を抑制するのである。④規範観念 (belief) は法律や社会的なルールを尊重している態度や確信のことである。「法律は守らなければならない」「悪いことをすれば警察に捕まる」のような信念をもっているほど，犯罪はしにくくなる。

Hirschi の 4 つの要因（絆）を貝塚さんに当てはめてみると，貝塚さんは母親から愛された実感はなく，地元にも上京先にも友人と呼べる人はいなかったことから，①愛着はみられないといえる。また，誰にでもできる単純作業の仕事を毎日しており，そこにやりがいも感じていない。そのような仕事であれば，おそらく昇進なども期待できないであろうし，周囲からの評価も高くはないと考えられる。努力して得た知識や技術を用いているわけでもないと考えられることから，②投資／関与もかなり弱いと考えられる。貝塚さんにはこれといった楽しみはなく，クリスマスも貝塚さんにとっては自分の不幸を感じさせるものでしかなかった。③没頭にあたるような活動もなかったと考えられる。④規範観念に関する記述はみられないが，子どもの頃にネグレクト状態であったことを考慮すると，規範観念も平均よりは弱い可能性が考えられる。

STEP2：包括的なアセスメントに向けて

犯罪者の動機や背景を理解するためには，心理面だけに焦点を当てていては不十分である。そもそも犯罪者がどのような成育歴や社会的背景を有していたのか，また犯行当時はどのような状態であったのかを把握し，包括的なアセスメントを行っていく必要がある。そのための視点として**生物 − 心理 − 社会モデル**（Bio-Psycho-Social model；以下，BPS モデル）がある。

犯罪に関わる生物・生理面としては，アルコールや薬物の使用歴，身体疾患，さらに知的障害，自閉スペクトラム症（ASD）や注意欠如多動症（AD/HD），認知症など脳機能の障害などがあげられる。

心理面では，反社会的な態度，衝動性，過活動性，落ち着きのなさ，悲観的・破壊的な認知や思考，集中力のなさ，イライラや不安などの否定的感情などがあげられる。また勉強についていけないことや学習成績の悪さ，それによる自己評価の低さなども関連する。先に述べたHirschi の 4 つの絆のうち，②投資／関与に関わる目標や意欲，③没頭に関わる趣味や楽しみ，④規範観念に関わる遵法意識や道徳性なども心理面に含まれる。

社会面では，Hirschi の①愛着に関わる親や家族，友人のような親密

事例を読む：犯罪者の心を理解する　　31

な関係のなさがあげられる。ほかにも家庭環境では，家族成員の凝集性の低さ，虐待，過干渉，厳格な教育方針，親の不和・離別，親の反社会性，貧困などがある。また学校・社会に関しては，無職や不本意就労，反社会的な友人関係，反社会的集団への所属，適切な監督者や支援者の不在などがある。

　また，犯罪についてBPSモデルで包括的に把握する場合には，長期的な視点と短期的な視点とに分けて考えることも必要である。短期的視点とは，犯行の動機に直接関わりやすい，犯行当時を捉える視点であり，長期的視点とは成育歴などを考慮したその人の生涯に関わる視点である。貝塚さんについては，長期的には，生物面には犯罪に関わるような情報はない。心理面では「愛されていない」「身を隠すように過ごしていた」などから自信のなさを感じさせる。社会面では，母親との愛着の問題，親密な友人の不在などがあげられる。これらは，犯罪当時だけでなく，貝塚さんの生涯にわたる長期的な問題である。一方，短期的な視点でみると，生物面では飲酒，薬物使用などはなく，持病などもないため，ここでもやはり犯罪に関わる情報はみられない。心理面では仕事にやりがいを感じられない，楽しみなことがない，自分は不幸であると感じているなどの情報が得られており，これは長期的な視点である自信のなさとも関連していると考えられる。また，周囲のカップルなどを羨む／妬む感情もみられている。社会面では，上京後も親密な友人はいないことがわかっており，これも貝塚さんの生涯にわたる問題であるといえる。

　人は誰かが犯罪をすると，「以前から○○という態度だったから」や「親の育て方が悪かった」など，犯罪をした理由をどこかに帰属しようとすることがある。犯罪は，時には飲酒や薬物使用によって行われることもある。また，AD/HDや前頭側頭型認知症など脳機能の問題によって生じることもある。そして，実際にはこれらが複合的に関連して犯罪という行動として表出されているのである。BPSモデルに基づいてアセスメントを行うことは，このように個人の特定の側面・要因にだけ着目し，また原因を帰属することを防ぎ，包括的にその人を理解することができるのである。その姿勢は，アセスメントの対象が犯罪を行った者であっても，精神疾患の者であっても同じである。

STEP3：その人の強みを見出す

　何か問題や困難を抱えている人をみると，「あの人は○○だからダメなんだ」というように，その問題や困難を生じさせている要因（たいていはその人の短所や欠点）を探す人がいる。犯罪を行った人に対しても同じで，「性格が悪い」「親の育て方が悪い」などその人の欠点を指摘することがある。しかし，心理職をはじめ犯罪を行った人を支援をする立場にある者は，そのような欠点探しをするのではなく，その人が今後犯罪を行わずに社会で生活していくことができるようになるための強み（ストレングス）を見つけ，時に本人に指摘して自覚させ，またそれを伸ばすような支援をすることが求められる。**ストレングス**には，身体的に健康であること，目標や意欲があること，ある程度のセルフコントロールができること，趣味や特技があること，他者との関わりが好きであることなどがあげられる。また，親や家族が心配し支援しようとしている，信頼できる学校の先生がいる，地元に親しい友人がいる，地域の民生委員などとつながりがあるなど，犯罪を行った者を支える人間関係／支えてくれることが期待できる人間関係（援助資源）があることも，犯罪を行った者が再犯をせずに社会で生活していくうえでは必要であり，そのような人間関係の有無を確認し，時には関係機関等につなげていくことも必要である。

　貝塚さんは，母親がネグレクト状態であり，学校に親しい友人がいなかったのにもかかわらず高校を卒業していること，やりがいを感じられない単純作業であっても毎日仕事をしていることなどからまじめな性格であることが考えられる。このようなまじめな性格の人は，思い詰めてしまうと自暴自棄になってしまうこともあるが，まじめさを発揮できるような場であれば，しっかりと仕事をこなし，周囲からも信頼が得られる。まずは貝塚さんのまじめさを理解し，その性格が発揮できるような環境につなげていくことが求められるのである。

事例を読む：犯罪者の心を理解する　　33

ワーク 1

事　例

　中学 2 年生のアカリは，ある日ドラッグストアで化粧品を万引きしようとしているところを店員に見つかった。親および学校に連絡が行き，理由などを問いただしたが何も言わないため，公認心理師でスクールカウンセラーの新田さんが話を聞くこととなった。少し雑談をしたのち，万引きについて尋ねると，学校の先生などには言わないことを条件に，以下のようなことを語った。アカリは同じ部活の 3 年生の先輩数名と一緒に行動することが多く，以前その 3 年生が万引きしているのを見た。悪いことだとは思ったが，同時にそんなに簡単にできるんだ，意外とバレないんだという思いのほうが強かった。また，化粧品などお小遣いではなかなか買えないものが手に入ることも羨ましかった。

　新田さんが万引きは犯罪であり，決してやってはいけないことであると伝えると，アカリはイラっとした表情をして「私だけがやっているわけではないし，万引きを先にやっていた先輩のほうが悪い」「結果的に万引きできなかったんだから，お店には損害がない」などと主張した。

考えてみよう！

　アカリは先輩が万引きに成功しているのを見て，万引きを試みました。他者が行動をしそれによって報酬を得ているのを見ることで，その行動を身につけることを社会的学習といいます。アカリの行動（万引き）を社会的学習からどのように説明できるか考えてみましょう。

話し合ってみよう！

　アカリは「私だけがやっているわけではない」などと主張しています。このように犯罪・非行を行った者が自己の行為を正当化するために用いる独特の論理を，Sykes, G. M. と Matza, D（1957）は中和の技術と呼びました。中和の技術について調べ，アカリの主張がどのような技術に該当するのか話し合ってみましょう。

ロールプレイをしてみよう！

　アカリとスクールカウンセラーの新田さんの面談場面を想定して，自らの行動を顧みないアカリに対してスクールカウンセラーはどのように対応すべきかロールプレイをしてみましょう。また，アカリと母親との話し合いの場面も同様に行い，スクールカウンセラーの対応と母親の対応の違いについて考えてみましょう。

34　┃　第 1 章　犯罪と捜査・裁判手続き：刑法・刑事訴訟法

プロファイリングで「犯人はお前だ！」……？

　ドラマなどで刑事や探偵，時には医師や物理学者など（心理師が出てくることは，なぜかほとんどない）が，犯人の残した証拠などからいろいろと推理をし，最終的には「あなたが犯人だったんですね」などと犯人を特定するシーンを見かけることがある。高校生に興味ある心理学の分野を尋ねると，臨床心理学や恋愛心理学とならんで犯罪心理学をあげることが多く，その理由を尋ねると「犯罪心理学を学んで，犯罪をした人を捕まえたい」ということがある。そして，そのようなシーンや高校生のこのような考え方と関連するワードとして出てくるのが「プロファイリング」である。

　プロファイリングをよくわかっていない人は，プロファイリングを「犯人を特定する作業あるいはその過程」であると考えていることが多い。それは，先にあげたようなドラマなどで，「犯人はお前だ！」と犯人を特定していることが影響しているからであろう。しかし，実際にプロファイリングでは，犯人を特定することはできない（少なくとも特定することは極めて困難である）。

　プロファイリングとは，未特定の犯人の特徴（職業，年齢，性別，居住地域など）を推定し，捜査の範囲を絞り込むなど，捜査に有益な情報を提示する技法である。たとえば，平日の昼間に連続で空き巣事件が起こった場合，昼間に仕事をしている者は事件を実行することが困難であると推測されるため，捜査の範囲から外され，学生や無職者など昼間でも時間に融通の利く者に捜査の範囲が絞り込まれる（実際はこんなに単純な話ではないが）。このように犯人を推定し，捜査の範囲を狭めることは，限られた捜査資源を犯人の可能性が高い者に向け，逮捕に近づけることができる。しかし，繰り返しになるが，犯人を特定することはできない。

　プロファイリングには，FBI方式とリバプール方式がある。FBI方式は，逮捕された犯人との臨床面接などから得られた心理学的な知見を援用して未特定の犯人の人物像を推定するものである。リバプール方式は，犯人の行動特性に関する大量のデータベースを用いた，多変量解析による実証的な手法が特徴である。同一犯人であれば同じような犯行パターンを繰り返すと仮定して分析を行うリンク分析や，犯行現場を地図上にマッピングし，また犯行の状況・様子などをデータ化することで，犯人の居住地や行動傾向などを推定する地理的マッピングなどが行われている。

　このようにプロファイリングは，ドラマのように犯人を特定することはできないが，捜査や犯人逮捕に向けた有益な情報を提供する重要な捜査手法として確立しているのである。

第**2**章
刑と刑務所
<u>刑事収容施設法</u>

　裁判で有罪判決を受けた被告人は，刑を科される。刑は，有史以来，生命刑・身体刑が中心であったが，近代以降，自由刑・財産刑が中心となった。我が国では 1907 年に刑法が制定されて以来，刑の内容に変更はなかったが，2022 年に自由刑の内容を大きく変える法改正があった。本章では，改正後の刑の種類と，刑務所に収容された受刑者の処遇についてみていく（本章で引用する条文は 2022 年の改正後のものであり，本書の発行時点では施行されていないものも含む）。

1. 刑

　裁判で有罪と判断された場合，判決で刑の言い渡しがなされる（刑事訴訟法第 333 条）。刑には，下記のようなものがある。

> 死刑，拘禁刑，罰金，拘留及び科料を主刑とし，没収を付加刑とする。
> （刑法　第 9 条）

　死刑とは，刑事施設内において，絞首して執行される生命刑である（刑法第 11 条）。**拘禁刑**とは，受刑者を刑事施設に拘置したうえで，改善更生を図るため，作業を行わせ，矯正指導を行う自由刑である（刑法第 12 条第 3 項）。拘禁刑には，無期と有期（1 月～20 年，加重される場合は 30 年まで（刑法第 14 条第 2 項））がある。自由刑は，明治時代に現行刑法が制定されて以来，懲役刑（所定の作業に就かせるもの）と，禁錮刑（作業に就くことのない

37

もの）とに分けられていたが，懲役刑の受刑者については所定の作業に縛られ再犯防止のための指導ができないことや，禁錮刑の受刑者のうち8割が希望して作業に就いていることから（刑事収容施設及び被収容者等の処遇に関する法律（以下，刑事収容施設法）第93条），2022年の刑法改正により拘禁刑に一元化された（2025年6月から施行）。また，**拘留**は，1日以上30日未満の期間，刑事施設に拘置される自由刑のことである（刑法第16条）。拘留は刑務作業を課したり指導を行わないものとされていたが，2022年の刑法改正で作業を課し，指導を行うことができるようになった（2025年6月から施行）。拘禁刑の受刑者は，判決で示された刑期を満了すれば，釈放される。ただし，刑期が満了する前に仮釈放がなされたり，恩赦によって釈放される場合がある。

3年以下の拘禁刑，50万円以下の罰金を言い渡す場合，裁判所は，情状により確定日から1〜5年間，執行を猶予することができる（**執行猶予**）（刑法第25条第1項）。猶予期間に別件で有罪判決を受けなければ，刑の言い渡しは効力を失い，刑を受ける必要はなくなる。執行猶予中に別件で有罪判決を受けた場合，執行猶予を受けた事件の刑と別件の刑の合計期間刑務所に収容されることになる。ただし，別件が懲役2年以下（2025年5月までは1年以下）で特に酌むべき情状がある場合は再度の執行猶予を認められることがある（刑法第25条第2項）。

また，初入者等（刑務所に初めて収監されることになったか，出所してから5年以上経過している者）と薬物使用犯等については，3年以下の拘禁刑を言い渡す場合，その刑の一部について1〜5年間執行を猶予することもできる（**一部執行猶予**）。一部執行猶予では，まず実刑部分について服役し，その後身柄が解放される。残りの猶予部分については猶予期間中に別件で有罪判決を受けなければ，刑を受ける必要がなくなる。執行猶予についても，一部執行猶予についても，裁判所は，猶予期間中，対象者を**保護観察**に付することができる（刑法第25条の2）。薬物使用犯の一部執行猶予は必ず保護観察に付される。

罰金刑は，受刑者から金銭を剥奪する財産刑で，1万円以上のものであり（刑法第15条），**科料**は1,000円〜1万円未満のものである（刑法第17条）。また，犯罪に用いた物や犯罪による収益金を国が取り上げる没

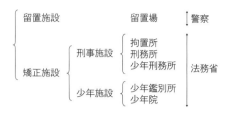

図 2-1　刑事施設の種類

収・追徴金という刑もあり，これは死刑・拘禁刑・罰金などに付加される。

なお，過料という行政上の義務違反者から金銭を剝奪する行政罰（秩序罰）もある。たとえば，引っ越し後，一定期間住民票の変更届をしなかった場合の制裁や（住民基本台帳法第52条第2項），道路交通法違反の反則金は過料である。過料は刑罰ではないので，前科にはならない。

2. 刑事施設

(1) 刑事施設の種類

有罪判決が確定すると，刑が執行される。自由刑（拘禁刑・拘留）の執行を行刑といい，これに少年院や少年鑑別所における少年の処遇を含めたものを矯正という。

刑事事件の被疑者・被告人・受刑者などが収容される施設には，さまざまなものがある（図2-1）。

このうち，**刑事施設**は，**刑務所，少年刑務所，拘置所**の3種類である（刑事収容施設法第3条，法務省設置法第8条）。刑務所および少年刑務所は主として受刑者を収容する施設で，拘置所は主として未決拘禁者を収容する施設である。死刑判決が確定した者は拘置所に収容される。

(2) 処遇調査・処遇指標・処遇要領

拘禁刑が確定した場合，拘置所で勾留されたまま裁判を受けていた被告人は受刑者として刑務所に移送される。在宅で裁判を受けていた被告人は，検察庁から呼び出しがあり（刑事訴訟法第484条），検察庁から

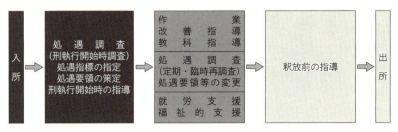

図 2-2　受刑者の調査・指導 (法務省 法務総合研究所, 2024)

刑務所に受刑者として送致される。

　受刑者が収容されると，刑務所では，医学，心理学，教育学，社会学その他の専門的知識および技術を活用し，受刑者の資質および環境の調査（**処遇調査**）が行われる。その調査結果を踏まえ，刑務所は受刑者に**処遇指標**（収容分類級）を指定する。処遇指標は，矯正処遇の種類・内容，受刑者の属性および犯罪傾向の進度から構成される。

　受刑者には，処遇調査の結果に基づいて，矯正処遇の目標並びにその基本的な内容および方法が処遇要領として定められる。矯正処遇はこの処遇要領に沿って計画的に実施される（図2-2）。

(3) 処遇の態様・秩序維持

　受刑者の居室は，処遇上共同室に収容することが適当と認める場合を除き，できる限り単独室とされる（刑事収容施設法第37条第2項）。

　刑務官は，刑事施設の規律及び秩序維持のために被収容者の身体検査や制止・隔離・捕縛や手錠・拘束衣を使用でき（刑事収容施設法第75条〜第78条），被収容者が自己を傷つけたり他人に危害を加えたりするおそれがある場合，保護室に収容できる（刑事収容施設法第79条）。

(4) 矯正処遇

　刑務所では，受刑者を拘置するだけでなく，改善更生のための矯正が行われる。

表 2-1　矯正処遇の種類および内容（法務省 法務総合研究所, 2024）

種類	内容		符号
作業	一般作業		V0
	職業訓練		V1
改善指導	一般改善指導		R0
	特別改善指導	薬物依存離脱指導	R1
		暴力団離脱指導	R2
		性犯罪再犯防止指導	R3
		被害者の視点を取り入れた教育	R4
		交通安全指導	R5
		就労支援指導	R6
教科指導	補習教科指導		E1
	特別教科指導		E2

> 受刑者には，矯正処遇として，作業を行わせ，並びに指導を行う。
>
> （刑事収容施設法　第 84 条抜粋）

　矯正処遇の目的は，懲罰ではなく更生であり，表 2-1 のようなものがある。

　矯正処遇のひとつである作業には一般作業と職業訓練がある。一般作業には，生産作業，社会貢献作業，自営作業（刑事施設における炊事，清掃，介助，建物の修繕等の作業）などがある。作業の収入は，すべて国庫に帰属する。受刑者には従事した作業に応じ，作業報奨金が釈放時に支給される。職業訓練は，受刑者に職業に関する免許や資格を取得させたり，職業上有用な知識や技能を習得させたりするものである。

　矯正処遇のもうひとつの内容である改善指導として，まず刑執行開始時の指導が行われる。受刑者には，入所直後，原則として 2 週間の期間で，受刑等の意義や心構え，矯正処遇を受けるうえで前提となる事項（処遇制度，作業上の留意事項，改善指導等の趣旨・概要等），刑事施設における生活上の心得，起居動作の方法等について指導が行われる。

　次に，受刑者に対し，犯罪の責任を自覚させ，健康な心身を培わせ，社会生活に適応するのに必要な知識および生活態度を習得させる

表 2-2　特別改善指導

①薬物依存離脱指導	薬物使用に係る自己の問題性を理解させたうえで，再使用に至らないための具体的な方法を考えさせるなど。
②暴力団離脱指導	警察等と協力しながら，暴力団の反社会性を認識させる指導を行い，離脱意志の醸成を図るなど。
③性犯罪再犯防止指導	性犯罪につながる認知の偏り，自己統制力の不足等の自己の問題性を認識させ，その改善を図るとともに，再犯に至らないための具体的な方法を習得させるなど。
④被害者の視点を取り入れた教育	罪の大きさや被害者等の心情等を認識させるなどし，被害者等に誠意をもって対応するための方法を考えさせるなど。
⑤交通安全指導	運転者の責任と義務を自覚させ，罪の重さを認識させるなど。
⑥就労準備指導	就労に必要な基本的スキルとマナーを習得させ，出所後の就労に向けての取り組みを具体化させるなど。

ための改善指導が行われるが，**改善指導**は一般改善指導と特別改善指導に分けられる。一般改善指導は，講話，体育，行事，面接，相談助言その他の方法により，被害者およびその遺族等の感情を理解させ，罪の意識を培わせたり，規則正しい生活習慣や健全な考え方を付与し，心身の健康の増進を図ったりすること，生活設計や社会復帰への心構えをもたせ，社会適応に必要なスキルを身につけさせることなどを目的としている。高齢または障害を有する受刑者のうち，福祉的支援を必要とする者または指導を受けることにより改善更生および円滑な社会復帰に資すると見込まれる者を対象に，比較的早期の段階から，出所後の円滑な社会生活を見据えた指導を実施する「社会復帰支援指導の標準プログラム」が策定されている。

　特別改善指導は，薬物依存があったり，暴力団員であったりするなどの事情により，改善更生および円滑な社会復帰に支障があると認められる受刑者に対し，その事情の改善に資するよう特に配慮して行われるものである。現在，表 2-2 のような 6 類型の特別改善指導が実施されている。

　さらに，学校教育の内容に準ずる教科指導も行われている。社会生活の基礎となる学力を欠くことにより改善更生および円滑な社会復帰に支障があると認められる受刑者に対して行うもの（補習教科指導）のほか，学力の向上を図ることが円滑な社会復帰に特に資すると認められ

る受刑者に対しても，その学力に応じた教科指導（特別教科指導）が行われている。また，刑事施設内において，高等学校卒業程度認定試験を実施し，同試験の受験に向けた指導が積極的かつ計画的に実施されている。

釈放前には，受刑者に対して，原則として2週間の期間で，釈放後の社会生活において直ちに必要となる知識の付与や指導が行われる。

(5) 外部とのつながり（外部交通）

受刑者は，外界から完全に隔離されるわけではなく，一定範囲で外部交通を許される。

> 受刑者に対し，外部交通を行うことを許し，又はこれを禁止し，差し止め，若しくは制限するに当たっては，適正な外部交通が受刑者の改善更生及び円滑な社会復帰に資するものであることに留意しなければならない。
>
> （刑事収容施設法 第110条抜粋）

外部交通には，面会，信書の発受，電話等の通信がある。

面会の相手方は親族，法律上・業務上重大な用務がある者，更生保護に関係のある者など。面会の相手方の人数，面会の場所，日および時間帯，面会の時間および回数その他面会の態様については制限がある。また，面会には原則として刑務官が立ち会い（処遇に関する不服申し立てに関する公務員・弁護士を除く），刑務官は発言を制止し，またはその面会を一時停止させることができる（刑事収容施設法第111条～第114条）。外国語しか話せない者の場合，内容確認のため通訳が行われる。

信書の発受については，相手方については原則として制限はないが，受刑者が発する信書の作成要領，その発信の申請の日および時間帯，受刑者が発信を申請する信書の通数並びに受刑者の信書の発受の方法について制限がある。刑事施設の長は信書の検査を行うことができ（国・自治体や，処遇に関する不服申し立てに関する弁護士との信書の発受を除く），刑事施設の規律や秩序を害する場合などには，発受を禁止し，あるいは差し止めたうえで一部を削除・抹消できる（刑事収容施設法第126条～第130条）。また，外国語しか話せない者の場合，内容確認のため翻訳が行わ

2. 刑事施設 ‖ **43**

れる。

　電話等の通信は，開放的処遇を受けている等，一定の場合に許可される。ただし必要な場合は刑務官が通信を受け内容を確認し，通話を制し，または一時停止させることができる（刑事収容施設法第146条〜第147条）。

(6) 制限の緩和・優遇措置

　受刑者の処遇については，受刑者の処遇の目的の達成度合い（改善更生の意欲や社会生活に適応する能力の程度など）に応じて，第1種から第4種までの区分がある。第1種に近づくにつれ，より開放的な処遇がなされ，居室が施錠されることがなくなり，刑務官の同行や立ち会いなしに移動や面会ができ，外部への電話が認められるようになる（刑事収容施設法第88条刑事施設及び被収容者の処遇に関する規則第48条）。

　入所直後は第4種で，処遇調査が終わると第3種に昇格する。その後大半の受刑者は第3種のままで，釈放が近くなると社会復帰に備えて第2種に昇格される。第1種はほとんどいないのが実態といわれている。

　また，年2回受刑態度（作業の成績や懲罰の有無）を評価し，第1類から第5類までの優遇区分を指定する。第1類に近づくにつれ，テレビを見ることができたり，お菓子を買うことができたり，手紙や面会が多く認められたり，自費購入できる物品の範囲が広くなる（刑事収容施設法第89条）。

(7) 就労支援と福祉的支援

　刑事施設および少年院には，統括矯正処遇官（就労支援担当の幹部職員），就労支援専門官（常勤職員）や就労支援スタッフ（非常勤職員）が配置されている。そして，刑務所出所者等の就労の確保のため，ハローワークと矯正施設が連携して，本人の希望や適性等に応じて職業相談，職業紹介，事業主との採用面接および職業講話等を実施するなど計画的な支援が行われている（刑務所出所者等総合的就労支援対策）。

　次に，矯正就労支援情報センター室（コレワーク）を設置し，受刑者等

の取得資格等の情報を管理し，出所者等の雇用を希望する事業主の相談に応じ，該当する受刑者を収容している矯正施設等を紹介したり，ハローワークの受刑者専用求人に情報を提供したりしている。

また，福祉的支援を必要とする者に対応するため，刑事施設に社会福祉士または精神保健福祉士の資格を有する非常勤職員や，福祉専門官（社会福祉士，精神保健福祉士または介護福祉士の資格を有する常勤職員）も配置されている。そして，認知能力や身体機能の低下した高齢受刑者等に対し，専門的な知識・経験を有する者が介助を行うため，介護福祉士および介護専門スタッフ（介護職員実務者研修または介護職員初任者研修の修了者等）が配置されている。

女性の受刑者を収容する刑事施設における医療・福祉等の問題に対処するため，これらの施設が所在する地域の医療・福祉等の各種団体の協力を得て，女子施設地域連携事業が行われている。この事業には，看護師や保健師による健康相談，社会福祉士による出所後の生活に関する福祉サービス等の知識の付与，妊産婦である受刑者に対する助産師による指導，加齢による身体機能の低下等のある受刑者に対する介護福祉士による見守り・介助等の取り組みのほか，摂食障害を有する者への看護師や社会福祉士による個別面接などが含まれる。

(8) 生活環境の調整

受刑者等の出所後の帰住予定地を管轄する保護観察所の保護観察官や保護司が引受人等と面接するなどして，帰住予定地の状況を調査し，住居・就労先等が改善更生と社会復帰にふさわしい生活環境となるよう調整が行われている（一般調整）。

また，高齢または障害を有しかつ適当な帰住先がない者については，釈放後速やかに，適切な介護，医療，年金等の福祉サービスを受けることができるようにするため都道府県の地域生活定着支援センターと連携して，福祉施設等を帰住予定地として確保するなど，その者のニーズに対応して必要な生活環境の調整が行われている（特別調整）。

（9）釈放

判決で言い渡された刑期が満了すると，その翌日の午前に釈放される（刑法第24条第2項，刑事収容施設法第171条）。一部執行猶予の場合は実刑部分が満了した翌日の午前である。

ただし，再犯のおそれがなく，早期に釈放したほうが改善更生に資すると認められる場合は，刑期満了前に**地方更生保護委員会**により仮釈放が認められることがある（刑法第28条，更生保護法第39条）。仮釈放中は，保護観察に付される（更生保護法第40条）。

3．刑務所収容者の現状

（1）終局決定

2022（令和4）年に第一審で終局処理をされた刑法犯は20,874人である。このうち，死刑は0人，無期懲役・禁錮は19人，有期懲役は19,774人（うち全部執行猶予者は，10,679人），罰金は940人である。

（2）刑務所収容者

1）入所受刑者

2022（令和4）年の刑務所の入所受刑者は，14,460人である。入所受刑者は，どのような者であるか。その男女別・年齢層別構成比（図2-3）をみると，40代・50代で約半数を占めている。また，65歳以上の高齢者が一定の割合（男性13.1%，女性21.4%）を占めていることが目につく。刑期の長さは，「2年以下」が男性で33.3%，女性で40.7%が最も多くなっており，「1年以下」を含めると，2年以下の者で半数を超えている。

罪名は窃盗が多いが，次に多いのが覚醒剤取締法違反である（図2-4）。

2）出所者

2022（令和4）年の出所者は17,943人である。出所事由の割合をみると（図2-5），満期釈放よりも，仮釈放のほうが多い。また，受刑者には高齢者が多いこともあり，刑務所内での死亡が2%を占めている。

	20歳未満 0.1	20〜29歳	30〜39歳	40〜49歳	50〜64歳	65歳以上
男性 (12,906人)		16.3	19.6	23.3	27.6	13.1
女性 (1,554人)		10.2	17.6	24.4	26.4	21.4

(令和4年)

図 2-3　入所受刑者の年齢層別構成比(法務省 法務総合研究所, 2024)

図 2-4　入所受刑者の罪名別構成比(法務省 法務総合研究所, 2024)

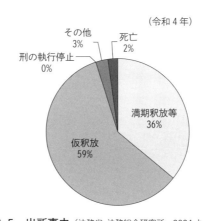

図 2-5　出所事由(法務省 法務総合研究所, 2024 より作成)

3. 刑務所収容者の現状　47

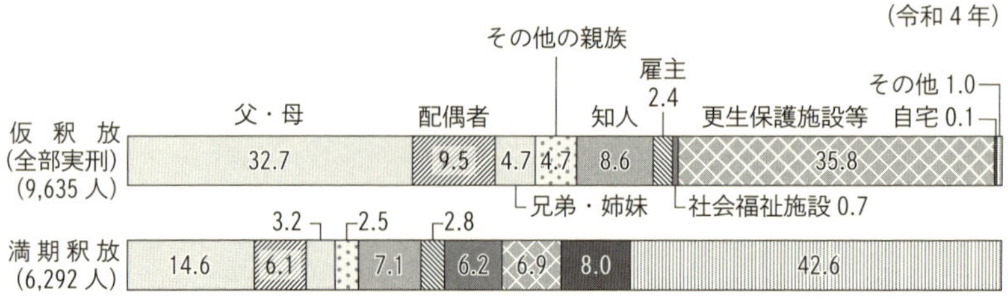

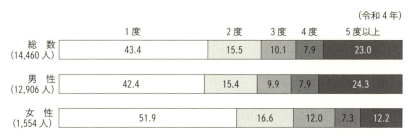

図 2-6　出所受刑者の帰住先別構成比（法務省 法務総合研究所，2024）

図 2-7　入所受刑者の入所度数別構成比（法務省 法務総合研究所，2024）

　出所者の帰住先をみると，仮釈放には，父母や配偶者が受け入れをする者や更生保護施設に入所する者が多い（図 2-6）。「その他」には，帰住先が不明，暴力団関係者，別件で勾留，出入国在留管理庁への身柄引き渡しなどがある。

　一度出所しても，再度犯罪を行い，再入所となる者が多い。新規入所者のうち半数以上が再入所者で占められている（図 2-7）。また，2019年に出所した者のうち 2 年以内に再入所となった者は 15.6%，5 年以内に再入所となった者は 34.0% にのぼっている。

事例を読む 🔍

刑務所における就労支援指導としての SST

　公認心理師の松本さんが勤務する精神科のＡ病院では，看護師と公認心理師が中心となって SST（Social Skills Training：社会生活スキルトレーニング）を活発に実施している。また，専門職対象の SST の研修会も定期的に行っており，SST の普及を図っている。この研修会には医療従事者だけではなく，教育分野や司法分野の専門職も参加している。

　ある年，Ｂ刑務所からＡ病院に対して，SST に関する技術協力の依頼があった。具体的には，「特別改善指導」のうちの「就労支援指導」として，月に１回，刑務所内で SST を実施してほしいという依頼であった。Ａ病院は依頼を引き受け，SST に関する認定の資格をもち，リワーク施設でのSST 経験も豊富である松本さんを派遣することとした。

　Ａ刑務所の担当者から松本さんに業務の説明があった。就労と再犯率には関係があり，無職者の再犯率は有職者よりも高いため，再犯防止のためにも就労支援のプログラムが導入されることになったという。また，就労の定着にとってネックになっているのが対人関係のトラブルであり，他者と適切なコミュニケーションがとれないためにストレスを抱えてしまい，離職に至ることが多いという。そこで，SST の実施によりコミュニケーションのスキルを高め，就労定着，ひいては再犯予防につなげたいという。

　また，刑務所で SST が実施されるようになった経緯についても説明があった。2006 年５月に施行された「刑事収容施設及び被収容者等の処遇に関する法律」で，矯正処遇の充実・強化が図られ，従来の作業に加えて「改善指導」と「教科指導」が実施されることとなった。「改善指導」には「一般改善指導」と「特別改善指導」とがあるが，「特別改善指導」のなかに含まれる 6 つの指導のなかに「就労支援指導」があり，今回は，この「就労指導支援」のなかで SST を実施するとのことであった。

　松本さんは，「自分は SST の経験は豊富であるし，リワーク施設での就労支援の経験もあるが，刑務所での活動は初めてであるので，少し不安だな」と思いながら，説明を聞いていた。

49

STEP1：SST による支援

　SST とは，Wolpe, J. の自己主張訓練に端を発し，カリフォルニア大学ロサンゼルス校の Liberman, R. P. が精神障害者の集団に適応を拡大した心理社会的療法であり，ソーシャルスキルを習得するためのプログラムのことである。ここでいうソーシャルスキルとは，毎日の生活のなかで，人に働きかけて自分の目的を果たし，相手から期待する反応を引き出す能力のことである (前田, 2011)。受刑者に限らず，社会生活に適応していくには，他者と適切なコミュニケーションをとることが不可欠であるが，そのコミュニケーションの能力を向上させるためのプログラムが SST である。精神障害者も受刑者も，社会復帰のためにソーシャルスキルが必要という点では共通している。SST の最大の特徴は，ロールプレイという技法を使って実際にコミュニケーションの練習をするという点にある。苦手な対人場面をリアルに設定して，自分と相手役とで実演して練習するのである。この点は後で詳しく解説したい。

　前田 (2011) に沿って，その他の SST の特色をいくつか紹介する。まず，SST 支援の焦点は「認知」と「行動」の改善である。認知と行動を変えようとする点では認知行動療法と共通しており，SST は認知行動療法のひとつと位置づけられている (皿田, 2017 など)。人間は，適切な認知に基づいて，適切な行動をとることによって，円滑なコミュニケーションをとることができるのであるから，ソーシャルスキルの習得を目指す SST が「認知」と「行動」を焦点にするのは当然のことであるといえる。

　次に，SST は希望志向のアプローチであり，なりたい自分を長期目標，短期目標として明確化し，その目標を達成するために必要なソーシャルスキルをスモールステップで身につけていこうとする。そのために，これから近い将来に起きる状況での認知や行動の課題を取り上げるのである。

　最後に，段階的な学習を行うというものである。身につけたいソーシャルスキルを課題分析によって細分化してポイントを明確化する。そして，ロールプレイで，それぞれのポイントをしっかりと実演できているかどうかをチェックするのである。そのとき支援者は，Skinner, B. F. のオペラント条件づけの理論や Bandura, A. の社会的学習理論などの学

50　┃　第 2 章　刑と刑務所：刑事収容施設法

表 2-3　ロールプレイの手順

①	練習することを決める
②	場面をつくって 1 回目の練習をする
③	よいところを褒める
④	さらによくする点を考える
⑤	必要ならばお手本を見る
⑥	もう一度練習をする
⑦	よいところを褒める
⑧	チャレンジしてみる課題を決める
⑨	実際の場面で実行してみる
⑩	次回に結果を報告する

習理論に基づいた技法を活用する。

　以上のような特色をもつ SST であるが，実際のプログラムの流れをもう少し具体的に紹介したい。先にも触れたように，SST の最大の特徴はロールプレイを活用する点にある。ロールプレイとは，ソーシャルスキルを使う本番に備えて，本番に似せた模擬場面を設定して，相手役と役割演技をすることによって，コミュニケーションの練習をすることを意味する。表 2-3 にロールプレイの手順を示す。

　まず，①では練習課題を決める。たとえば，「頼みごとをする」「会話を始める」「頼みを断る」「怒りの気持ちを伝える」など，本人の目標にとって必要な課題を決めるのである。そして，②で，できるだけ本番に近い場面設定をして，練習を行う。たとえば，隣の席の同僚にコピーを依頼するのであれば，実際の席の配置をできるだけリアルに再現したうえで，練習を行う。練習を見ているほかの参加者や支援者は，本人のコミュニケーションでよいところを探しておき，練習が終わったらよいところを指摘するのである（③）。これが Skinner のオペラント条件づけに基づく強化の手続きである。褒める際はセリフだけではなく，表情や身振り手振り，視線，そして間のとり方などの非言語コミュニケーションにも注意を向け，それらのよいところも指摘する。そのうえで，さらによくする点を他の参加者や支援者にあげてもらう（④）。必要に応じて，ほかの参加者や支援者がお手本を示すこともある（⑤）。これが Bandura の社会的学習理論に基づくモデリングである。④や⑤を踏まえて，もう一度練習を行い（⑥），1 回目と同様によいところを褒める（⑦）。そして，

事例を読む：刑務所における就労支援指導としての SST　┃　51

社会生活のなかで実際に学んだスキルを試す課題を決め（⑧），ホームワークとしてそれを実行する（⑨）。その結果を次回のセッションで報告するのである（⑩）。

　日本における SST の普及は，1988 年の Liberman, R. P. の来日から始まる。そして 6 年後の 1994 年 4 月に，厚生省（当時）は長期入院患者の退院促進支援を目的として，精神科病院において SST を「入院生活技能訓練療法」として診療報酬化した。これによって全国の精神科病院に認知され，精神障害者を対象として広く活用されるようになった。現在では医療機関のみならず，リワーク施設や刑事施設・少年院，学校や企業などにも広がっており，幅広い領域で実践されている。

STEP2：刑務所での SST の特殊性

　松本さんは，以上のような SST についての一般的な知識と，それに基づく豊富な臨床経験を有していた。しかし，松本さんが SST を実施してきた現場は，リワーク施設と精神科の病院だけであり，刑務所での実践経験はなかった。そこで，刑務所での SST について文献を調べて，事前に勉強することにした。そこで見つけたのが「司法領域における SST の活用―矯正と保護を中心に―」と題する論文（角谷, 2013）であった。この論文をもとに松本さんが学んだことは，刑務所での SST には特殊性があるということであり，具体的には以下のようなことであった。

　まず，事件を起こしたときの状況として，孤立（孤独），経済的困窮，失業状態にあることが多いという。しかしこれらは，うつ病の発症要因としても知られており，同じ状況でもある者はうつ病へ，ある者は犯罪へと道が分かれる。分かれる理由のひとつに認知の違いがあるとして，犯罪に結びつきやすい認知の特性（考え方の癖）が紹介されていた（表 2-4）。また，犯罪者の対人関係は，支配 – 被支配の関係の場合が多く，対等な関係を築くことが苦手である場合が少なくないので，支援者がまずは自らよきモデルになる必要があるとされていた。これらは，対象者における特殊性といえそうである。

　次に，刑務所における SST では，練習したことをホームワークとして実行しにくいという難があるという。それでも，できるだけ実行可能な

表 2-4　犯罪者にみられがちな考え方の癖

1. **否認**
   盗ったのではなく，借りただけ。
2. **最小化（矮小化）：自分のやったことは大したことではない**
   ちょっとくらいいいだろう。皆やっている。
3. **責任転嫁：相手の責任である（自分は被害者である）**
   自分を怒らせたあいつが悪い。世の中が悪い。
4. **特権意識：自分は他のやつとは違う**
   自分がやることは皆認めるはずだ。信じられるのは自分だけ。
5. **すり替え：話の焦点を自分からほかのものに変える**
   そんな雰囲気になったんだ。
6. **自分は捕まるはずがないという確信**
   誰も見ていない。捕まるわけない。
7. **他者の行動や考えに関する思い込み**
   あいつは○○○と考えているに違いない。

課題を検討したり，練習したことをカードに書いておいたりなどの工夫が必要になるということであった。これは実施場所における特殊性といえそうである。

　最後に，SST は希望志向的アプローチであるが，刑務所での処遇の目的は「再犯の防止」にあるとの指摘があった。たとえば，性犯罪者にデート技能や会話技能などを教えると犯罪に悪用されることになりかねないので，その点，留意が必要だとされていた。これは SST の実施目的における特殊性と位置づけられるだろう。

　松本さんは以上のように，刑務所における SST の特殊性を，対象者，実施場所，実施目的の 3 つの側面から理解したうえで，実践に臨んだのであった。

STEP3：刑務所での SST の実際

　B 刑務所での SST は月に 1 回であったが，そのなかで 2 時間弱のセッションが，参加者を入れ替えて 2 回あった。最初のセッションの参加者は 8 名で，松本さんは，年齢と刑期，それに罪状が書かれた一覧を事前に見せてもらった。年齢は 20 代から 60 代であり，罪状は覚醒剤取締法違反が多く，続いて窃盗罪，傷害罪などであった。この一覧の名前は消されていた。SST のプログラム内では，互いにニックネームで呼び合うというルールになっているとのことであった。

事例を読む：刑務所における就労支援指導としての SST　　53

通常の SST では，プログラムの前に個別の事前面接を行い，目標を設定することになっているが，B 刑務所での SST ではそれはなされていなかった。あえていえば就労のためにコミュニケーションのスキルを身につけるということが大枠での目標といえるものであった。また，完全に単発のセッションで行われていた。SST のなかで学習ができるように進行する役目をリーダー，リーダーと共同で学習を進める役目をコリーダーと呼ぶが，リーダーは松本さんが担当し，コリーダーは刑務官が担当した。コリーダーは，板書したり，ロールプレイの相手役になったり，意見が出ないときに発言したりして，進行を助ける役割である。

　松本さんは緊張した面持ちで，コリーダー担当の刑務官と，SST を実施する部屋に向かった。部屋には半円形にパイプ椅子が置かれており，そこに 8 名の参加者が座っていた。刑務官の号令で，起立・礼・着席をした行動は，きびきびとしたものであった。

　松本さんははじめにウォーミングアップを行った。これは，参加者の緊張をほぐし，安心してプログラムに参加してもらうために行うものである。刑務所での受刑者の生活においては，基本的には刑務官からの指示に従い，その指示に対する発言しか認められておらず，私語は厳禁となっている。ところが，SST では自発的に発言することが求められる。そのため，刑務所での SST のウォーミングアップには，自由に発言してよいと理解させるとともに，そのような雰囲気をつくるという意味もある。松本さんは「褒めて他己紹介」というウォーミングアップを行った。これは 2 人 1 組になってもらい，互いに自己紹介をし合った後，参加者全員に対して相手のことを紹介する，というものである。加えて，相手のことを紹介する際，必ず相手の何かを褒めるという条件がついている。松本さんはこのウォーミングアップを通して，参加者のソーシャルスキルのアセスメントも行っていた。

　その後，松本さんは SST とは何か，どのような目的で実施するのかということを説明したうえで，表 2-2 にあるロールプレイの手順を解説した。そのうえで，苦手なスキルがあり練習したい人を募ったところ，意外にも，ニックネーム「サトシ」さんが手を挙げた。松本さんは，誰も手を挙げないだろう，その場合は，向かって右にいる人から順番に練習

してもらうか，それとも，プログラムに対する動機づけが高そうであったニックネーム「ヒロシ」さんにまずはやってもらうか，どちらかだろうと考えていた。しかし，積極的に手を挙げてくれる人がいたのである。

「サトシ」さんは，「上司や同僚からの酒の誘いを断りたい」という練習課題を出した。松本さんがなぜこのスキルを練習したいのかを尋ねると，以前の職場で酒の誘いを断ることができず，お金を浪費していったこと，さらには，お酒を飲みに行くことによって睡眠時間が削られ，体調不良で仕事を休むことが増えたこと，これらが犯罪の引き金のひとつになったということであった。

次に場面設定を行った。「サトシ」さんは，よくお酒に誘われていた同僚に似ているということで，「ヒロシ」さんを相手役に指名した。「ヒロシ」さんは快く引き受けた。以下が1回目の練習のやりとりである。

「ヒロシ」さん：今晩，仕事が終わったら例の店に飲みに行こうぜ。
「サトシ」さん：今晩ですか。ちょ，ちょっと今晩は予定があるので……。すみません。
「ヒロシ」さん：何があるの？　じゃあ，明日は？
「サトシ」さん：いえ，明日も……。

この1回目の練習に対して，ほかの参加者やコリーダーからよいところのフィードバックをもらった。そのなかには「謝っていた点はよかった」「断る際に理由を言うのはよいと思った」「申し訳なさそうな表情をしていたのがよかった」などという意見があった。そしてさらによくする点として「理由を言うのはいいが，予定があるということであれば，今回みたいに別日を指定される可能性が高いので，お金がないと言う」「はっきりと行きたくないということを主張する」「その場にいるとまた誘われるので，断った後はその場を立ち去ったほうがいい」などの意見が出された。リーダーである松本さんは，「相手の方との人間関係にもよるが，まずは誘ってくれたお礼を言うといいのではないか」とコメントした。そして，これらを踏まえて，もう一度練習を行った。

事例を読む：刑務所における就労支援指導としてのSST　**55**

「ヒロシ」さん：「サトシ」さん，今日，仕事が終わったら例の店に飲みに行こうぜ。

「サトシ」さん：誘っていただいてありがとうございます。ただ，金欠ということもありますが，あまりお酒を飲めない体質なので，お酒を飲むと体調が悪くなるんです。すみません。

「ヒロシ」さん：そうなんか。

「サトシ」さん：せっかく誘っていただいたのにすみません。失礼します。（その場を立ち去る）

　この練習についても，よいところのフィードバックを行った。「相手にとっても，先ほどの理由より納得できると思う」「はっきり，意志を示したのがよかった」「お礼を言った点と，謝って，その場を立ち去った点がよかった」などの意見が出された。

　最後に，「サトシ」さんに感想を聞くと，「褒められるのが嬉しい」「はっきりと自己主張すればいいとわかった」「謝ってその場を立ち去るというパターンはほかの場面でも役に立ちそう」などということであった。

　松本さんはこのセッションで以上のようなロールプレイを4回行った。そして，この日の2グループ目についても，同様の流れでSSTを実施した。はじめは緊張していた松本さんも，2回目のセッションの後半には，病院やリワーク施設でやっていたSSTと同様の感覚で進められていた。

　その後も松本さんは月に1回，B刑務所に赴いて，SSTを実施した。そのなかで，徐々に刑務所の受刑者に対するSSTの説明がうまくなり，動機づけを高めるような説明ができるようになっていった。また，場面設定もかなり細かいところまで決めたほうが齟齬がなくなることや，SSTで扱うのにふさわしい困りごとをあげてもらわなければならないことなどを学んでいった。さらに，先ほどの「サトシ」さんような，飲みの誘いを断れないという困りごとの場合，「断ったらどうなると思いますか？」とか，「何をおそれて断れないのですか？」などと尋ねて，相手の認知を引き出し，それに介入すると効果的な場合があることなどもわかってきた。たった1回のセッションだが，SSTによる支援の有効性を

56 ┃ 第2章　刑と刑務所：刑事収容施設法

ますます感じることができるようになったのだった。

ワーク 2

事 例

公認心理師の木村さんは，月に1回刑務所に出向いて，「薬物依存離脱指導」の一環として単発のSSTを実施している。ある日，木村さんはSSTのコリーダーを担当する刑務官の渡辺さんから，覚醒剤取締法違反で懲役3年6月の実刑判決を受けて服役している田村さん（32歳）が参加すると聞いた。

田村さんは大学受験の時期と両親の離婚が重なって，気が滅入ってイライラしていたときに，遊びに行った友人の家で覚醒剤の使用を誘われた。勧められるままに覚醒剤を使用すると，これまで感じたことがないような高揚感を得た。しかし，学生時代に使用したのは1回きりだった。会社員になった田村さんは，特に趣味もなく，仕事一筋の生活を送っていた。ある年，新しい上司と折り合いが悪く，仕事上のストレスが重なった。そんなときに高校時代の友人に誘われて，また覚醒剤を使用してしまった。それ以来，時々ストレスがたまったときに，その友人から覚醒剤を売ってもらうようになった。しかし29歳のときに友人が逮捕され，芋づる式に田村さんも逮捕された。そして懲役1年6月執行猶予3年の判決を受けた。もう二度と覚醒剤は使わないと心に決めた田村さんであったが，新しくアルバイトを始めた半年後に，同じく執行猶予刑となった先の友人に誘われて使用してしまった。その友人から電話で遊びにくるように誘いを受け，「覚醒剤をやらなければいいか」と考えて遊びに行き，部屋のなかで友人が覚醒剤を使用しているのを見て，田村さんも我慢できなくなったのである。そして再び逮捕されてしまう。今度は懲役2年の実刑判決で，先の執行猶予も取り消されたため，合わせて懲役3年6月の判決であった。

😊 考えてみよう！

田村さんが覚醒剤を繰り返し使ってしまう要因はどこにあるのか，生物－心理－社会モデルの枠組みでアセスメントしましょう。アセスメントに必要な情報が不足している場合は，どのような情報が必要かも考えてみましょう。

💬 話し合ってみよう！

刑務所におけるSSTのプログラムでソーシャルスキルを訓練する場合，田村さんにとって再使用防止のために必要なのはどのようなソーシャルスキルか，できるだけたくさんの案が出るように，みんなで話し合ってみましょう。

🚶 ロールプレイをしてみよう！

田村さんが覚醒剤を再使用しないために必要なソーシャルスキルをひとつ決めて，①リーダーの公認心理師の木村さん，②コリーダーの刑務官の渡辺さん，③田村さん，④その他の受刑者約3名がSSTのセッションを行う場面を想定して，ロールプレイをしてみましょう。その際，本章の「事例を読む」の表3-2「ロールプレイの手順」とその解説を参考にしてください。

58 ┃ 第2章 刑と刑務所：刑事収容施設法

Column 2　刑罰とは何か？

　刑罰とは何か。過去の悪行に対する弾劾というイメージをもつ人もいるだろう。あるいは将来の悪行の予防というイメージをもつ人もいるかもしれない。

　ドイツでは刑罰をどちらに位置づけるべきか激しく争われた時期がある。たとえば，哲学者の Kant, I. は，刑罰は違法な行為をあえて選択した（自由意思論）ことに対する「報い」であり，それが正当化されるのは正義を実現するものであるからであって，実益があるかどうかは無関係であると考えていた（応報刑論）。この考え方は，刑の大きさは違法性の大きさと同じ程度であるべきだという考え方（罪刑均衡論）に結びつき，自由刑を科す場合は罪の大きさに応じて一定の長さの刑期を定めるものとなる（定期刑）。

　しかし，産業革命後の犯罪激増を受けて，刑法学者の Liszt, F. E. von（音楽家のフランツ・リストのいとこ）は，応報刑論は，犯罪への対策として無力であると批判して，刑罰に対する考え方を変える運動を行った。彼は人に自由意思があるというのは幻想であって，行為は素質と環境によって運命づけられている（決定論）。そうだとすると，応報刑論で刑罰を正当化することはできない。刑罰が正当化されるのは，犯罪者を改善教育して再犯を防ぎ（教育刑論），改善不可能であれば社会から排除・淘汰して社会を防衛することができるという実益があるからだと主張した。この考え方によると，判決の段階ではどれくらい罰を与えれば改善されるのかわからないので自由刑は長さを不定期とすべきということになる。1920 年代にソ連がこの考え方を取り入れたことがあったが，すぐに放棄された。1930 年代にはナチスドイツがこの考えに基づく立法を行い始めた。しかし，それは，常習窃盗犯人は教育によっても改善が不可能なので終身刑または死刑にすべきだとされるなど，この考え方を乱用して人権を侵害するものであった。

　教育刑論は戦前の日本では東大の牧野英一教授が賛同するなど一定の支持があった。また，当時，日本の伝統理念を探求して「日本法理」を打ち立てようとする運動があった。この運動に参加していた東大の小野清一郎教授は，日本刑法は道義に基づくものであり，道義に反した者が非を悟って正道に戻ることを促すために課されるのが刑であると，Liszt とは異なる観点から教育刑論を打ち出していた。しかし，戦後，Liszt の教育刑論は支持を失い，日本法理運動は雲散霧消した。ところが，現在でも実務では教育刑論の影響が残っている。たとえば，裁判の場面では，罪刑を均衡させて刑の上限を決めたうえで，その範囲内で教育とか威嚇というような目的に資するよう配慮をするという考え方がとられている（相対的応報刑論）。特に少年の刑事事件では，刑罰を科するのではなく少年自身の利益のために国家が保護や教育的な働きかけを行うべきという考えのもと（国親思想），自由刑の長さは不定期とされている。また，刑の執行（犯罪者処遇）の場面では，犯罪者を教育して再犯を防ぐという考えのもとで矯正処遇が行われている。

第**3**章

非行少年と少年審判

少年法

　少年が非行を行った場合，成年が犯罪を行った場合とは異なる手続きで非行事実の捜査・調査や認定がなされ，成人と異なる内容の処分がなされる。しかし，近年少年法の厳罰化が数次にわたって行われた結果，大人と同じ手続きで裁判がなされる場合が増えたほか，成人年齢が18歳に引き下げられたことをきっかけとして見直しが行われ，大人と子どもの中間的な手続きが設けられた。本章では，このような複雑になった少年司法制度・少年法について整理をしてみていく。

1. 少年法の対象

(1) 少年

　少年法の対象は，「少年」である。

> 　この法律において「少年」とは，20歳に満たない者をいう。（少年法　第2条）

　2018年に民法が改正され成人の年齢を20歳から18歳に引き下げることになった際（民法第4条），少年法の対象も18歳未満に引き下げることが検討されたが，18歳や19歳の者もまだ保護が必要であるとの反対の声が多く，引き下げはなされなかった。しかし，18歳や19歳の少年は成人と少年の中間的な存在であることから，新たに設けられた**特定少年**という区分に位置づけられ，少年ではあるが少年法の規

61

表 3-1　児童福祉法・少年法・刑法の適用年齢

	児童福祉法	少年法	刑法
20 歳以上			○
18 歳以上，20 歳未満		特定少年	○
14 歳以上，18 歳未満	○	○	○
14 歳未満	○	○	

定の一部については適用されないことになった。

　少年が非行をした場合，大半は少年法自体に定められた発見過程・保護手続きを経て審判が行われ，少年法に定められた処分（**保護処分**）が下されるが，少年法で，刑事裁判を行い刑罰を科すと規定されていたり，児童相談所により児童福祉法に定められた措置（**保護措置**）を講ずると規定されていたりする。これらの刑罰や保護措置については年齢により制限がある（表3-1）。たとえば，刑法では「14 歳に満たない者の行為は，罰しない。」（刑法第41条）としているので，13 歳以下の少年については少年法の規定であっても刑事裁判を行い刑罰を科すと定める規定の適用はない。また，児童福祉法における「児童」は「満 18 歳に満たない者」（児童福祉法第4条第1項）とされているので，18 歳以上の少年には少年法の規定であっても児童相談所により保護措置を講ずると定める規定の適用はない。

(2) 非行少年（審判に付すべき少年）

　少年法の手続きによって非行少年（少年法第1条）は，家庭裁判所の審判に付される。

次に掲げる少年は，これを家庭裁判所の審判に付する。
一　罪を犯した少年
二　14 歳に満たないで刑罰法令に触れる行為をした少年
三　その性格又は環境に照して，将来，罪を犯し，又は刑罰法令に触れる行為をする虞のある少年

（少年法　第3条抜粋）

62　┃　第3章　非行少年と少年審判：少年法

表 3-2　犯罪少年・触法少年・虞犯少年の年齢

	刑法に触れる	刑法に触れるおそれ
18 歳以上，20 歳未満	犯罪少年	
14 歳以上，18 歳未満		虞犯少年
14 歳未満	触法少年	

　犯罪少年とは，犯罪を行った少年のことである。犯罪は 14 歳以上の者のみに成立するため（刑法第41条），犯罪少年は 14 歳以上となる。先に説明した特定少年にも犯罪少年の規定は適用される。

　14 歳に満たないで刑罰法令に触れる行為をした少年は，**触法少年**と呼ばれる。

　虞犯少年とは，将来罪を犯し刑罰法令に触れる行為をする虞のある少年のことであり，4 つの要件（「保護者の言うことを聞かない」「家に帰らない」「いかがわしい人とつるんでいたり，いかがわしい場所に入り浸ったりしている」「本人が道徳心に欠けているか，他人の道徳心を失わせる傾向がある」）のいずれかに該当する者のことである。このような行為は犯罪ではないので，成人では放任されている。しかし，少年は判断能力が十分ではないため，虞犯を放置すると犯罪に至るおそれがある。そのため，少年がこのような行為をすれば虞犯として国が介入し保護矯正することとされた。従来は，18 歳以上の少年についても虞犯の対象とされていたが，2021 年の少年法改正により 18 歳以上の少年（特定少年）には虞犯の規定は適用されないものとされた（少年法第65条第1項）。18 歳 19 歳の少年は成人であり判断能力が十分あるので，このような行為をしていても犯罪に至る危険はない，あるいはそうなったとしても自己責任であるとして放任されることとなったのである（表 3-2）。

2．少年審判手続の流れ

　警察が刑事事件を捜査するなかで非行少年を見つけた場合，あるいは，相談や街頭補導で非行少年を発見した場合，どのような手続きがとられていくのか。手続きは，非行少年が発見されてから家庭裁判所

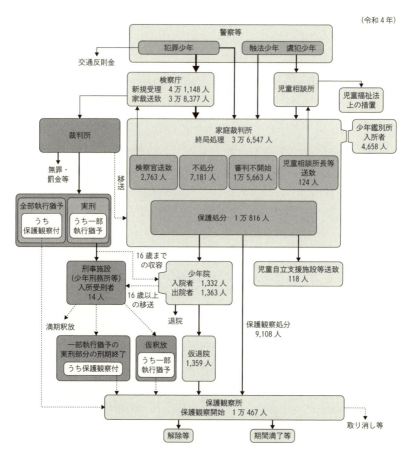

図 3-1 非行少年処遇の概要（法務省 法務総合研究所, 2024）

に送致されるまでの発見過程と，家庭裁判所に送致されてから少年審判により終局決定が下されるまでの少年保護手続に分けられる。発見過程は，犯罪少年か，それ以外の触法少年・虞犯少年かで異なるが，少年保護手続は共通である（図3-1）。

3. 発見過程

　警察が，触法少年・虞犯少年を発見したとき，それが14歳以上18

歳未満の虞犯少年の場合は，捜査または調査したうえで，原則として
家庭裁判所に送致または通告するが（少年法第41条，第6条1項），児童福
祉法の措置が適当と判断したときは例外的に児童相談所に通告できる
（少年法第6条第2項）。これに対して，触法少年・14歳未満の虞犯少年の
場合は，家庭裁判所ではなく，児童相談所に通告または送致する（児童
福祉法第25条，少年法第6条の6第1項）。これは，触法少年・14歳未満の虞
犯少年については，児童福祉機関先議の原則がとられているからであ
る。

> 家庭裁判所は，［触法］少年及び［虞犯］少年で14歳に満たない者につい
> ては，都道府県知事又は児童相談所長から送致を受けたときに限り，これ
> を審判に付することができる。　　　（少年法　第3条第2項抜粋（［ ］内は改変・補足））

　つまり，14歳未満の少年について，家庭裁判所は児童相談所等から
送致された者しか受け入れないため，警察は児童相談所等に通告・送
致するほかないのである。
　警察から触法少年や虞犯少年の通告・送致を受けた児童相談所は，
自らの判断で，児童福祉法上の措置を講じるか，家庭裁判所に送致す
るかを決定する。これは低年齢の少年については，矯正措置よりも福
祉措置をとるほうが適切である場合が多いからである。ただし触法少
年で，故意の行為で被害者を死亡させたり（殺人，傷害致死，強盗致死，危険
運転致死など），死刑や無期あるいは短期2年以上の懲役禁錮にあたる罪
（現住建造物放火，強姦，強盗など）に該当する重大な触法行為を行った者に
ついて，児童相談所は原則として家庭裁判所に送致することになって
いる（少年法第6条の7第1項）。
　犯罪少年では，警察は，少年の被疑事件の捜査を行い犯罪の嫌疑が
ある場合，すべて検察官に送致する。そして検察官は，犯罪の嫌疑が
ある場合，すべて家庭裁判所に送致する（少年法第42条）。成人の微罪処
分や不起訴処分のように裁判所に送致する前に事件を終了させる仕組
みは設けられていない（**全件送致主義**）。これは非行事実が軽微で
あっても少年の犯罪性向が深く進んでいる場合があり，この場合適切
な保護・矯正を行う必要があるが，その調査と判断は警察や検察では

なく科学的調査の機構を備えた家庭裁判所で判断するのが適切だからである。

犯罪少年の被疑事件についても，成人と同様に，警察が捜査する際に被疑者を逮捕・勾留して身柄を拘束することができる（第2章参照）。しかし，身柄の拘束は心身ともに未成熟である少年の情操を害する危険性があるため，なるべく逮捕を避け，やむを得ず逮捕する場合には，その時期および方法について特に慎重な注意をしなければならない（犯罪捜査規範第208条）。また，勾留の要件が備わっている場合も，少年鑑別所に収容して観護措置を行いながら捜査を行うこと（勾留に代わる観護措置；少年法第43条第1項）が原則とされており，勾留はやむを得ない場合にしか認められない（少年法第43条第3項，第48条第1項）。しかし，実務上「やむを得ない場合」は広く解釈されており，勾留が原則化している。また，少年を勾留する場合でも，裁判所は，その少年を少年鑑別所に拘禁できる（少年法第48条第2項；この場合観護措置は行われない）とされているが，ほとんどが成人と同じ刑事施設・留置施設で拘禁されている。ただし，刑事施設・留置施設等において，少年は成人と分離して収容しなければならない（少年法第49条）。

4. 少年保護手続

犯罪少年・触法少年・虞犯少年が家庭裁判所に送致・通告された後の手続きは共通である。

(1) 観護措置

家庭裁判所に送致・通告された場合，重大な事件や少年の問題性が高い事件については**観護措置**がとられる。観護措置がとられるのは，送致・通告された事件の1割程度である。

> 家庭裁判所は，審判を行うため必要があるときは，決定をもって，次に掲げる観護の措置をとることができる。
> 　一　家庭裁判所調査官の観護に付すること。
> 　二　少年鑑別所に送致すること。
> （少年法　第17条第1項）

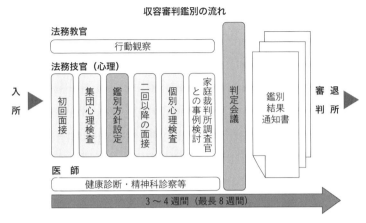

図 3-2　収容審判鑑別の流れ
資料出所：法務省ホームページ（http://www.moj.go.jp/content/001223152.pdf）より作成

　少年の身柄を拘束せずに調査官が面接して行う観護もあるが，ほとんどの場合は少年鑑別所に収容して観護が行われる（少年法第 17 条第 1 項）。少年鑑別所に収容して行う観護は，調査・審判への少年の出頭を確保するとともに，収容期間中に非行が進むことを防止しながら，鑑別を行い適正な審判の実施を図ることを目的としている。

　少年鑑別所は，観護措置により送致された少年を収容し，鑑別，観護処遇を行うほか，地域社会の援助を行う法務省所管の施設である（少年鑑別所法第 3 条）。

　少年鑑別所の業務の 1 つ目は，鑑別である。鑑別とは，医学，心理学，教育学，社会学などの専門的知識や技術に基づき，非行等に影響を及ぼした資質上および環境上問題となる事情を明らかにし，その事情の改善のための指針を示すことである。鑑別では，心理技官や医師による鑑別面接，心身鑑別（身体状況の検査，心理検査，精神医学的検査・診察），法務教官による行動観察，関係機関・家族からの資料の収集が行われる（少年鑑別所法第 16 条）。その後，判定会議で判定を行い，鑑別結果通知書を家庭裁判所に提出する（図 3-2）。

　少年鑑別所の業務の 2 つ目は，**観護処遇**である。少年鑑別所に収容

している者に，規則正しい生活を送らせることや，基本的な生活習慣等に関する助言・指導をするだけでなく，学習支援，読書，講話や，季節の行事等を行う（少年鑑別所法第19条）。

　少年鑑別所の業務の3つ目は，地域援助である。地域援助をするときは，少年鑑別所という名称ではなく，**「法務少年支援センター」**という名称を用いる。少年鑑別所では，非行・犯罪に関する問題や，思春期の子どもたちの行動理解等に関する知識・ノウハウを有する職員がいるため，この職員を活用して，地域の子どもや保護者の心理相談や，研修会・講演会への講師派遣，法教育の実施などを行っている（少年鑑別所法第131条）。

(2) 調査

　少年の送致を受けた家庭裁判所は，調査を行う。調査には法的調査と社会調査がある。法的調査とは非行事実の存否の調査で，家庭裁判所の裁判官が，警察・検察の捜査の記録（少年保護事件記録（法的記録））をもとに行う（少年法第8条第1項）。社会調査とは，少年の**要保護性**の有無についての調査で，**家庭裁判所調査官**（心理学・社会学・社会福祉・教育学などの技能を有する家庭裁判所の職員）が，鑑別の結果のほか，自ら本人や家族と面接をしたり官公庁や学校・職場へ書面で照会したり，家庭や学校を訪問して環境を調査したりする（少年法第8条第2項，第9条）。

　調査官は社会調査の結果を調査報告書（少年調査票）にまとめ，自らの処遇意見を付して，家庭裁判所に提出する（少年審判規則第13条）。処遇意見や少年調査票・処遇上参考となる書類は，家庭裁判所で少年調査記録（社会記録）としてまとめられる。法的記録と社会記録は審判を開始するか否かの決定や審判が開始された際の終局決定をするための基礎資料になる。また，社会記録は，審判の結果保護処分（少年院送致・児童自立支援施設送致・保護観察）に付されたときは，処遇執行機関（少年院や児童自立支援施設・保護観察所）に送付され処遇上の参考資料とされる（少年審判規則第37条の2）。審判の結果検察庁に逆送され刑事裁判が開始されたとき，刑事裁判の裁判所から家庭裁判所に照会（刑事訴訟法第279条）がなされた場合は，刑事裁判の裁判所に送付され情状の証拠とされる（少年法

第 50 条）。

（3）開始決定・不開始決定

　調査の結果，審判を開始するのが相当であるときは，家庭裁判所の裁判官は開始決定を行う（少年法第 21 条）。

　これに対して，非行事実が認められない場合や，非行事実が軽微で要保護性も低く，家庭裁判所の調査段階の保護的措置（調査官の面接や指導など）で十分とされる場合には，家庭裁判所の裁判官は不開始決定を行う（少年法第 19 条第 1 項）。

（4）審判（少年審判）

　開始決定がなされた事件については，少年審判が開かれる。少年審判では，裁判官，書記官，家庭裁判所調査官（少年審判規則第 28 条第 1 項・第 2 項）と，少年および保護者（少年審判規則第 25 条第 2 項），付添人（弁護士）（少年法第 10 条第 1 項）が審判に立ち会う。これに対し，検察官は原則として立ち会いを認められていない。これは，検察官が立ち会うと，検察官と少年の 2 当事者対立構造となり，少年の改善教育を図る場として位置づけられる少年審判の理念に適合しないためである。しかし，少年が非行事実を争う場合，少年と裁判官が対立するような状況になったり，裁判官は捜査に不慣れなので捜査機関へ適切に補充捜査を依頼できないというような問題が生じたため，2000 年と 2014 年に少年法が改正され，死刑・無期もしくは長期 3 年を超える拘禁刑（懲役もしくは禁錮）にあたる罪の事件について，必要があると認められる場合に限り，検察官の関与が認められることとなった（少年法第 22 条の 2 第 1 項）。ただし，検察官の関与がなされる事件は年間 30〜40 件程度である。

　少年審判の審理は非公開である（少年法第 22 条第 2 項）。これは，未成熟な少年の情操を保護し，公開により少年が特定されることで社会復帰が妨げられることを防ぐとともに，少年や家族のプライバシーを保護するためである。ただし，親族・教員，その他相当な者の在席は認められる（少年審判規則第 29 条）。また，重大な事件（故意の犯罪行為で被害者を死傷させた場合）は被害者等の傍聴が認められるが，傍聴した被害者等に

4. 少年保護手続　69

は守秘義務が課される（少年法第22条の4第5項，第5条の2第3項）。審判では，非行事実の有無の審理と，要保護性に関する事実の審理を行う。少年手続は保護的・教育的な性格を有するので，少年審判は刑事裁判とは異なる雰囲気のなかで行われる。

> 審判は，懇切を旨として，和やかに行うとともに，非行のある少年に対し自己の非行について内省を促すものとしなければならない。
>
> （少年法　第22条第1項）

　家庭裁判所は，審判を開いた後，保護処分を決定するため必要があるときは，終局処分の決定を一定期間留保して，少年を家庭裁判所調査官の観察に付することができる（少年法第25条）。これを試験観察という。**試験観察**は，調査官が少年や保護者と継続的な面接を行う場合もあるが，少年を適当な施設・団体・個人等に委託（補導委託）して観察を行うこともある。試験観察が行われる件数は審判件数の1%にも満たない。

　試験観察が終了すると，再度審判を開いて，終局決定を行う。

（5）終局決定

　終局決定には，①不処分，②児童相談所へ送致（少年法第18条第1項），③保護処分，④検察官への送致がある（本書第5章）。

（6）少年審判における実名報道

　少年審判に付された少年については，少年の育成に悪影響を与えるため，実名報道（本人を推知させるような記事や写真の掲載）が禁止されている（少年法第61条）。

5．少年事件の現状

（1）検挙人員

　少年による刑法犯，危険運転致死傷および過失運転致死傷等の検挙人員には，昭和26（1951）年をピークとする第1波，昭和39（1964）年を

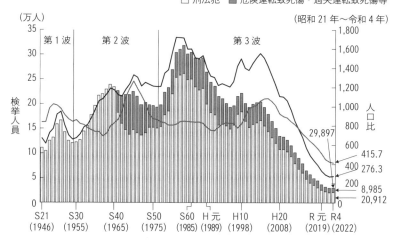

図 3-3　少年による刑法犯等検挙人員・人口比 （法務省 法務総合研究所，2024 より作成）

ピークとする第2波，昭和58（1983）年をピークとする第3波という大きな波がみられる。平成8〜15（1996〜2003）年にかけて一時的な増加があったが（これを第4波という場合もある），全体としては減少傾向にある。ただし，令和4（2022）年は前年からわずかに増加しており（図3-3），令和5（2023）年も増加している（警察庁生活安全局人身安全・少年課，2024）。

第1波では，年長少年（18〜19歳）による窃盗や強盗などの財産犯が中心で，敗戦による社会秩序の乱れ，経済的困窮，家族生活の崩壊などの社会的混乱が関係するものと考えられている。第2波でも財産犯が中心ではあるが，中間少年（16〜17歳）や年少少年（14〜15歳）による傷害・恐喝等の粗暴犯や強姦等の性犯罪が増加している。これは，経済の高度成長過程における工業化，都市化等の急激な社会変動に伴う社会的葛藤等の増大に関係するものと考えられている。第3波の原因においては，年少少年（14〜16歳）で犯罪歴のあまりない者による万引き・自転車窃盗，シンナー吸引などの遊び型非行が中心となった。これは，豊かな社会における価値観の多様化，家庭や地域社会などの保護的・教育的機能の低下，犯罪の機会の増大などの社会的諸条件の変

5．少年事件の現状　71

化に関係するものと考えられている。

第3波は，平成15 (2003) 年から減少し続けている。それはどのような原因によるものか。法務省では，少年の生活意識や価値観の変化，保護者との関係や家庭の経済状況というような生育環境について調査を行い，数年ごとに犯罪白書に結果が報告されている。これによると，平成5 (1998) 年から令和4 (2022) 年の間に，非行少年については，父母との同居は減少し，母のみとの同居が増えている。児童虐待の経験者の割合が多い。高校進学をする者が増えたが，高校中退した者も増えている。これに対し，社会一般では，少子高齢化が進んでいるが，離婚が減少し，再婚が増えている。児童虐待は増加の一途をたどり特に心理的虐待が増加しているが，非行少年と比較すると割合は小さい。高校中退も減少し，通信制高校の生徒数は増加している。このような社会一般の少年の生育環境の変化と非行少年の生育環境の変化のズレが少年非行の減少に影響しているのかもしれない。

(2) 少年事件の凶悪化

また，近年，少年非行が凶悪化しているとの指摘がある。しかし，少年の凶悪犯（重大事犯類型（殺人・傷害致死・強盗・放火））も減少している（図3-4）。

ただし，いくつかの凶悪事件について，それを起こした少年の犯行の動機が通常の感覚では理解できない例があったり，いきなり型非行（これまで非行歴のない少年がいきなり凶悪犯罪を行う）の例が増えているという指摘がある。いきなり型非行については，集団で重大事件を起こした少年については，他からの誘いに乗って犯罪に参加し，その過程で集団心理によって抑制が効かなくなった例が大半であり，単独で重大事件を起こした少年については，人間関係をうまく形成できないというような少年の内的要因や，家庭の問題等の少年を取り巻く環境要因が長年にわたって複雑に絡み合って事件に至っているという特徴がある。また，近時の非行少年の資質として，人に対する思いやりや人の痛みに対する理解力・想像力に欠けるとか，自分の感情をうまくコントロールできないという点が指摘されている（川出・金, 2023）。

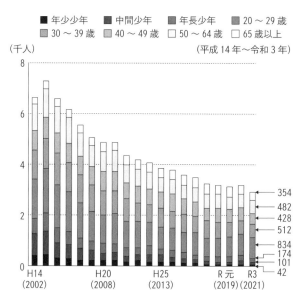

図 3-4 重大時犯類型 検挙人員推移（法務省 法務総合研究所, 2022）

5. 少年事件の現状

事例を読む

家庭裁判所の試験観察

　ショウは 16 歳の定時制高校生である。1 歳年上の友人と駅前でバイクを盗み，無免許で乗り回し，信号無視などして警察官に捕まった。警察官が家に連絡すると母親が出て，毎日夜遊びをして帰ってこない，もはや指導する自信がないとのことで引き取りに消極的であった。警察はショウを逮捕し，その後ショウは検察官から家庭裁判所に送致され，少年鑑別所に入る観護措置を言い渡された。

　ショウは，小学校低学年の頃から勉強が苦手であり，教室のなかで動き回ってよく注意されていた。その頃はクラス内で自信がもてず，いじめられることもあった。小学校時代はなんとか学校に通っていたが，中学校に入ると授業についていくのが難しくなり，教室でもやる気のない態度を見せていたところ，学校の教師に厳しく注意され，ショウは反発して暴言を吐き，それからは中学校に行ったり行かなかったりという状況になった。

　家庭では父母と兄の 4 人暮らしで，兄は勉強やスポーツが得意である。父母は兄をかわいがる一方で，ショウに対しては放任気味であった。次第にショウが夜遊びするようになり，そのことで父母が注意しても，ショウは反抗して，遊びに行って数日帰ってこないことがあった。その頃から夜間にカップラーメンなどを万引きしたり，喫煙したりして，何度か警察に補導され，父母が深夜に迎えにいくことがあったが，行動はなかなか改善しなかった。中学卒業後に定時制高校に入学したがほとんど登校せず，バイクへの興味が強まって友達のバイクを無免許運転したりしていたが，今回は鍵のかかっていたバイクを操作して盗んだのである。

　家庭裁判所でショウの担当になった友川調査官が，少年鑑別所に面接に行くと，ショウは斜めに腰かけてこちらを不審そうに見ていた。友川調査官は，これからどんなふうに話していこうかと考えていた。

74 ┃ 第 3 章　非行少年と少年審判：少年法

STEP1：少年鑑別所にて

　友川調査官が面接室で待っていると，ショウが少年鑑別所の法務教官と一緒に入ってきた。ショウは，挨拶はするけれど不満そうな様子であった。このようなとき，調査官は少年を注意したり正したりするわけではなく，なぜそんな様子なのか，それを少年との対話から探ろうとするものである。友川調査官はまず「こんにちは，友川です。ショウ君ですね。私があなたの担当の調査官です。事件のことや生活のことなどいろいろ話をして，あなたがこれからどうしていったらよいか一緒に考えていきたいと思います。話してくれたことは裁判官にも報告しますが，言いたくないことは無理に言わなくてもよいです」と挨拶をした。するとショウ君は「そうすか」とぶっきらぼうに返事をした。友川調査官はその態度が気になったが，どうしてそのような態度なのかと疑問に感じていくつか質問してみた。「今日の体調はどうかな」「普通っすよ」「そうか，普通なんだね……昨日はよく寝られたかな？」「いや，あんまり寝ていないっすね」「そうなんだ，あんまり寝られなかったんだ，何かあったの？」「いや，その，親が面会に来て，なんでこんなことするんだ，とか，もう疲れた，とか言うから，頭に来て，ふざけんな，って言ってしまって，それからもう何も手につかないっていうか，あんまり寝られなかった……」

　友川調査官は「ああ，ショウ君はきちんと話を聞けば，話すことができるんだな，父母との面会でいろいろあって心が混乱しているんだな」と感じた。そこでさらに「親が面会に来て，なんでこんなことするんだ，って言ったんだね，どんな様子だったの」と尋ねると，「いや，なんか見捨てられたような感じだった。大体，家のなかでも，いつも勉強できる兄貴のことばっかりで，俺のことなんてどうでもいいんですよ，俺のことは叱ってばっかりで，まあ俺は勉強もできないし，中学校でも誰も相手してくれなかったから」と答えた。友川調査官が「そうなんだ，親は勉強のできるお兄さんのことばっかりだと感じているんだね」と返すと，「そうなんすよ……俺が小さい頃からそうだった」と言った。このように話していくと，今まで斜に構えていたショウが少し姿勢を正して前を向いて友川調査官に話してくれるようになった。

事例を読む：家庭裁判所の試験観察　　75

調査官としては，基本的なカウンセリング技法である，うなずき，あいづち，繰り返しや，感情の反映などの技法を用いて，ショウの言葉にいちいち反応するのではなく，感情を共有することによって，ショウも「あ，調査官は俺の話を聞いてくれているんだな」と思ってもらえるようにすること，そこからショウの非行やこれまでの生活，家族についてどんなふうに思っているかを聞き取っていく予定である。

　少年鑑別所では，少年の鑑別所内の生活全般を指導する法務教官と，心理テストや面接で少年の非行の心理的背景や処遇の方針を決める心理技官という職員がいる。ショウの担当の法務教官は立川教官であった。立川教官は，最初に鑑別所に入ってきたショウが不満そうな様子であることに気づいて，その背景は何だろうかと感じていた。鑑別所に入ってきた翌日，父母が鑑別所の面会に来た。まったく面会に来ない父母もいるので，少年への関心があるのだろうと思っていたが，面会室に入ると少年はふてくされたような様子であり，父母はかなり憔悴している様子であった。父母が「ショウ，元気か，心配していたぞ，今回はどうしたの」と話しかけるが，ショウは「は，なんだよ，何しに来たんだ」と乱暴な口調で言った。立川教官が「ちょっとショウ君，落ち着いていこう」と話したが，父母は「いつもこうなんです……もうどうしていいのかわからない，もう自信がない」と話した。するとショウは「どうせ，俺なんかいなくていいんだよ」と言う。父母は「そんなこと言わないで……」と言うが，話は平行線のままであった。面会が終わると立川教官は，ショウに「面会のとき，どういう気持ちだった？」と聞くと「俺のこと，たぶんいらないと思っているんですよ，ずっとそうだった」と話した。立川教官は「そうか，ショウ君は，親から見捨てられたと感じているんだね，ただ，両親が鑑別所に面会に来てくれた，これはなんでだと思う？」と問うた。ショウは「さあ，なんでですかね，鑑別所に入った俺をなんか見にきたんですかね」と答えたため，立川教官は「なんで来てくれたのか，また考えてみて話をしよう」と述べた。その日の日記にショウは「俺は両親が俺のことを見捨てているかと思っていたけど，面会に来てくれたことは嬉しかった。でも，俺のことをこれからどうしていいかわからない，と言っていたから，ちょっとむかついた」と記入し

76　┃　第3章　非行少年と少年審判：少年法

ていた。これに対し，立川教官は赤ペンで「これから一緒に考えていこう」とコメントを書いた。

　ショウの心理テストや心理的面接を担当するのは，青田技官である。青田技官は，大学と大学院で心理学を学び，公認心理師資格を取得している。鑑別所では，少年との面接を重ねつつ，ウェクスラー式知能検査（WISC-V）やKABC-IIという認知特性と学習習得度（読み・書き・算数・語彙の習得度などを測定する），バウムテストや家族画などの描画法なども組み合わせて少年の特性や背景を測定している。もちろん心理検査をするときも，基本になるのは少年とのラポール（温かい関係）であり，じっくり少年の話を聞いて信頼関係を構築してから心理検査を実施するのである。

　青田技官がウェクスラー式知能検査を実施したところ，全検査IQは86，言語理解が73，視空間が95，流動性推理が84，ワーキングメモリが75，処理速度が94（信頼区間の表示は省略）であった。このことから，全体的な知能は平均よりやや下で，得意・不得意な能力の凹凸があり，言語でのやりとりや語彙，知識については困難があるため，口頭表現や文章表現は苦手であるが，視覚的に見たものを処理したり，手早く視覚的に認知したものを手がかりに手を動かしたり，模写するという能力は優れていることがわかった。KABC-IIでは認知総合尺度は87であり，習得尺度が73で，特に読み・書き・算数・語彙は70〜75の間でかなり低めであった。

　青田技官が検査結果をショウに伝えると，ショウは「確かに，俺は言葉で話したり書いたりするのはすごく苦手で，作文とかもろくに書けないし，ちゃんと話ができなくていつも怒られていました。でも，手先が器用で，プラモデルとか設計図見なくても大体パパッとできちゃうんですよ，だから子どもの頃は工作ばっかりやっていました」と話していた。青田技官が「確かに，鑑別所でも貼り絵とかやっているけれど，すばやくきれいに仕上げているね，すごいね，見たものをすばやく再現するのはショウ君の得意な力だね。その反面，言葉で何かやりとりするとうまく話せない，表現できないから，誤解されがちだね」と心理検査結果のフィードバックを行うと，ショウは「そうなんですよ」と嬉しそうにしていた。青田技官が「盗みをするのはもちろん悪いことで許される

事例を読む：家庭裁判所の試験観察　┃　77

ことではないんだけど，バイクの鍵を解錠したり，バイクを乗れてしまうなんていうのは，ひとつ能力かもしれないね，もちろん，バイクは法律通り免許をとってから安全に乗るものだけど」というと，ショウ君は「そうですね，バイクとかやっぱり機械が好きですね，大体わかるんですよ，メカニズムが。でも，無免許とか盗みはいけないのはわかっています」と話していた。

　このように，心理技官は，ただ知能検査や心理テストをするだけでなく，少年の得意・不得意を見つけ，少年に自己理解を促すことも大切な役割である。また，青田技官はショウに，読み書きの能力が小学校高学年程度であることから，まずは簡単な問題集や字が大きめの本などを読むことを勧めた。その後，立川教官がショウの能力に合った本を何冊かもってきてくれた。ショウは鑑別所で本を読んでみると，面白くてその冒険話に引き込まれていった。もっと読みたい，そんな気持ちになったのは初めてで，それまで自分はどうせ勉強ができないと思い込んでいたが，もっと本を読んだりしたいと思うようになっていった。

STEP2：調査官による父母面接

　友川調査官は，家庭裁判所でショウの父母と面接室にいた。やはり父母は，疲れた様子であり，これまで必死にショウのことを思い，指導してきたが，夜遊びが止められず，指導に限界を感じていた。その心情を鑑別所でのショウとの面会のときに話したところ，逆にショウが見捨てられたと感じて，ますますショウとの今後に不安を抱くようになってしまったと話した。

　父母は「ショウは子どもの頃から手がかかる子ではありました。でも私たちは，兄と同じようにかわいがって育ててきました。一緒に公園で遊ぶことも多かったです。兄はまったく手がかからない子で，勉強もスポーツもできて，高校入試もすんなりいきました。でも，ショウは保育園の頃から落ち着きがなく，お友達と遊ぶのが苦手だったり，先生の話が聞けなくて怒られたりすることが多かったです。小学校でも勉強についていけず，授業参観に行ってもうろうろと歩き回るので，私たちもつらい思いをしたことがあり，学校にも相談したんですが，でもうまくい

78 ┃ 第3章　非行少年と少年審判：少年法

かずに……。中学校に入ってからはもう勉強なんて嫌だ，好きにしてや
る，と言って私たちの言うことは聞かなくなってしまいました。夜中に
父母で探し回ったこともあります。見つけたこともありますが，逃げて
しまって，でも本当はショウのことをなんとかしたい，もちろん見捨て
てはいないんです」と話していた。

　友川調査官は「子どもの頃から落ち着きがないなど，いわゆる多動性
や衝動性もあったようですね。勉強も苦手であることで，優秀な兄と比
較されていると感じて，だんだんと学校から離脱して，同じような仲間
との付き合いに夢中になっていったのですね。でもご両親が決して見捨
てているわけではないことはわかりました。よろしければ，何度か鑑別
所に面会に行って，見捨てていないことをショウ君に伝えたり，手紙を
書いたりしてもらえませんか」と提案すると，父母は「やってみます」
と前向きな言葉を述べていた。

　あと数日で少年審判で処分の言い渡しとなるとき，立川調査官は，鑑
別所で青田技官とカンファレンスを行った。通常，鑑別所に入所する
ケースでは，調査官と心理技官がカンファレンスを行ってお互いの見立
てを確認し，処遇方針などを協議する。調査官は意見書を裁判官に提出
し，鑑別技官は鑑別所としての意見を提出する。立川調査官からは，
ショウに幼少期からの多動・衝動性があり育てにくさがあったこと，保
育園や小学校時期からうまくいかないと疎外感を募らせていたこと，
ショウは優秀な兄と比較されていると思い込んでいるが，父母はショウ
に愛情と関心があり見捨てていないことを報告した。青田技官は知能検
査結果や心理検査結果を説明し，全般の知能はそれほど低いわけではな
いが，言語的な能力がやや困難があり，読み書きや話すことが苦手であ
るため口下手で反省が足りないなどと誤解を受けやすいこと，手先は器
用で見たものを再現する能力は高いので，これを生かした職業などがあ
れば適応できるのではないかとの見立てを話した。

　その後，立川調査官はショウと面接した。最初に会ったときとは違っ
て，だいぶすっきりした様子であった。その理由をショウに尋ねると
「今は自分のやったことはとんでもないことだと思っています。バイク
を盗まれた方には本当に申し訳ないです。父母がバイクの被害者に謝り

事例を読む：家庭裁判所の試験観察 ┃ **79**

にいって弁償してくれたそうです。その人は仕事に行けなくなってしまったそうです。両親が俺のために謝ったり弁償したりしたなんて，本当に申し訳ない。俺は見捨てられていなかったと感じました。両親がこれからしっかりみんなで頑張ろう，どんな処分になっても，と言ってくれたので，俺もどんな処分でもしっかり受け止めたいです」と話していた。立川調査官は「そうだね，その両親の気持ち，そしてバイクを盗まれた被害者の気持ちを大切にしていかなければね」と話していた。

STEP3：少年審判

　いよいよ審判当日になった。立川調査官は三浦裁判官，東野書記官とカンファレンスをしていた。立川調査官はショウの非行の心理や背景，生活状況や家庭状況を調査票に記載していた。三浦裁判官はそれを読んで「バイクの鍵を壊して盗んだことや無免許運転をしていたことは悪質ですが，鑑別所に入ったことを機に，自分の非行の重大さを振り返り，被害者感情も理解できたようですし，被害弁済もなされていますね。そして何より父母に見捨てられていたと感じていた少年が，そうではないと理解できたのも大きいですね。ただ，そのまま在宅での保護観察だと生活がまた不安定になってしまうのが心配ですね」と話した。立川調査官は「確かにこのまま在宅だと生活面が心配ですので，調査官による試験観察も考えてよいと思います」と意見を述べた。

　いよいよ審判である。ショウはさすがに裁判官の質問にきちんと受け答えできるか心配していた。また父母も，どのような処分を受けるのか，少年院に入ってしまうのか，あるいは家に戻してもらえるのか，自分たち家族はどのように評価されているのだろうか，と心配していた。

　審判が始まり，まず裁判官から非行事実の確認が行われ，ショウは「はい，自分がやったことに間違いありません」と姿勢を正して答えた。三浦裁判官が「なぜこのような事件を起こしたのか，説明してくれますか」と尋ねると，ショウは「まず，バイクを盗んでしまい，バイクの持ち主の方に本当にごめんなさい，と謝りたいです。仕事に行けなくなったと聞きました。僕は，ただバイクに乗りたい，発散したいという気持ちだけ，目先のことだけでやってしまいました。そのときは夜遊びばか

80 ∥ 第3章　非行少年と少年審判：少年法

りして，家にあまり戻っていませんでした。良い悪いの感覚がおかしくなっていたのも原因だと思います」と話した。三浦裁判官が「なぜ夜遊びするようになったんですか」と尋ねると，ショウは「家に居場所がない感じでした。子どもの頃から兄と比べて勉強もできず，問題ばかり起こしていて，俺なんかダメだという気持ちになっていたと思います」と話した。三浦裁判官は父母に対して，本件および今後について尋ねた。父母は「今回，大変なことをしてしまいました。バイクの持ち主の方には謝罪に行ってきて，事の重大さが親もわかりました。ショウに対しては，兄と比較することはなく，同じ愛情をもって育ててきたつもりです。でも，ショウからすると，家で居づらくなってしまったのかもしれません。これからもきちんと愛情をかけてみていきますが，このまま落ち着いて生活できるか不安もあります」と述べた。

　三浦裁判官は，ショウに本当に立ち直る気持ちがあるのかを確認したうえで「今回の件については重大なことだと感じてほしい。しかし，本当に社会で頑張れるかどうか，しばらく様子を見て最終的な判断をしたい。青田調査官の試験観察に付するので，調査官の指示に従って生活を立て直してほしい」と言い渡した。

STEP4：試験観察

　試験観察決定となり，青田調査官は月2回，定期的にショウ，父母と面接を行い，生活が乱れていないかのチェックを行うとともに，そのときの出来事や心情を聞き取り，励ました。ショウは生活面では，夜間に定時制高校に通い，昼間は倉庫作業のアルバイトをしていた。というのも，知能検査の結果から，言語的な表現は苦手であるが，視覚的にすばやく認知し，手作業が正確にできるという能力がわかったからである。この能力を生かすために，調査官もよくショウと話し合って，アルバイト先を決めた。当初は朝起きられないときもあったが，父母が今まで以上に熱心に関わり，一日アルバイトに行くと思いきり褒めたりした。これまで褒められることの少なかったショウも，父母が評価してくれると嬉しく思い，アルバイトを頑張るようになった。

　また青田調査官は，ショウが，自分だけ家族内で評価されていない，

事例を読む：家庭裁判所の試験観察　∥　81

自分には価値がないと感じていたので，どんな人であっても社会の一員であり，評価され尊敬されるという考え方を身につけることが必要だと感じていた。そこで，社会奉仕活動を行うことにした。繁華街での清掃活動を行う3日間の活動と，高齢者施設でボランティアを行う3日間の活動である。清掃活動では，タバコや空き缶を皆で拾う活動をした。ショウ自身もタバコなどを捨ててしまうことがあったので，いかに周囲に迷惑をかけていたかを知ることができた。町をきれいにしようとする若者たちに触れることができ，また商店街の人に褒められて，深夜徘徊をしていた時期の自らの生活ぶりを振り返ることもできた。高齢者施設での活動は父母と一緒に行い，食事やレクの介助で，利用者さんたちから褒められたこともあった。父母も一緒に参加してくれたことで，親が自分に愛情や関心があることを知ることができた。このように試験観察期間4か月を経て，生活も安定してきた。

　最終審判では，三浦裁判官は，晴れ晴れとした表情のショウと父母に驚いた。どうしてそのように変化したのか問うたところ，ショウは「今まで自分は社会や家庭で居場所がない，いらないと思っていたけれど，アルバイトや社会奉仕活動で，自分にも得意なことがあるし，頑張れば褒めてもらえること，なんていうか，自分も生きていていいんだ，と感じることができました。父母にも感謝しています。以前の自分が恥ずかしい」と述べていた。

　三浦裁判官はショウの頑張りをねぎらい，今回については短期間の保護観察を言い渡した。父母は「この体験は私たち親にも本当によい経験になりました。またショウと一緒に生きていきます」と述べていた。

ワーク 3

事　例

　家庭裁判所に 17 歳のケンの事件が送致された。罪名は傷害致死であり，少年法第20条第 2 項の規定では，「原則として検察官送致」，すなわち保護観察や少年院送致などの保護処分ではなく，刑事裁判を受けることになる。担当の清水調査官が記録を読むと，事件を起こした少年ケンは，日頃から同級生からいじめを受けており，突き飛ばされたり，集団で数か月も無視されたり，椅子に画鋲が置かれていたり，靴箱の靴がボロボロにされたりしていた。ケンは，担任の先生に何度か相談したが，先生は「いじめはやめよう」と言うだけで，実際にいじめをしていた人への指導は表面的であった。この日もケンの鞄が踏まれて壊されており，ケンはいじめの首謀者シンジへの恨みを募らせ，そのことで夜も眠れないほど思い詰めた。そして，シンジにいじめをやめろと，ナイフで脅そうと考えた。あるとき，シンジ宅からシンジが出てきたところで，ケンはシンジに「いじめをやめろ」と言うとシンジは「なんだよお前，知らねえよ」と言ったので，持っていたナイフでシンジの体を刺した。「大変なことをしてしまった」とケンは思ったが，結果としてシンジは出血多量で亡くなってしまった。シンジの家族は厳罰にしてほしいという意見書を家庭裁判所に出していた。

考えてみよう！

　あなたが担当の清水調査官だとして，まずケンに対して，どのような質問や働きかけをするのがよいだろうか。ケンは，これまで非行歴や補導歴はなく，勉強も頑張っていたようだ。一方で，大変なことをした自覚はあるが，自分がいじめの被害者であり，なぜ自分だけがこんな目に遭うのかという気持ちももっていた。

話し合ってみよう！

　本ケースでは，家庭裁判所は少年院送致などの「保護処分」を行うべきか，それとも少年法第20条第 2 項にある通り，故意に人を死に至らしめたとして刑事裁判に送るべきか。また，少年院送致あるいは刑事処分になったときのケンへの影響はどのようなものになるだろうか。

ロールプレイをしてみよう！

　清水調査官役，家庭裁判所の裁判官役に分かれてケンを保護処分にするか，検察官送致にするか，ロールプレイをしてみよう。裁判官は，少年法の規定通り，検察官送致が必要ではないかとの意見を述べ，調査官役は，事案は重大であるが，少年には保護処分が必要との意見で議論してみよう。その後，役割を交換してやってみよう。終わった後のシェアリングで保護処分にするか，刑事処分にするか，どのような点が問題になるか，話し合おう。

ワーク 3　83

Column 3　少年法の制定と厳罰化

　欧米では近世まで，年少者も「小さな大人」として大人と同様に刑罰を科されていた。しかし，産業革命後の 18 世紀終盤から犯罪が激増したことをきっかけに犯罪理論が進歩し，非行少年に対しては刑罰を科するのではなく，少年自身の利益のために国家が保護や教育的な働きかけを行うべきと考えられるようになった（国親思想）。そして，1899 年にアメリカのシカゴで少年裁判所が設けられたのを皮切りに，非行少年には成人の刑事手続とは異なった制度を設ける法制が広まった。日本でも，1922 年に，アメリカやドイツの制度を参考として旧少年法が制定された。旧少年法は，現行の少年法と枠組みはよく似ているものとなっている。大きな違いは，現行の少年法では，通常の刑事裁判に付するか少年審判手続に付するかを決めるのは家庭裁判所であるが，旧少年法では，検察庁とされている点にあった。

　戦後，国親思想が最盛期に達したアメリカが大幅な改正を求めたが，政府が抵抗した結果として，1948 年に制定された現行少年法は上記の点以外には大きな改正はなされなかった。

　ただし，司法省の行政機関であった少年審判所と，地方裁判所の支部であった家事審判所を合併して家庭裁判所が創設され，そこに家庭裁判所調査官が置かれたり少年鑑別所も設立されるなど科学的な調査を行う体制が大幅に拡張された。この少年審判所と家事審判所の合併は，少年審判所側の反発が大きく，難航した。2024 年の NHK 朝の連続テレビ小説「虎に翼」では両者が新しい裁判所の名称を「少年家事審判所」にするか「家事少年審判所」にするかで激しく罵り合う様子が描かれているが，実際に，家事審判所の所長 10 名が最高裁判所に名称変更の申し入れをしている。

　1970 年代アメリカでは少年犯罪について収容施設内での処遇ではなく，できる限り地域内での処遇に移す潮流があったが，少年犯罪が激増したため 70 年代後半には各州で少年犯罪に対する法的規制が強化され，80 年代以降少年犯罪は沈静化したといわれている（前田，2000）。

　日本では，山形マット死事件（1993 年），神戸連続児童殺傷事件（1997 年）や西鉄バスジャック事件（2000 年）など社会に大きな衝撃を与えた重大事件をきっかけに，2000 年以降，少年法を厳罰化する法改正が次々と行われている。そして，少年事件は減少の一途をたどっているが，減少を始めたのは厳罰化よりも前の 1983 年からであり，厳罰化だけでは説明できないように思われる。

第4章

非行少年はどのように処遇されるのか？

少年法・少年院法

　非行少年には中学生から大学生くらいの年齢の者までさまざまな成長段階の者がいる。また，少年が非行に走った原因にはさまざまなものがある。そのため，審判で終局決定を受けた少年に対する処遇には，児童福祉の保護措置から，少年法の保護処分，刑法の刑罰などが設けられている。また，刑法の刑罰が下される場合も，少年の健全育成の観点から配慮がなされたものとなっている。本章では，これらの処遇について紹介したうえで，少年院の矯正教育について詳しく紹介していく。

1. 非行少年の処遇

　第3章で述べた通り，少年事件の終局決定には，①不処分（少年法第23条第2項），②児童相談所へ送致（少年法第23条第1項・第18条第1項），③保護処分（保護観察，児童自立支援施設などへの送致，少年院送致：少年法第24条），④検察官へ送致（逆送：少年法第23条第1項・第20条）がある。

(1) 不処分

　審判の結果，非行事実が認められない場合や，非行事実が軽微で要保護性も低く，家庭裁判所の審判段階の保護的措置（観護措置・審判手続・試験観察を経たこと自体による事実上の感銘力や処遇的効果，裁判官の指示・説諭などの働きかけなど）で十分とされる場合には，家庭裁判所の裁判官は不処分

決定を行う（少年法第23条第2項）。なお，よく似た処分に不開始がある
が，これは審判開始前の調査の段階で手続きを終結させるものである
のに対し，不処分は開始された審判手続を終了させる終局処分である。

(2) 児童相談所への送致

審判の結果，少年の非行性が強くないため少年法の保護処分を受け
させる必要はないけれども，環境面での保護に欠けるため審判段階の
保護的措置だけでは不十分な場合，終局処分として児童相談所に送致
される（少年法第23条第1項，第18条第1項）。時には審判が開始される前の
調査の段階で児童相談所に送致されることもある（少年法第18条第1項）。
送致された少年には，児童相談所の判断で児童福祉法上の措置が講ぜ
られる。これには，**保護措置**（訓戒・誓約書提出，指導，児童自立支援施設などへ
の入所等：児童福祉法第27条）のほか，さまざまな措置がある（児童福祉法第26
条第1項）。**児童自立支援施設**など（後述）への入所については原則として
親権者等の同意が必要である（児童福祉法第27条第4項）。ただし，児童が
虐待を受けていたときは保護者の意に反しても入所させることができ
る（児童福祉法第28条第1項）。

(3) 保護処分

保護処分には，3種類のものがある（少年法第24条）。

> 家庭裁判所は，前条［児童相談所送致・逆送・不処分］の場合を除いて，
> 審判を開始した事件につき，決定をもって，次に掲げる保護処分をしなけ
> ればならない。ただし，決定の時に14歳に満たない少年に係る事件につ
> いては，特に必要と認める場合に限り，第三号の保護処分［少年院送致］
> をすることができる。
> 　一　保護観察所の保護観察に付すること。
> 　二　児童自立支援施設又は児童養護施設に送致すること。
> 　三　少年院に送致すること。
> 　　　　　　　　　　　　　　　　　　（少年法第24条（［ ］内は追記））

1) 保護観察

これは，少年を施設に収容することなく，家庭や職場など社会内に
置いたまま，**保護観察官や保護司**により**指導監督や補導援護**を加える

ことにより，その改善と更生を図るものである（更生保護法第49条第1項）。詳しくは第5章で説明する。

2）児童自立支援施設等送致

　家庭裁判所は，審判に付された少年について，児童自立支援施設または**児童養護施設**に送致する決定をすることができる（少年法第24条第1項第二号）。児童自立支援施設とは，不良行為をなし，またはなすおそれのある児童や生活指導等を要する児童を入所させることを目的とする児童福祉施設である（児童福祉法第44条）。また児童養護施設とは，保護者のいない児童，虐待されている児童その他環境上養護を要する児童を入所させて社会的養護をする児童福祉施設である（児童福祉法第41条）。いずれも家庭の暮らしに恵まれなかったことが原因で問題行動を起こしている児童に家庭の暮らしを提供し，その自立を見守る施設であり，非行性が進行していない少年に対する処遇効果が特に期待されている。この処分の対象となるのは18歳未満の少年（児童）のみである。これは，児童福祉法の対象が18歳未満の児童とされているためである（児童福祉法第4条）。

　児童相談所に送致された少年（児童）を児童相談所長が児童自立支援施設や児童養護施設に入所させる場合（前述）は，原則として保護者等の同意が必要であるが，ここで説明した家庭裁判所が終局処分として児童自立支援施設等へ直接送致する場合は保護者等の意に反しても入所させることができる（児童福祉法第27条の2第2項）。

3）少年院送致

　家庭裁判所は，審判に付された少年について，少年院に送致することができる（少年法24条第1項第三号）。**少年院**は，自由の拘束度が強く，日常生活全般にわたる集中的で濃密な指導と教育が可能であることから，特に要保護性の高い少年に対する処遇が行われている。少年院での処遇については，第2節で説明する。

1. 非行少年の処遇　　87

(4) 検察官送致（逆送）

検察官送致（逆送）とは，家庭裁判所から検察官に送致して，成人と同じ刑事裁判の手続きに付することである。逆送がなされるのは，処分時に 20 歳になった場合と，家庭裁判所が刑事処分を相当と認めたときである（少年法第 20 条第 1 項）。後者の逆送は，保護不能（保護処分では矯正できないと判断されるとき）と保護不適（保護処分で矯正できるが事案の内容や社会に対する影響から保護処分とするのは不適当なとき）になされるというのが裁判例である。しかし，家庭裁判所は，①犯行時 16 歳以上の少年について，故意で被害者を死亡させた場合（少年法第 20 条第 2 項），②犯行時 18 歳以上の少年（特定少年）について，法定刑の下限が懲役・禁錮 1 年以上にあたる罪をした場合（強盗，強制性交，放火など；少年法第 62 条第 2 項），原則として逆送しなければならない。

送致を受けた検察官は，事件の捜査を行い，地方裁判所または簡易裁判所に公訴を提起（起訴）する（少年法第 45 条第五号）。少年の身柄が拘束されているときは勾留に切り替えられ 10 日間身柄の拘束が認められる（10 日延長が認められる場合もある；少年法第 45 条第四号）。

起訴されると，地方裁判所・簡易裁判所は，成人の刑事事件と同様に事件の審理を行い，判決を下す。

判決内容は成人の場合と比べて次の点が異なる。まず犯行時 18 歳未満の場合，裁判所が死刑とすべきと判断したときでも死刑を科すことはできず無期刑を科さなければならない。また，無期刑を科すべきと判断したときは無期刑を科してもよいが，減軽して 10 年以上 20 年以下の有期刑を科すこともできる（少年法第 51 条）。これは少年の可塑性が高いと考えられているためである。また，有期の拘禁刑（懲役刑・禁錮刑）の判決は「懲役 3 年から 5 年」というように，長期と短期を定めるものとされている（不定期刑；少年法第 52 条）。刑罰は言うまでもなく犯罪行為に対する処罰であるが，少年に対する場合は教育という側面も認められ，教育の成果の達成には個人差があるため不定期刑が採用されている。しかし，処分時に 18 歳以上の特定少年については，成人と同様に「懲役 3 年」という形で下される（定期刑）。少年であっても特定少年になると教育という側面は小さくなるためである。

(5) 刑事裁判における実名報道

　犯行時少年だった者の刑事事件の被告人については，実名報道（本人を推知させるような記事や写真の掲載）が禁止されている（少年法第61条）。少年の育成に悪影響を与えるからである。しかし，犯行時18歳以上の特定少年については，起訴され刑事裁判の対象となった段階で，実名報道の禁止が解除される（少年法第68条）。容疑が不明ならともかく容疑がある程度固まった特定少年にはそのような配慮はもはや必要ないとされたのである。

(6) 少年刑務所

　拘禁刑（懲役や禁錮）の場合，刑務所に収容される。ただし成人と分離して収容しなければならない（少年法第56条）。これは，犯罪を繰り返している年長の収容者から悪影響を受けるのを防ぐためである。男子は少年刑務所，女子は成年の女子と同じ刑務所に分界を設けて収容される。一方，処分時18歳以上の特定少年については，そのような配慮はもはや必要ないので，法律の規定では成人と同じ刑務所に収容されることとされている。しかし，実際には少年刑務所の定員に余裕があるため特定少年や20歳以上であっても若年者は少年刑務所に収容される場合がある。

　少年受刑者については成人受刑者と同様に，まず処遇調査（受刑者の資質および環境の調査）が行われる。16歳未満の受刑者や，初入の受刑者については精密な処遇調査が行われる。そして，男子は犯罪傾向が進んでいる者（JB）と進んでいない者（JA）で処遇指標が区別され，それぞれ別の少年刑務所に収容される。女子（WJ）は人数が少ないので犯罪傾向による区分はない。そして，収容された（少年）刑務所で，処遇要領（矯正処遇の目標並びにその基本的な方法）が定められる。少年受刑者の処遇要領は，成人と異なり，導入期・展開期・総括期の3段階の処遇過程が定められており，後述する少年院の処遇の段階と似たものとなっている。

　少年受刑者の処遇は，成人と同じく，作業・改善指導・教科指導であるが，一般改善指導・教科指導の割合が高い。また，作業について

1. 非行少年の処遇 　89

も園芸作業・動物飼育など生命尊重教育を兼ねるなど，有用な作業に就業できるよう配慮が行われている。

　また，年少少年（14歳以上16歳未満）の受刑者については，（少年刑務所ではなく）第4種少年院に収容し矯正教育を施すことができる（少年法第56条第3項）。少年法の厳罰化によって，年少少年についても成人と同じ刑罰を科すことができるようになったが，実際に中学生の段階で教育をせずに刑務所に収容するのは，少年の育成に悪影響を及ぼすからである。

　少年受刑者は，刑の長期が到来するとその翌日の午前に釈放される。また，刑の短期が経過し地方更生保護委員会が相当と認めたときは，その決定通知の到達の翌日の午前に釈放される（更生保護法第44条，刑事収容施設法第171条第二号）。ただし，再犯のおそれがなく，早期に釈放したほうが改善更生に資すると認められる場合は，刑の短期が経過する前でも地方更生保護委員会により仮釈放が認められることがある（刑法第28条，更生保護法第39条）。仮釈放中は，**保護観察**に付される（更生保護法第40条）。

2．少年院

　第1節で保護処分のひとつとして少年院送致があることを紹介した。本節では，少年院に送致された少年の処遇についてみていく。

(1) 少年院の年齢制限

　少年院は，家庭裁判所から保護処分として送致された者等を収容し，これに矯正教育その他必要な処遇を行う施設である（少年院法第3条）。

　少年院収容者の年齢の下限は概ね12歳以上（少年院法第4条）とされているが，14歳未満は特に必要と認める場合のみとされている（少年法第24条第1項）。一方，上限は原則20歳までであるが，送致決定時に19歳を超えている場合には送致時から1年間とされる（少年院法第137条第1項）。また，心身に著しい障害があったり犯罪傾向が矯正されてい

なかったりする場合は，23歳まで収容が継続される場合があり（少年院法第138条），さらに精神の障害が著しい場合は26歳まで収容が継続される場合がある（少年院法第139条）。

（2）少年院の種類

少年院には，第1種から第5種の5種類がある（少年院法第4条）。

第1種少年院は，犯罪傾向が進んでいない少年が収容される。対象は概ね12歳～20歳であるが，23歳まで延長されることがある。

第2種少年院は，犯罪傾向が進んでいる少年が収容される。対象は16歳～20歳であるが，23歳まで延長されることがある。

第3種少年院は，心身に著しい障害がある少年が収容される。対象は概ね12歳から20歳であるが，26歳まで延長されることがある。

第4種少年院は，逆送され拘禁刑（懲役刑・禁錮刑）を受けた受刑者で14歳以上16歳未満の少年を収容する。その理由は前述の通りである。

第5種少年院は，特定少年で2年の保護観察処分を受けた者が遵守事項を守らなかったときに少年院に送致されることがあるが，その場合の受け皿となるものである。

少年をいずれの種類の少年院に収容するかは，少年鑑別所での鑑別結果や調査官の調査報告を考慮して家庭裁判所が決定し，少年院送致決定を言い渡す際にあわせてその種類を指定する（少年審判規則第37条第1項）。

（3）矯正教育課程

保護処分としての少年院送致は，少年の行った行為に対する処罰ではなく，少年を矯正するための教育という位置づけがなされている。そのため，法定の期限（満20歳の誕生日の到来など）の前でも教育の成果が達成されれば収容は終了となる。そして，教育の成果を達成するまでの期間については個人差があるため，退院までの期間は不定期となっている。ただし，教育課程ごとに期間の目安が設けられている。

教育課程には，まず法務大臣により定められている矯正教育課程がある。これは少年院の種類と在院者の類型ごとに，矯正教育の重点的

2. 少年院　　91

表 4-1　矯正教育課程の標準的な期間と基準となる期間

	標準的な期間	基準となる期間
第 1 種少年院	6 か月以内	20 週
	2 年以内	11 か月
第 2 種・第 3 種少年院	2 年以内	12 か月
第 5 種少年院	3 か月以内	11 週
	6 か月以内	20 週

注）「標準的な期間」とは法務大臣によって示されている期間であり，基準となる期間は各少年院が矯正教育を実施する際の基準として，矯正局長により通達で示されている期間である。

な内容と「標準的な期間」を示すものである（少年院法第30条）。標準的な期間は，2 年以内のもの（長期）と，6 か月以内のもの（短期）がある。また，第 5 種少年院には，6 か月以内のものと，3 か月以内のものがある（矯正教育課程に関する訓令）。次に，各少年院は，矯正教育課程に基づき，少年院ごとの少年院矯正教育課程を定める（少年院法第32条）。この少年院矯正教育課程には矯正教育の実施期間が定められるが（少年院法32条第2項），実施の「基準となる期間」は「標準的な期間」よりも短く設定されている（矯正教育課程に関する訓令の運用；表4-1）。実際には，「基準となる期間」が少年院の収容期間の目安となっている。なお，第 4 種少年院は（保護処分ではなく）刑罰に処せられた年少少年について 16 歳まで一時的に収容するものなので，刑期と収容期間は年齢によって決まるため，標準的な期間・基準となる期間は定められていない。

　少年院の長は，在院者が少年院に入院したときは，家庭裁判所および少年鑑別所の長の意見を踏まえ，その在院者が履修すべき矯正教育課程を指定し（少年院法第33条），個人別矯正教育計画を策定することになっている（少年院法第34条）。

(4) 処遇の段階・矯正教育の内容

　在院者の処遇の段階（少年院法第16条）は，1〜3 級の 3 つに区分されている。個人別矯正教育計画には，それぞれの段階に応じた教育目標や教育内容が設定され，3 級から始まり（少年院法施行規則第9条），少年の改善，進歩等の状況に応じて，2 級，1 級と進級する（少年院法施行規則第

92　┃　第 4 章　非行少年はどのように処遇されるのか？：少年法・少年院法

8条）。評価の結果が不良であると，進級が遅れ，結果的に在院期間が延びることになる。

新入院時期（3級）では身体検査（少年院法第21条），在院生活における留意事項の告知（少年院法第20条），面接等による調査（少年院法第34条第3項など）を経た後，集団行動訓練（整列・行進）などが行われる。

中間期（2級）では，在院者の特質および教育上の必要性に応じて，以下の①から⑤の矯正教育が実施される。①生活指導は善良な社会の一員として自立した生活を営むための基礎となる知識および生活態度を習得させるために必要な指導である。具体的には，基本的生活訓練，問題行動指導，治療的指導，被害者心情理解指導，保護関係調整指導，進路指導について，全体講義・面接指導・作文指導・日記指導・グループワーク等の方法を用いて行われる。また，在院者の抱える特定の事情の改善に資するために，7種類の**特定生活指導**（被害者の視点を取り入れた教育，薬物非行防止指導，性非行防止指導，暴力防止指導，家族関係指導，交友関係指導，成年社会参画指導）が実施されている。

②職業指導では，勤労意欲を高め，職業上有用な知識および技能を習得させるために必要な指導が行われる。具体的には，職業生活設計指導（ビジネスマナー，パソコン操作，キャリアカウンセリング講座，職場の安全衛生，接客の基本知識など）と，**職業能力開発指導**（建設科（電気工事・溶接・土木建築），製品企画科（農園芸・木工・手芸・陶芸），ICT技術科（プログラミング教育など））が実施されている。③教科指導では，小学校・中学校の学習指導要領に準拠した指導や，高校への編入・大学への進学などのための指導も行われ，高等学校卒業程度認定試験も実施されている。④体育指導は各種スポーツ種目等の指導である。⑤特別活動指導では，自主的活動，クラブ活動，情操的活動・行事，社会貢献活動が行われている。

これらの矯正教育を経て，入院者は出院準備期（1級）に進む。出院準備期では，進路指導（就職希望者に対する求職方法等の具体的指導，進学希望者に対する受験指導・受験外出，進路未定者に対する情報提供）のほか，出院後に予想される事態へ対処できるようにするためロールプレイングや集団討議を用いた社会適応訓練が行われる。また，外出を伴う社会奉仕活動や社会見学等の院外活動も行われる。

2. 少年院　93

少年院では，出院後に自立した生活を営むうえでの困難を有する在院者に対して，保護観察所と連携して適切な帰住先を確保したり，ハローワーク職員による職業相談が行われたりしている。また，障害を有しかつ適当な帰住先のない在院者に対して，出院後速やかに福祉サービスを受けることができるようにするための特別調整も実施されている。

　また，収容中であっても，処遇の段階（少年院法第16条）が最高段階（1級）に達し，仮に退院させることが改善更生のために相当であると認めるときは，地方更生保護委員会の決定で，仮退院が許可される（更生保護法第41条）。

　仮退院が認められた場合，保護観察に付される（更生保護法第40条・第42条）。保護観察は原則として20歳になるまで（収容継続がされている場合は最長26歳まで）であるが，保護観察成績が良好で，概ね6か月を経過し，もはや保護観察を継続する必要がなくなったと認めるときは，地方委員会の決定により退院が許され，保護観察も終了する（更生保護法第74条）。

　一方で，仮退院者が遵守事項を守らなかったと認めるときは，家庭裁判所の決定により少年院に戻して収容する旨の決定をすることができる（更生保護法第42条）。

（5）少年院からの退院

　すでに述べた通り，年齢の上限が到来した場合や，特定少年の場合は審判の際に家庭裁判所が定めた期限（3年以下）が到来した場合は退院となる（少年院法137条第1項・第140条）。また，在院者について，矯正教育の目的を達したと認めるときは，地方更生保護委員会は退院を許すことができる（更生保護法第46条第1項）。

3．少年院入院者の現状

（1）家庭裁判所の終局処分

　令和4（2022）年に家庭裁判所で終局処理が行われた少年の，処分の

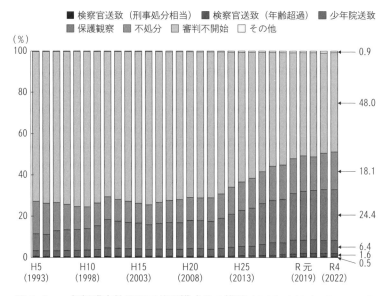

図 4-1　一般保護事件処理区分別構成比の推移（法務省 法務総合研究所，2024）

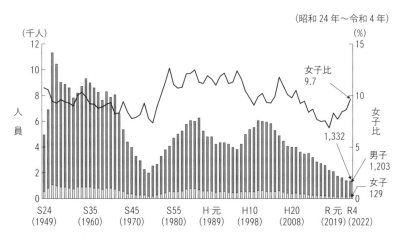

図 4-2　少年院入院者の人数（法務省 法務総合研究所，2024）

割合は図 4-1 の通りである。審判不開始や不処分が 3 分の 2 を占め，処分の大半は保護観察であるが，審判不開始の割合が減少し，保護処分の割合が増加している。また少年院送致は 6% 程度で推移している。

少年院収容者の人数の推移（図 4-2）は，平成 12（2000）年をピークに

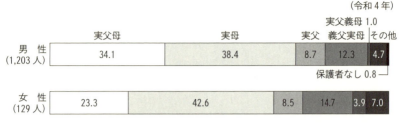

図 4-3　少年院入院者の保護者状況別構成比 （法務省 法務総合研究所，2024）

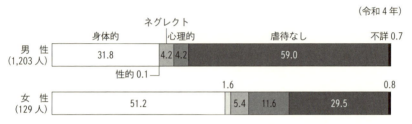

図 4-4　少年院入院者の被虐待経験割合 （法務省 法務総合研究所，2024）

減少傾向が続いており，少年人口に対する人口比率も減少している。

　入院者の保護者状況（図4-3）をみると，「実父母」は男子で34.1％，女子で23.3％となっている。ここから，入院者の家庭は，両親が離婚あるいは死別しているケースが多いことが読み取れる。

　また，男子入院者の40％程度，女子入院者の70％程度には虐待の経験があることも明らかにされている（図4-4）。この値は，虐待経験率が最も高いとされる大阪市（1.14％；清水，2017）と比べても，極めて高いといえる。

　その他，虐待以外の逆境体験がある者の割合も，少年院在院者には多い（図4-5）。そのため虐待や逆境経験が，少年が非行に走る原因あるいは背景のひとつではないかと推測されている。

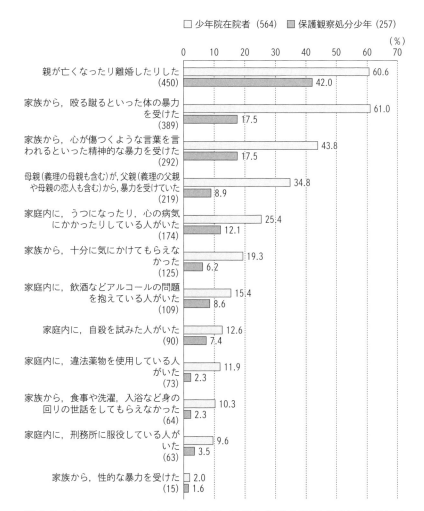

図 4-5　少年院入院者の小児期逆境体験（ACE）経験の有無（法務省 法務総合研究所，2024）

事例を読む

少年院におけるマインドフルネスの導入

　フリーランスで働く公認心理師の五十嵐さんは，スクールカウンセラーを中心として，精神科病院の非常勤や大学の非常勤講師などをかけもちして働いている。病院では，病棟のプログラムとして，週に1回，8名前後のうつ病患者にマインドフルネス認知療法を実施している。外来のカウンセリングでも，衝動性のコントロールや抑うつ・不安の軽減のために，マインドフルネス瞑想を活用している場合もある。スクールカウンセリング先の中学校や高校では，年に1～2回ほど，心理授業の時間にストレス対処法としてマインドフルネス瞑想を教えている。大学でも集中講義で，マインドフルネスについて，公認心理師を目指す学生に教育・指導を行っている。

　あるとき，知人のつてでA少年院の法務教官からメールが届いた。A少年院では法務省矯正局からの方針で「マインドフルネス」を矯正教育に導入することになったのだが，その手伝いをしていただけないかという内容であった。具体的には，まずA少年院の職員に対するマインドフルネスの研修を実施して，その後，少年院内でどのようにマインドフルネスを実施すればよいのかを相談しながら，場合によっては少年にも一度，マインドフルネスの指導を行ってほしい，という依頼であった。

　その後のやりとりでわかってきたことは，2011年頃から少年院ではマインドフルネスを導入し始め，女子少年院に関してはほぼすべてのところで導入済みであるものの，男子対象の少年院では未導入のところも多く，今，専門家の協力のもと，すべての少年院に導入すべく動いているところだということであった。

　五十嵐さんはこの依頼を受けて，確かにマインドフルネスを活用すれば，少年の衝動性を抑え，再非行の防止につながるのではないかと思った。そして，少しでも自分の専門性を生かせるフィールドがあるのであれば協力したいと考え，依頼を引き受けることにした。

STEP1：マインドフルネスとは

　マインドフルネスは瞑想の一種であり，認知行動療法の第三世代と呼ばれる治療群のなかに取り入られている。このなかには，弁証法的行動療法（Dialectical Behavior Therapy：DBT）やマインドフルネス認知療法（Mindfulness-Based Cognitive Therapy：MBCT），それにアクセプタンス＆コミットメント・セラピー（Acceptance & Commitment Therapy：ACT）などがある。以下では，Teasdaleら（Teasdale et al., 2014）をもとにしてMBCTにおけるマインドフルネスの解説を行う。

　マインドフルネスとは，意図的に現在の瞬間に注意を向け，判断せずにあるがままを受容することによって現れる気づきのことである。「いま，ここ」の出来事について，それが自分の内側で起こっていることであれ，外側で起こっていることであれ，しっかりと気づいている状態であるともいえる。逆に言えば，無意識的に注意が漂っているという状態ではなく，心が過去や未来にさまよっていることもなく，いいとか悪いとか，役に立つとか立たないとか，そのような判断をしない，そういう状態のことである。

　たとえば，呼吸に注意を向けるやり方が典型的である。しっかりと意識して呼吸を観察するのである。呼吸というのは，今現在行っていることであるので，自然と現在の瞬間に注意を向けることとなる。そして通常，呼吸に良いも悪いもないので，判断せずに注意を向けるということも可能となる。心は無意識のうちに過去や未来にさまよい，昨日のネガティブな出来事のことを考えたり，来週の仕事のことを考えたりしてしまうが，こうなったら，心がさまよったことに気づき，さまよった先を確認して，静かに呼吸に注意を戻す。これをただひたすら繰り返すのである。

　呼吸に注意を向ける以外の方法もある。レーズンエクササイズでは，一粒のレーズンに注意を向けながら，最低でも10分ほどかけて非常にゆっくりと食べる。ボディスキャンは，横になって体のさまざまな部分に注意を移動させていき，いわば体を「スキャン」するというものである。マインドフル・ウォーキングでは，足の裏の感覚に注意を向けながら非常にゆっくりと歩く。いずれも，雑念が湧いたら，つまり心がさま

表 4-2 「あること」モードの特徴

「すること」モード（doing mode）	「あること」モード（being mode）
"自動操縦"で生きる	①意識的な気づきと選択とともに生きる
思考を通して体験と関わる	②直接的に体験を感知する
過去や未来を思いめぐらす	③この瞬間にありありと存在する
不快な体験を回避し排除しようとする	④不快な体験に関心をもって接近する
物事が違ってほしいと望む	⑤物事をあるがままに受け入れる
思考を真実かつ現実とみる	⑥思考を精神的な出来事とみる
目標達成を優先する	⑦より広いニーズを感受する

よったら，さまよった先を確認して，静かに元のターゲットに注意を戻すのである。

　このようなマインドフルネスの練習を繰り返していると，次第に自分の認知・感情・身体反応などに気づけるようになっていく。これが自己理解につながり，ひいては衝動性のコントロールや抑うつ・不安の軽減につながっていく。

　この点について，MBCT においては，マインドフルネスによって心のモードを「すること」モード（doing mode）から「あること」モード（being mode）へとシフトするのだと説明される。「すること」モードと比較したときの「あること」モードの特徴を表 4-2 にまとめた。

　衝動性のコントロールに関連するのは，主として①である。衝動的に動いてしまうということは，MBCT の言葉でいうと"自動操縦"で生きるということである。「～したい」という衝動が湧き起こってきたとき，それに従って無意識的・自動的に行動してしまうのである。しかし，マインドフルネスによって「あること」モードにシフトしていれば，自分のなかに生じてきた衝動性に気づき，その衝動に従ってそのまま行動するか，あるいは一時停止するか，選択することが可能となるのである。

　抑うつの軽減に関わるのは，主として③である。抑うつの維持要因として思考の反芻があげられるが，これが「過去や未来に思いをめぐらす」ということである。これに気づき，呼吸なら呼吸，身体感覚なら身体感覚に注意を向けて，心をこの瞬間に引き戻す。これによって，思考の反芻が妨害できるのである。不安の軽減に関わるのは，主として④で

あるといえるだろう。これは，体験の回避をやめて，不快な刺激やそれによって生じている不安に曝露していくということである。

　なお，この表にあげられている 7 つの特徴は，マインドフルネスによって生じる「あることモード」の 7 つの側面であるといえる。すなわち，別々の特徴が 7 つあるわけではなく，同じ状態についてさまざまな角度から光を当てたときに浮上した特徴が 7 つあったということであり，当然この 7 つは，それぞれが関連しているといえるだろう。

STEP2：少年院の職員に対するマインドフルネス研修

　五十嵐さんはまず，Ａ少年院の職員に対してマインドフルネスの研修を行った。一般に，マインドフルネスを指導する場合は，指導する側もマインドフルネスの体験をしておくことが必須であるといわれており，その意味でも，職員に対するマインドフルネス研修は必要であると思われた。なるべくたくさんの職員が参加できるようにということで，研修は同じ内容を 2 日間にわたって 2 回行うという形式で実施された。時間は 3 時間，参加者はそれぞれ 8 名と 10 名であった。

　五十嵐さんはこの研修を，マインドフルネスの体験とその体験のシェアリング中心に組み立てた。マインドフルネスの一般的な説明を行った後，座って呼吸を観察し続けるという，最もオーソドックスな静座瞑想を実施した。五十嵐さんは，静座瞑想の教示の最後に，「小学生が朝顔を観察するように，少し好奇心をもって呼吸を観察してください」とつけ加えた。5 分間行った後，全員で体験したことや気づいたことを交流してもらった。「いつ終わるのだろうと思った」「すぐに雑念が湧いて，しばらくそのことを考えてしまった」「呼吸が浅い気がした」「呼吸の長さが 1 回 1 回，違うことに気づいた」「吸うときは冷たい空気だが，吐くときはやや温かい空気になっていることに気づいた」などという意見が出された。五十嵐さんは，他者の意見を聞くと，次回実施するときにアンテナが強くなって，「いま，ここ」の出来事についてより多くのことに気づけるということを伝えた。

　次に，非常にゆっくりと歩くマインドフルネス・ウォーキングを行った。これは，足の裏の感覚に注意を向けながら，これ以上ないくらいに

事例を読む：少年院におけるマインドフルネスの導入　┃　**101**

ゆっくりと歩き，5歩ほど歩いたら，そこでゆっくりと回転し，また
ゆっくりと5歩ほど歩く，ということを繰り返すものである。これも5
分間実施した後，体験や感想を交流する時間をとった。五十嵐さんは，
「先ほどの静座瞑想と比較して，気づいたことも教えてください」と伝
えた。職員からは，「ゆっくりと歩くことは意外に難しく，逆に足の裏に
集中し続けることができた」「静座瞑想のときは雑念が浮かんだが，今回
はほとんど浮かばなかった」「ゆっくり歩くと，歩き方を忘れるというう
か，何か変な感じになった」「右足から歩き出していることに気づいた」
「歩こうと思ってから歩き始めていることに気づいた」などという声が
あがった。五十嵐さんは，「マインドフル・ウォーキングのほうが集中
できるという声はよく聞きます。この後にまた静座瞑想をすれば，先ほ
どより集中できるという人もいます。マインドフルネスの指導者として
有名なジョン・カバットジン博士が来日して実施した3日間の研修会に
参加したときは，このマインドフル・ウォーキングを行う時間がかなり
多かったです」などとコメントした。

　この後は，一粒のレーズンを時間をかけて食べるというレーズンエク
ササイズを行った。レーズンエクササイズについては，Teasdale ら
(Teasdale et al., 2014) の翻訳本に付属している CD の音声ガイダンスを
使った。この音声に従って，口のなかに注意を向けながら一粒のレーズ
ンを約10分かけて食べるのである。この音声ガイダンスの終盤，いよ
いよレーズンを飲み込む際の教示として，「飲み込もうとする意志」を
感じるように，というものがあった。これも体験・感想の共有を行っ
た。「一粒のレーズンだったが，かなり味わえた気がする」「唾液がたく
さん出てきたことに気づいた」「舌がとても器用にレーズンを動かして
いることがわかった」「レーズンは嫌いで，最初は気持ち悪かったが，だ
んだんどうでもよくなってきた」「飲み込もうとする直前に，確かに，飲
み込もうとする意志があることに気づいた」などというコメントがあっ
た。五十嵐さんは，「人間は何かをやろうとする直前に，実はそれをしよ
うという意志をもっているのですが，"自動操縦"の状態ではそれに気
づけません。マインドフルネスを練習すると，徐々にそれに気づいて，
その時点で立ち止まることができるようになってきます。これができる

と，衝動的に行われる非行の防止につながる可能性があると思います」
とフィードバックした。

　このほかにもいくつかのマインドフルネス瞑想を行い，また，静座瞑
想とマインドフルネス・ウォーキングについては，時間を 10 分や 15
分に延ばして，繰り返し行った。途中で五十嵐さんは，少年院に収容さ
れている人間のことを何と呼ぶのか，気になった。刑務所に入っている
人間は「受刑者」と呼ぶが，少年院の場合はどうなのか。「入院者？」
「入院少年？」「収容者？」といくつか案が浮かんだが，職員に聞いてみ
ると，単に「少年」と呼ぶことがわかった。

STEP3：少年に対するマインドフルネスの指導と導入

　職員に対するマインドフルネス研修から 1 か月後，A 少年院に収容さ
れている少年たちに対して五十嵐さんがマインドフルネスの指導を行う
ことになった。入院してまもない 3 級の少年たち 15 名に対して，約 1
時間で実施した。五十嵐さんは，衝動的な非行の防止のために，特に
レーズンエクササイズが効果的だと判断して実施しようとしたが，少年
院で給食の時間以外に食べ物を与えるというのは，たとえレーズン一粒
であっても難しいということで，やむなく断念した。

　五十嵐さんは法務教官と相談したうえで，最初にマインドフルネスの
説明をした後，静座瞑想→マインドフルネス・ウォーキング→静座瞑想
という流れで実施し，ひとつひとつのワークの後にはシェアリングの時
間をとることとした。

　はじめのマインドフルネスの説明の際，五十嵐さんは少年にわかりや
すくする目的で，たとえ話を入れた。それは，次のようなものであった。

　　「マインドフルネスではない状態というのは，ドラマや映画を見て
　いて，その物語のなかに没入しているような状態のことです。物語に
　没入しているときは，今自分がどこにいるのか，どういう状態である
　か，隣に誰がいるか，などといったことは意識にありません。つまり，
　「いま，ここ」の出来事に気づいていないのです。他方，マインドフル
　ネスな状態というのは，今自分は家のソファーに座っていて，隣に父

事例を読む：少年院におけるマインドフルネスの導入　　103

親がいて，一緒にモニターに映し出されているものを眺めている，ということを自覚している，つまり，それに気づいている状態のことです。自分とその周辺を客観視している状態といってもいいでしょう。物語に没入しているマインドフルネスではない状態のときは，物語の主人公と一緒にドキドキしたり，ハラハラしたりして，感情的に揺さぶられますが，客観視しているマインドフルネスの状態では，おそらく冷静なままでいられるはずです」

　こうして五十嵐さんは，マインドフルネスの目的のひとつは，感情に巻き込まれずに（衝動的にならずに），自分を俯瞰し冷静さを保つことであるということを伝えたのである。

　次にワークを行った。1回目の静座瞑想では，「次々にいろいろな考えが浮かんできた」とか，「呼吸を観察するというのが，これであっているのかわからない」といった感想が出された。しかし，「意外に集中できた」とか，「今まで自分の呼吸を意識したことがなかったので，不思議な感じがした」という声もあった。

　次のマインドフルネス・ウォーキングのシェアリングの時間には，「重心の移動を感じることができた」「先ほどの呼吸よりも集中しやすかった」というコメントがあった。五十嵐さんが特に注目したのは，「ゆっくり歩こうとすると，何かイライラした」という声が多かった点である。五十嵐さんは，「ひょっとすると，衝動性の高い少年は，マインドフルネス・ウォーキングのようにゆっくり動作を行うように教示されるとイライラするのではないか，逆に，ゆっくりした動作をし続けることによってイライラに曝露していけば，衝動性を抑えることができるのではないか」などと考えていた。

　最後のワーク，2回目の静座瞑想の後のシェアリング時には，「1回目よりも集中できた」「呼吸に伴う体の感覚の変化にも気づけた」という感想が出た。五十嵐さんは，「静と動のマインドフルネスを組み合わせることで，以前は気づかなかったことに気づいていくことができるようになります」とコメントした。

　この少年に対するマインドフルネスの指導の後，五十嵐さんはメール

でのやりとりも含めて，Ａ少年院での実際のマインドフルネス導入の相談に乗った。そして，まずは取り組みやすさを重視して，入院直後にマインドフルネスの説明をした後，毎日 15〜30 分間，自主的に静座瞑想かマインドフル・ウォーキングを実施して，日誌にその感想を書く，という形式で行うこととなった。法務教官が適宜日誌を確認して，有益な気づきや感想に関しては全体に共有することにした。

　それから約 1 年後，五十嵐さんは担当の法務教官からメールをもらった。そこには，マインドフルネスを導入してから今までの経過と，少年たちの変化について認めてあった。少年たちにマインドフルネスの効果について聞き取ったところ，大きく 3 つの効果について報告があったという。それは，①客観的な視点の獲得，②怒りや衝動性の制御，③集中力の向上の 3 つである。実際に法務教官として少年を日々指導しているなかでも，その効果は実感しているという。五十嵐さんは自分の専門性が少しでも役に立ったようで，充実感を覚えた。そのメールにはまた，マインドフルネスの研修を未受講の職員に対して，再度，マインドフルネスの研修を実施してほしいこと，さらに，マインドフルネス以外の認知行動療法の技法についても研修をお願いしたいことが書かれていた。五十嵐さんは喜んで快諾した。

ワーク 4

事 例

　17歳のタツヤは，窃盗の罪で少年院に入っている。タツヤは生まれてすぐに祖父母に預けられ，両親を知らずに成長した。小学3年生のときに，再婚していた母親に引き取られた。母親と暮らすことを楽しみにしていたタツヤの期待は裏切られ，粗暴な義父からは虐待を受けるようになった。義父はタツヤが少しでも自分の気に食わない言動をとると罵声を浴びせ，殴る蹴るの暴行を行うのであった。中学生になると，急にタツヤの体が大きくなったことから，義父による虐待はなくなった。しかし，抑えがなくなったタツヤは非行を繰り返すようになり，たびたび暴行や万引きを行って，そのたびに学校や警察の指導を受けていた。そして高校2年生のときに，保護観察中でありながら，駐輪場に停めてあったバイクを盗んで乗り回していたところを捕まり，家庭裁判所で少年院送致の決定を受けたのである。

　少年院でタツヤは，こうなったのはすべて義父のせいだと繰り返し語った。バイクを盗んだのも，バイクに乗っているときは昔の嫌なことを忘れられるからだという。法務教官の見立てでは，怒りを制御する力が弱く，また衝動性が高い。背景には義父による虐待があると考えられた。タツヤ自身も，担当教官との面談を通じて，自分自身の課題を頭ではわかっていたが，指導のなかでそのことを指摘されると，反発し義父のせいにしてしまうのであった。

　ある日，少年院では「特別授業」が行われることになった。民間協力者の公認心理師である岩田さんが，「マインドフルネス」という瞑想について教えてくれるという。マインドフルネスは，抑うつ気分や不安の軽減のほか，衝動性のコントロールにも役に立つという話であった。タツヤは，少し興味をもってこの特別授業を受けた。

😵 考えてみよう！

　タツヤが非行を繰り返したのはどうしてなのか，またどのような介入をすれば再非行が防止できるのかをアセスメントして，仮説としての介入プランを考えてみましょう。

💬 話し合ってみよう！

　タツヤのような少年に，自分の困りごとの解消にマインドフルネスが役立つと理解してもらうためには，どのような心理教育が必要であるか，みんなで話し合ってみましょう。

🏃 ロールプレイをしてみよう！

　本章の「事例を読む」を参考にして，①公認心理師の岩田さん，②タツヤ，③その他の少年数名の役割を決めて，マインドフルネスの心理教育，静座瞑想の説明と実践，体験のシェアリングのロールプレイをしてみましょう。

106 ┃ 第4章　非行少年はどのように処遇されるのか？：少年法・少年院法

少年処遇の歴史

　近代に入ってからも，有罪の判決を受けた少年は成人と同じ刑務所に収容された。その結果，犯罪を繰り返している年長の収容者から悪影響を受け，18世紀には少年の再犯が激増した（悪風感染の弊）。また，18世紀終盤から，刑務所の環境劣悪化が深刻なものとなり，体力に劣る少年の獄死や疾病（刑務所熱）・精神疾患が急増した。そこで，19世紀前半から少年専門の刑務所や矯正施設の設立がなされるとともに，刑務所以外の施設による少年処遇もみられるようになった。

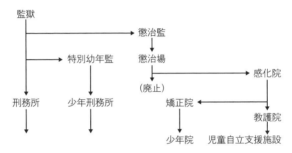

図4-6　少年施設等の変遷

　日本でも，1872年に監獄（現在の刑務所）内に主に少年を収容する懲治監が設立された（図4-6）。当初は，通常の刑期を終えても改善がみられない少年などを延長して収容し，威嚇・懲罰を加えるものであった。1880年に旧刑法が制定され，懲治監は懲治場と改称された。そこでは，刑事未成年で無罪となった少年を収容して威嚇・懲罰や教育が行われるようになった（ただし，実際の処遇は監獄と大差がないとの批判は少なくなかった）。また，有罪となった少年は，成人と同じ監獄のなかではあるが，そこに設けられた特別幼年監に成年とは区別して収容されることとなった。なお，このとき「出願懲治」といって，言うことを聞かない子どもを親が懲治場に入れて反省させる制度もつくられた。この制度自体は1948年に廃止されたが，民法第822条には「親権を行う者は，必要な範囲内で自らその子を懲戒し，又は家庭裁判所の許可を得て，これを懲戒場に入れることができる。」という規定が2022年まで残っていた。

　1884年から民間の篤志家によりホームレスの少年や捨て子の保護・教育を行う施設が相次いで設置され，1900年に感化法が制定され感化院として法制化された。感化院は，内務省の管轄に置かれ，保護者がいない少年のうちで不良行為を行う者について地方長官が入所を必要と認めた者のほか，裁判で懲治処分とされた少年を収容し，不良性を除去するための環境改善と保護教育を実施するものとされた。そのた

め，懲治処分の収容先として，司法省の懲治場と内務省の感化院が併存していたが，1907 年，懲治場は廃止された。

　1922 年に旧少年法が制定され，少年審判所と矯正院が設置された。そして，少年審判所の保護処分には 9 種類の処分が規定されたが，そのなかに，司法省の矯正院送致と，内務省の感化院送致が併存していた。また，監獄とは別に，少年受刑者用の施設として少年刑務所が設置された。

　その後，1933 年に少年教護法が制定され，感化院の名称が少年教護院さらに教護院に変更された。

　そして，戦後の 1947 年に児童福祉法が，1948 年に現行少年法と少年院法が制定され，矯正院は少年院となった。また，教護院は少年院と混同され偏見や差別を受けていることを理由として，1998 年に名称が児童自立支援施設に変更され，現在に至っている。

　なお，戦後直後は少年事件が激増したことや，少年法の対象が旧少年法では 18 歳までだったのが現行の少年法では 20 歳まで広げられたことから，少年院は発足時に 7 か所から 25 か所に増設され，さらに 1952 年には 77 か所まで増設された。その後，少年事件が減少したため，1990 年代から少年院は統廃合が進み，2024 年の時点で 44 か所となっている。

　また，2003 年に広島少年院で職員 5 名が在院者 50 名余りに対して合計 100 件余りの暴行を加えていたという事件が発覚した。この事件をきっかけに少年院法は，少年の権利義務や職員の権限を明確化したり，少年が不服を申し立てることができる制度を設けるなど，処遇について大幅な改正がなされている。

第**5**章

社会のなかで改善更生を支援する

更生保護法

犯罪を行った者や非行少年は，刑務所のような施設のなかだけで更生を目指すのではなく，社会のなかで生活をしながら更生を目指すこともある。このように社会のなかで更生を目指していくための処遇を社会内処遇と呼び，そのなかでも代表的なものが保護観察である。ここでは，保護観察について規定している更生保護法を概観し，保護観察について理解を深めていく。

1．更生保護法

更生保護法は，**恩赦**（行政権によって，国家刑罰権を消滅させ，裁判の内容を変更させ，または裁判の効力を変更もしくは消滅させる行為）についても規定しているが，更生保護法の中心は保護観察である。更生保護法の第1条には「犯罪をした者及び非行のある少年に対し，社会内において適切な処遇を行うことにより，再び犯罪をすることを防ぎ，又はその非行をなくし，これらの者が善良な社会の一員として自立し，改善更生することを助ける」ことが目的として示されている。更生保護法は，このような社会のなかでの改善更生を進める手続きなどが示されている。

（1）地方更生保護委員会

のちに説明するが，刑事施設からの仮釈放や少年院からの仮退院，また保護観察などにおいて重要な役割を担う組織が地方更生保護委員

109

会 (以下，地方委員会) である。地方委員会は，北海道，東北，関東，中部，近畿，中国，四国，九州および九州那覇分室が置かれており，以下の事務をつかさどっている (第16条)。

○刑事施設からの仮釈放を許したり，取り消したりする。
○拘留刑の執行を受けている者の仮出場を許す。
○少年院からの仮退院や退院を許す。
○少年院から仮退院している者を少年院に戻して収容する旨の決定を申請したり，仮退院を許す処分を取り消したりする。
○少年法に基づいた不定期刑の執行を受ける者に対して，その執行を受け終わったとする処分をする。
○保護観察所の事務を監督する。

地方委員会は，3人以上の委員で構成され，上記の事務について，委員会議を開催して，審議・議決を行っている。

(2) 保護観察所と保護観察官

保護観察所は保護観察を実施する機関であり (第29条)，保護観察官は地方委員会の事務局や保護観察所に置かれる職員 (国家公務員) である。更生保護法では保護観察官について，「医学，心理学，教育学，社会学その他の更生保護に関する専門的知識に基づき，保護観察，調査，生活環境の調整その他犯罪をした者及び非行のある少年の更生保護並びに犯罪の予防に関する事務に従事する」(第31条第2項) と規定している。

また，保護観察官のほかに，保護司も保護観察に従事する。保護司とは「保護観察官で十分でないところを補い，地方委員会又は保護観察所の長の指揮監督を受けて，保護司法の定めるところに従い，それぞれ地方委員会又は保護観察所の所掌事務に従事するもの」(第32条) となっている。要するに，保護観察官を補佐する者であるが，法務大臣や地方委員会から委嘱される非常勤の国家公務員であり，ボランティアである (保護司法第11条により，保護司は無給となっている)。

(3) 保護観察の方法と内容

保護観察は,「保護観察対象者の改善更生を図ることを目的として,その犯罪又は非行に結び付く要因及び改善更生に資する事項を的確に把握しつつ,指導監督並びに補導援護を行うことにより実施するもの」(第49条:一部略)とされている。2021年からは,対象者に対するより効率的な処遇を実施するため,**CFP** (Case Formulation in Probation/Parole)メモを活用したアセスメントに基づく保護観察が実施されている。

保護観察の対象者は以下の者である (第48条)。

> **／メモ**
> **CFP**
> 理論的・実証的根拠に基づき,再犯・再非行誘発要因および改善更生促進要因と,その背景要因・相互作用を分析し,保護観察処置の焦点と留意事項を明らかにするものであり,5つの過程を通して進められる。

○保護観察処分に付されている少年 (保護観察処分少年)
○少年院からの仮退院を許されている者 (少年院仮退院者)
○仮釈放を許されている者 (仮釈放者)
○刑のすべてまたは一部の執行猶予を受け保護観察に付されている者 (保護観察付執行猶予者)

保護観察処分少年の保護観察期間は,原則として20歳に達するまでであるが,20歳に達するまでの期間が2年未満の場合は2年間となる。また,保護処分時に特定少年であった者 (18歳または19歳であった者) の保護観察期間は6か月または2年のいずれかとされる。少年院仮退院者も原則として20歳に達するまで保護観察に付される。仮釈放者の保護観察期間は刑の残り期間となり,保護観察付執行猶予者は裁判所が決定した執行猶予期間,保護観察に付される。

保護観察では指導監督と補導援護が行われる。指導監督とは,①面接などによって対象者の行状の把握,②対象者が一般遵守事項や特別遵守事項を守り,また**生活行動指針**メモに即して生活・行動するように指示などを行う,③特定の犯罪的傾向を改善するための専門的処遇を実施する,などを行うことである (第57条)。

一般遵守事項と**特別遵守事項**はどちらも,保護観察対象者が守らなければなら

> **／メモ**
> **生活行動指針**
> 保護観察における指導監督を適切に行うため必要があると認められるときに保護観察所長が定める保護観察対象者の改善更生に資する生活や行動の指針であり,指針が定められた際には,対象者はこの指針に従う義務が生じる。

1. 更生保護法　　111

ないルール・決まりのことである。一般遵守事項は対象者全員につけられる共通のルールであり，具体的には，再び犯罪や非行をしないよう健全な生活態度を保持することや，保護観察官や保護司の面接を受けたり，生活状況を申告したりするなど指導監督を誠実に受けること，転居や旅行をする場合には，事前に保護観察所長の許可を受けることなどがある（第50条）。特別遵守事項は，事件の内容や事件に至った経緯などを踏まえて，対象者個人の問題性に合わせてつけられるルールであり，対象者一人ひとりについて，その必要性に応じて，保護観察所長や地方委員会が決定・変更・取り消しを行う。具体的には，犯罪性のある者との交際やいかがわしい場所への出入り，過度の飲酒など犯罪・非行に結びつくおそれのある特定の行動をしないこと，労働や通学など健全な生活態度を保持するために必要と認められる特定の行動を実行し継続すること，7日未満の旅行や離職，身分関係の移動など指導監督を行うために事前に把握しておくことが特に重要と認められる生活上・身分上の特定の事項について，あらかじめ保護観察官や保護司に申告すること，専門的処遇プログラムを受けること，などがある（第51条）。専門的処遇プログラムには，①性犯罪者処遇プログラム，②薬物再乱用防止プログラム，③暴力防止プログラム，④飲酒運転防止プログラムの4種類がある。

　また，補導援護は，「保護観察対象者が自立した生活を営むことができるようにするため，その自助の責任を踏まえつつ」（第58条），以下の方法で行うとされている。

○適切な住居その他の宿泊場所を得ることおよび当該宿泊場所に帰住することを助けること
○医療および療養を受けることを助けること
○職業を補導し，および就職を助けること
○教養訓練の手段を得ることを助けること
○生活環境を改善し，および調整すること
○社会生活に適応させるために必要な生活指導を行うこと
○これらのほか，保護観察対象者が健全な社会生活を営むために必要な助言その他の措置をとること

このような補導援護は，保護観察官や保護司が行う（第61条第1項）とともに，必要に応じて，更生保護事業法に規定されている更生保護事業を営む者などに委託して行うこともできる（第61条第2項）。

(4) 保護観察の終了・解除および取り消し

　保護観察対象者が遵守事項や生活行動指針に従い，健全な生活態度を保持し，善良な社会の一員として自立し，改善更生ができると認められる場合，地方委員会は不定期刑の仮釈放者に対して，保護観察所長の申し出により，刑の執行を受け終わったものとする不定期刑終了を決定しなければならない（第78条）。また，保護観察付執行猶予者については，保護観察所長が保護観察を仮に解除することができる（第81条）。一方，対象者が遵守事項違反や再犯等を行った場合には，仮釈放者に対しては地方委員会が仮釈放の取り消しを決定する（第75条）。また，保護観察付執行猶予者に対しては，保護観察所長が検察官に対して，刑の執行猶予の言い渡しの裁量取り消しの申し出を行い（第79条），検察官が裁判所に対して「刑の執行猶予の言渡しの取消請求」を行うことで，執行猶予の言い渡しが取り消される（実刑に処せられる）。

　保護観察処分少年については，保護観察を継続しなくても確実に改善更生ができると認められるときには，20歳に達していなくても，保護観察所長によって保護観察が解除される。対して，保護観察処分少年が遵守事項を守らなかったと認めるときには，保護観察所長は警告を発することができる（第67条）。また，遵守事項を守らず，その程度が重いと認めるときは，保護観察所長は家庭裁判所に対して児童自立支援施設や児童養護施設，少年院送致など新たな処分を決定するように申請することができる（施設送致申請：第67条第2項）。さらに，保護観察処分少年に新たに虞犯事由が認められるときには，保護観察所長は家庭裁判所に通告することができる（第68条）。さらに，保護処分時に特定少年であり，2年の保護観察に付されている者が遵守事項を守らず，その程度が重いと認めるときは，保護観察所長が家庭裁判所に少年院に収容する旨の決定（収容決定）を申請することができる（第68条の2）。

少年院仮退院者は，保護観察所長の申し出に基づき地方委員会が退院を決定することで，保護観察も終了となる（第74条）。一方，少年院仮退院者が遵守事項を守らなかったと認めるときは，保護観察所長の申し出と地方委員会の申請を経て，家庭裁判所が少年院に再収容（戻し収容）を決定することができる（第71条，第72条）。また，保護処分時に特定少年であり，少年院に送致となった少年院仮退院者が遵守事項を守らなかったと認めるときは，地方委員会の仮退院取り消し決定により，再び少年院に収容されることになる（第73条の2）。

2. 社会内処遇に関わる施設・機関

これまでみてきたように，保護観察は社会のなかで改善更生を期して指導監督や補導援護を行っていくものである。しかし，時には保護観察対象者が，適切な医療，食事，住居その他の健全な社会生活を営むために必要な手段を得ることができないため，その改善更生が妨げられる場合がある。そのような場合，保護観察所長は対象者に対して，医療機関，福祉機関等から必要な援助を得るように助言・調整を行うが，その援助が直ちに得られない場合は，対象者に対して，食事，医療，旅費等を給付・貸与したり，宿泊場所等の供与を更生保護施設に委託したりするなどの緊急の措置を行っている（**応急の救護**）（第62条）。また，満期釈放者や保護観察に付されない全部または一部執行猶予者，起訴猶予者，罰金や科料の言い渡しを受けた者，労役場出場者，少年院退院者・仮退院期間満了者等に対して，本人の申し出に基づいて，応急の救護と同様の措置を行っている。これを**更生緊急保護**と呼び（第85条），刑事上の手続き等による身体の拘束を解かれた後6か月以内で行われ，特に必要があると認められる場合は，金品の給与・貸与および宿泊場所の供与についてはさらに6か月，それ以外についてはさらに1年6か月をそれぞれ超えない範囲で行うことができる（第85条第4項）。

応急の救護や更生緊急保護などで宿泊場所の供与を委託される施設として**更生保護施設**がある。また，更生保護施設以外にも，刑事施設

114 ┃ 第5章 社会のなかで改善更生を支援する：更生保護法

出所者などの社会復帰を促進・支援する機関がある。

(1) 更生保護施設

　更生保護施設は，主に保護観察所からの委託を受けて，住居がなかったり，頼るべき人がいないなどの理由で直ちに自立することが難しい保護観察または緊急保護の対象者を宿泊させ，食事を給与するほか，就職援助，生活指導等を行ってその社会復帰を支援している施設である (法務省 法務総合研究所, 2024)。2023 年 4 月時点で，全国に 102 施設あり，99 施設が更生保護事業法に基づく更生保護法人により運営されている。収容定員の総数は 2,399 人であり，2022 年度における委託実人員は 6,742 人である (法務省 法務総合研究所, 2024)。

　更生保護施設では，宿泊場所や食事の提供など自立の準備に専念するために生活基盤が提供される。また，日常の生活指導など，地域社会の一員として円滑に社会復帰するための指導や，就労支援，金銭管理の指導，退所後の住居の調整など，自立に向けた指導や援助が行われている。また，入所者の特性に応じて，酒害・薬害教育や SST (Social Skills Training) などを行っている施設もある。さらに，2023 年 4 月からは，更生保護施設が行う処遇のうち，その内容や負担等に応じて，①認知行動療法等，②依存回復訓練，③社会適応訓練，④地域移行支援の 4 つの類型に分類し，入所者の特性に応じて実施する「特定補導」も行われている。

(2) 自立準備ホーム

　更生保護施設は，更生保護事業法に基づく更生保護事業を行う施設であるため，設置や処遇には一定の基準がある。その基準を満たすことができる事業者や施設は限られており，結果として，対象者を十分に受け入れることができず，行き場のない出所者等が生じることになった。そこで，行き場のない出所者等の生活基盤を確保し，円滑な社会復帰ができるよう，2011 年 4 月から「緊急的住居確保・自立支援対策」として，更生保護施設以外の宿泊場所を管理する事業者等に対し，出所者等の保護を委託する制度が始まった。この制度のもと，行

2. 社会内処遇に関わる施設・機関　115

き場のない出所者等に対する宿泊場所の提供や自立のための生活指導，必要に応じて食事の提供などをする施設を「**自立準備ホーム**」と呼ぶ。2023 年 4 月 1 日時点での登録事業者数は 506 であり，2022 年度の委託実人員は 1,868 人であった（法務省 法務総合研究所，2024）。

　入所者は自立準備ホームでも，更生保護施設と同様に，生活指導や自立準備支援を受けることになる。また，施設側は保護の開始の際に支援計画を立てる，衛生環境を保つ，自立準備支援の実施にあたって適切な指導・助言ができる職員を配置する，保護観察所による指導・監督を受けるなどが求められている。

(3) 自立更生促進センター

　自立更生促進センターは，更生保護施設などでは円滑な社会復帰のために必要な環境を整えることが困難な出所者等を対象に，国が設置した一時的な宿泊場所（保護観察所に併設）を提供するとともに，保護観察官が直接，濃密な指導監督と手厚い就労支援により，これらの者の改善更生を助け，再犯を防止し，安全・安心な国や地域づくりを推進することを目的として設置・運営しているものである。特定の問題性に応じた重点的・専門的な社会内処遇を実施する施設は（狭義の）「自立更生促進センター」と呼ばれ，福島市と北九州市に設置されている。また，主として農業等の職業訓練を行う施設は「就業支援センター」と呼ばれ，北海道沼田町と茨城県ひたちなか市に設置されている。

(4) 地域生活定着支援センター

　地域生活定着支援センターは，矯正施設に収容されている者のうち，高齢または障害のために退所後直ちに福祉サービスを受ける必要があるものの，釈放後に行き場のない者などに対して，退所後直ちに福祉サービス（障害者手帳の発給，福祉事務所への入所等）につなげる準備を，各都道府県の保護観察所などと連携・協働して進めるために設置されている機関である。これは厚生労働省の「高齢又は障害により福祉的な支援を必要とする矯正施設退所者等の地域生活定着支援（地域生活定着促進事業）」に基づいて行われており，地域生活定着支援センターは，各都

道府県に設置されている。

　センターでは，①退所予定者の帰住地調整支援を行うコーディネート業務，②退所した者を受け入れた施設等への助言等を行うフォローアップ業務，③被疑者，被告人の福祉サービス等の利用調整や釈放後の継続的な援助等を行う被疑者等支援業務，④犯罪をした者や非行のある者等への福祉サービス等についての相談支援を行う相談支援業務などを行っている。

3. 保護観察の現状

　これまでは保護観察を規定している更生保護法をもとに，保護観察の制度や内容についてみてきた。ここでは，保護観察を受けている者がどのようなものなのか，「令和 5 年版　犯罪白書」(法務省 法務総合研究所, 2024) をもとにみていく。

(1) 成人の保護観察対象者

　2022 年における成人の保護観察開始人員は 13,529 人であり，2003年頃から減少し続けている。このうち，10,636 人は仮釈放者である。年齢 (図 5-1) をみると，全体的には 40 代が多いが，保護観察付全部執行猶予者では 20 代が多くなっている。保護観察開始人員の保護観察期間 (図 5-2) では，仮釈放者では 6 か月以内が多いが，保護観察付執行猶予者では，対象者によってかなり異なっていることがみてとれる。

(2) 少年の保護観察対象者

　2022 年における少年の保護観察開始人員は 10,467 人であった。少年の保護観察開始人員も 1990 年前後をピークに減少傾向である。少年の保護観察開始人員の年齢 (図 5-3) をみると，保護観察処分少年では半数が 18・19 歳であった。少年院仮退院者も約半数が 18・19 歳であるが，20 歳以上も 30％ほど含まれている。非行内容 (図 5-4) では，窃盗が最も多く，保護観察処分少年では道路交通法違反が，少年院仮退院者では傷害・暴行が多くみられている。

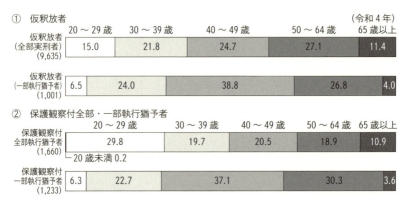

図 5-1 保護観察開始人員の年齢層別構成比（法務省 法務総合研究所，2024）

図 5-2 保護観察開始人員の保護観察期間別構成比（法務省 法務総合研究所，2024）

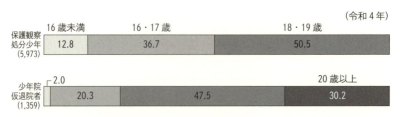

図 5-3 少年の保護観察開始人員の年齢層別構成比（法務省 法務総合研究所，2024）

図 5-4　少年の保護観察開始人員の非行名別構成比（法務省 法務総合研究所，2024）

事例を読む

保護観察所就労支援センターの支援

　　ケイタ（18歳）は，まもなく1年間過ごした少年院を退所する。17歳のときに，不良グループ内のトラブルで集団暴行事件を起こし，被害者に重傷を負わせてしまった。最初は，俺は悪くない，約束を破った被害者が悪いと思い，反省する気持ちも起こらなかった。家庭裁判所の決定は少年院送致で約11か月，長すぎると思っていたが，少年院で被害者のことを考えたり，自分の生活を見直したり，通信制高校を卒業するための勉強をしたり，少年院の先生方が昼夜問わず温かく見守ってくれるなかで，被害者のことについて学ぶ機会もあり，ようやく自分のしたことの重大性，被害者に本当に申し訳ないという気持ちになってきた。問題は，少年院を出てからのことである。このまま地元の家に戻れば，不良グループの仲間と一緒につるんで，生活が乱れてしまうことは目に見えている。そのことを少年院の担任の上田先生に相談したところ，上田先生は真剣に話を聞いてくれた。何度か話した後，上田先生から「少年院から仮退院したら，保護観察所が運営する北海道の就労支援センターに行ってみないか？　地元から離れて，農業をしながらアパートを借りる資金を貯めて，車の免許もとって，高卒認定の資格もとって，自立しよう」と言われた。ケイタは「やってみます」と答えた。そして少年院退所後の保護観察所が運営する就労支援センターへの入所が決まった。

STEP1：仮退院に向けて

　少年院を退所するときは，少年院を出て何もサポートや指導がないと，容易に以前の乱れた生活に戻ってしまうおそれが高いため，20歳までの保護観察がつく「仮退院」となることがほとんどである。ケイタは，中学校後半から地元の不良グループでバイクを乗り回したり，大麻を吸ったり，ほかの不良グループと喧嘩をしたりの毎日であった。一方，ケイタ自身の家庭は，親がまったくケイタの面倒をみないで放任し

ており，家のなかはガラクタだらけで食事も毎日菓子パンのような感じ
で，小学生時代はいつも腹を空かせていた。家にいても寂しく退屈だ
が，不良の仲間はいつも楽しくて，中学生以降は毎晩不良の友達と夜遊
びをするようになっていた。ケイタにとっては彼らは居場所だった。大
切な仲間ではあったが，なかには暴力団とつながったり，薬物の影響で
精神状態が不安定になっていたりする者もいた。少年院に入ってから
は，地元の仲間との付き合いが再開することに不安があり，またあの荒
廃した自宅には戻りたくないと思うようになった。少年院でいろいろ考
えるうちに，将来は建築関係の仕事に就いて，家を出て自由に生活した
いという気持ちになってきた。そこで少年院の上田先生に，退所後は地
元以外で生活したいと相談した。

　仮退院まで1か月，保護観察所就労支援センターの山岡観察官が面接
に来た。山岡監察官は大柄で優しそうだが，芯の強そうな人物であっ
た。話は面白くて，釣りは好きか？　などと聞いてきた。ケイタも釣り
が好きなので，少し話が盛り上がった。山岡観察官は就労支援センター
の居室や働く農場の写真などを見せた。ケイタはアパートのようなきれ
いな個人部屋が気に入り，「ここでやっていきたい」と山岡観察官に伝
えた。

STEP2：就労支援センターでの生活

　ケイタが少年院を仮退院する日が来た。少年院に入所したての頃は，
自由がなく規則ばかりの毎日が嫌でたまらず，先生に反抗することも
あった。しかし，上田先生はそのたびにケイタの話を聞き，ダメなこと
はダメだとその理由を伝えていた。何より昼夜問わずケイタたちを見守
り，相談に乗った。ケイタは早く少年院を出たいと思っていたが，いざ
仮退院となると寂しくなり，上田先生から「頑張れよ」と言われて泣い
てしまった。

　少年院に山岡観察官が迎えに来て，ケイタと一緒に就労支援センター
に行った。就労支援センターでは個人部屋を与えられた。荷物を整理し
て，先輩の寮生に挨拶した。寮生はケイタを含めて5人であった。

　翌日から，農場へ仕事に行った。農場では，しいたけやとうもろこし

事例を読む：保護観察所就労支援センターの支援　　121

などをつくっている。保護観察官とは別に農業を教えてくれる職員がいて，仕事の仕方を教えてくれ，先輩の寮生もいろいろと教えてくれた。夕食はみんなで食堂でとったが，調理師さんが美味しく肉や野菜を調理してくれて，とても美味しかった。ご飯もたくさん食べることができた。少年院では食事するときもルールが厳しく緊張していたが，ここでは今日の出来事などを話しながら食事できるのが嬉しかった。

　ケイタは就労支援センターで生活しながら，自動車の教習所に通うことにした。その費用は公的費用で負担される。山岡観察官からは，まずは農場の仕事をしっかり頑張ること，それが認められれば教習所に行けること，生活態度がよければ普通免許だけでなく，大型の建設機械を操れる免許も取得できること，そうなると建設会社などに就職するときに有利になると伝えられた。

　ケイタは毎日農場で頑張って仕事をし，ようやく教習所に行けることになった。教習所の人も，町の人も，ケイタたちが少年院を仮退院して保護観察中であることは知っている。山岡観察官からは「お前たちは，常に町の人から気にされているんだぞ。何か悪いことが起きたら疑われるかもしれない，でも，町の人に挨拶をして，町の人ともコミュニケーションをとっていこう。悪いことをしないのが目標ではなくて，この町の一員になる，この町のコミュニティの一部になることが大切なんだ」と言われて，確かに悪いことをしないということだけを気にするのではなく，町民として生活することが大事なんだなとケイタは感じた。

　この就労支援センターでは，高卒程度認定試験の勉強もみんなでやっている。時々大学生のボランティアが来て勉強を教えてくれる。ケイタは少年院で初めて勉強をする習慣がついて，小学校レベルの漢字練習や計算練習から始めたのだが，やり出すと面白くなって，漢字検定にもチャレンジしたし，小説などの本も夢中になって読んだ。ケイタはやればできるものだと思い，自信をもち始めた。

　夏になり，行灯祭りが行われる時期になった。就労支援センターの寮生たちは，町の青年部と一緒に大きな行灯をつくることになっていた。行灯はねぶたのような大きなもので，一緒に青年部の人たちとつくることで，「頑張っているな」と言ってもらえる。できた行灯に灯がともり，

帰省した人も観光客も大勢来て，花火も上がって盛り上がる。ケイタたちが2か月かかってつくった行灯は，夜空に輝いていた。にぎやかな祭りも終わり，みんなで片付けをして，打ち上げも行った。青年部の人たちは「よく頑張ってくれたな」と褒めてくれた。ケイタは祭りの準備を通じて，青年部の人と友達になれたのが嬉しかった。それ以降，町で会っても，元気か，頑張れよ，と話しかけてくれるようになった。また，青年部のソフトボール大会や運動会にも誘われるようになった。ケイタたちは若いためリレーなどであてにされ，「助かったよ」と町の人たちに言われて，必要とされていることが嬉しかった。行灯祭りや運動会が過ぎると，ケイタたちはよそ者ではなく，この町のメンバーになったような気がした。

　日曜日は，ソフトボールなど町の行事がないときは，山岡観察官と上田観察官に寮生みんなで釣りに連れて行ってもらった。ここの就労支援センターの観察官は，交代で宿直勤務をしていたが，この日はみんなで早起きして釣りに行った。海まで車で行った。山岡観察官は釣りの名人で，仕掛けのつくり方や，餌のつけ方など丁寧に教えてくれて，なんとか3匹くらい釣ることができた。ケイタたちは山岡観察官に対して信頼を置くようになっていた。

　就労支援センターに来て8か月が経った。これから，退所までやることは，大型特殊の免許をとること，高校卒業認定資格をとること，お金を貯めて自立生活するために就職活動をすることであった。普通免許はなんとかとることができた。実技はまだ自信があったが，何しろ学科試験に不安があった。しかし，少年院で読み書きのほうもだいぶ勉強して読めるようになって，落ち着いて問題文を読めるようになったことが大きかった。夜も消灯時間まで学科試験の勉強をして，運転免許センターで試験に合格したときは，とても嬉しかった。そして，その調子で夜も勉強する習慣がついたので，高校卒業認定試験の問題集をやり始めた。これは運転免許の試験よりかなり難しかったけれど，特に日本の歴史はやればやるほど面白かった。もともとケイタは機械の運転に興味があったが，不良グループに入ってからはバイクを乗り回すだけであった。それでもバイクのメカニックには興味があったため，今度はちゃんと機械

事例を読む：保護観察所就労支援センターの支援　　123

を動かして金を稼ぎたい，と思っていた。そしてそのお金で，アパートで一人暮らしをしたり，自分の車を買ったりしたいと考えており，毎日の農場と勉強に取り組んでいた。

　そんななか，農場でケイタたちがミスをしてしまったとき，注意されてついカッとなって指導員に言い返してしまうトラブルが起こった。ケイタは昔の癖で，何か言われたときに言い返してしまうことがあった。すぐに山岡観察官が飛んできて，厳しく指導したが，そのときに山岡観察官は，「カッとなって，言い返したりして，それでどうなる？　たとえば職場だったら，もう来なくてよい，と言われてしまうかもしれないぞ。だから，こういうときは，"どうしてですか"と質問するんだ。そうすれば正しいやり方を教えてくれる」と，ただ注意指導するだけでなく，どうすればよいのか，手本も見せてくれた。ケイタは今までのように，ただ言い返すだけではトラブルが増えてしまうと反省し，大人になるためにはどうすればよいか考えていこうと思った。

STEP3：就労支援センターからの退所

　1年経って，就労支援センターを卒業するときがきた。ケイタは1か月前から山岡観察官と相談して，ここを出た後の暮らしの準備をしていった。ケイタは農場で稼いだお金で，ケイタの地元からは離れた都会で就職活動をすることにした。ケイタは保護観察所の協力雇用主で，建設会社を経営している人のところに面接に行った。そこの社長も，昔は不良だったが，仕事を頑張って会社を経営するまでになった人であった。ケイタは社長の雰囲気が信頼できそうだったのと，その会社に個室の寮が完備されており，家賃の負担も軽かったことから，そこにお世話になることにした。親元に帰ることは考えなかった。地元の不良仲間と遊んでしまうのも心配だったが，やはり自分の親は，あまり自分に関心がなく，戻ったところでよい生活はできないと思った。ケイタの親はあまり少年院の面会にも来なかったし，手紙を書いても返事を送ってこなかった。そのとき，ケイタはイライラして生活面で問題を起こしたが，少年院の上田先生には「親から構ってもらえなくて寂しい気持ちはわかる，でも，これからは自分で親に頼らず生きていくことを考えるのも大

事だ」と言われて，もち直したこともあった。親元に帰ると，かえって
イライラすることは以前の経験からわかっていたため，ケイタは地元か
ら離れて自立することを優先することにした。

　ケイタの退所の日となった。1年前と同じ寒い日だったが，1年前と
は違って，ケイタにはやりきったという自信もあったし，運転免許も
あった。農場で退屈だったときもあったけれど，農作物の世話をするこ
とで，じっくりやることの大切さも身につけることができた。新しい土
地でこれから生きていく，一人で寂しいかもしれない，でもケイタは一
人ではないと思えるようになっていた。ケイタはこれまで家族が構って
くれないことが不満で，不良仲間とつるんでいたのだが，今は，寮で一
緒だった仲間や山岡観察官，町の青年部の人たち，教習所の人たちと親
しくなり，自分がこの町の一員なんだなと感じられるようになってい
た。そのことによって，ケイタは自分もこの社会で生きていていいんだ
な，自分も歓迎されているんだな，と感じられるようになっていた。山
岡観察官は転勤でずっとここにはいないだろうけれど，町の青年部の人
たちは「いつでも戻ってきていいからな」と言ってくれる。それがケイ
タにとって何よりこの町で暮らして嬉しいことだった。

STEP4：その後のケイタ

　10年後，ケイタは28歳になっていた。ケイタは，大型特殊の免許も
生かして，工事現場や，冬場は除雪作業などの仕事をしている。また，
結婚して子どもが2人いる。子どもはかわいくて，なんでこんなにかわ
いいのに，自分の親は面倒を見なかったんだろうと思うこともあるが，
親には親の事情があったんだろうと思えるようにもなっていた。妻は，
ケイタが少年院を出て就労支援センターに行っていたことは知ってい
る。今年の夏休みに家族でどこかに行こうという話になったときに，妻
は「行灯祭りに行ってみたい。すごい楽しかったって言っていたよね」
と言った。子どもたちも行ってみたいと言ってくれた。

　10年ぶりに訪れた行灯祭りは，あのときと変わらずにぎわっていた。
「おい，ケイタ」と呼ばれて振り向くと，あのとき，青年部でケイタのこ
とを気にかけてくれた松原さんだった。「お前，だいぶ大人になったな，

事例を読む：保護観察所就労支援センターの支援 ┃ 125

家族連れか，嬉しいな。いつでも戻ってこいと言ったよな，本当に戻ってきてくれて嬉しいよ，俺たちは，仲間だからな」と言ってくれた。その日は懐かしい顔にたくさん会うことができた。山岡観察官に会うことはできなかったが，どこかでまたほかの少年たちを指導しているんだろう。でもこうやって第二の故郷をつくってくれた山岡観察官と町の人たちの温かさが，今の自分をつくってくれたのだと思う。妻も「こんな楽しく，素敵な人たちのいる場所なんだね，また来よう」と言ってくれた。花火が打ち上がり，ケイタは一人ではなく，皆と共に生きているんだな，とじんわり感じることができた。

　ここで一旦，ケイタの事例は終わりである。この事例から読者は何を感じるあろうか？　保護観察とは，少年院を仮退院した少年や，家庭裁判所で保護観察処分になった少年を観察・監督するだけではない。罪を犯した少年たちも，必ず社会に戻るのであり，いかに社会になじみ，地域コミュニティの一員としての感覚をもってもらえるか，そのための体制づくりに取り組んでいる。少年たちにとって，地元の不良仲間は重要なコミュニティ，居場所であるが，そこから離れられないことによって非行・犯罪からの離脱が困難になる。少年の不良仲間や地元への愛着に理解も示しつつ，少年が受け入れられ，褒められ，生きていることが尊重されるコミュニティ支援が必要となってくる。保護観察は，こうしたコミュニティ支援の機能も重要であるといえるだろう。

ワーク 5

事 例

　遠藤保護観察官は，担当する少年トオル（17歳）の対応について悩んでいた。トオルは，2か月前にバイクの窃盗をして家庭裁判所で保護観察の決定を受けていた。当初は，高校に復学して頑張ると前向きな気持ちを話していたのに，最近は，月に2回の保護司への訪問も，直前でキャンセルしたり，遅刻したりしていた。保護司は地元で農業を営む佐藤さんである。佐藤さんから見ると，トオルの生活はやや乱れてきており，夜遊びもしているため，保護司の訪問の日も寝坊しているようだった。そこで保護司の佐藤さんは遠藤観察官に連絡して，これからどのように指導していくか相談した。ひとまず遠藤観察官は，トオルと保護観察所で面接をした。トオルは，ややふてくれされた表情で「もうどうでもいいよ。保護観察頑張ろうと思ったけれど，親は酒を飲んで家のなかで暴れたりして，こんなんじゃ，家で落ち着いていられないから，夜遊びするしかない」と悩みを話した。

😵 考えてみよう！

　トオルは，保護観察中にもかかわらず，夜遊びをして保護司への訪問も滞りがちである。トオルは今どんな気持ちなのだろうか，そしてトオルは何を保護観察官にしてもらいたいのだろうか？　考えてみよう。

💬 話し合ってみよう！

　保護観察官と保護司の役割の違いを考えながら，遠藤監察官と佐藤保護司は，トオルが前向きな気持ちになるためにどのような対応や支援ができるか，グループで考えてみよう。

🏃 ロールプレイをしてみよう！

　遠藤観察官，佐藤保護司，保護観察中のトオルの3人で，ロールプレイをしてみよう。

　まずトオルは，保護観察で頑張ろうと思っているが，親に飲酒の問題があり家で落ち着いて過ごすことができない，と話す。そこで佐藤保護司，遠藤観察官は，トオルからさらに具体的状況を聞き出し，どのような支援をトオルが欲しているのか，その支援はどのようにすれば実現するのか，ここでは地域の精神保健センターにつないでトオルの親の飲酒問題を相談する，という支援につなげられるようなロールプレイを行ってみよう。

ワーク5 127

保護司が足りない

　保護観察において保護観察官とともに，対象者の保護観察を行うのが保護司である。保護司法第1条では，「保護司は，社会奉仕の精神をもって，犯罪をした者及び非行のある少年の改善更生を助けるとともに，犯罪の予防のため世論の啓発に努め，もって地域社会の浄化をはかり，個人及び公共の福祉に寄与することを，その使命とする」と規定されている。国家公務員ではあるが，「社会奉仕の精神」で務めるものであるため，ボランティアとなっている。

　この保護司が現在不足する事態となっている。保護司法第2条第2項では，保護司の定数は全国で52,500人以内とされているが，2024年1月1日時点で全国の保護司の数は46,584名と，定数よりも9,000人ほど少なくなっている。このうち，1,506人は「特例再任」である（全国保護司連盟，2024）。保護司は2年任期であるが，多くの保護司は再任を重ねている。これまで76歳を超えた場合には再任しないとされていたが，2021年度からは少なくとも78歳までは再任されるようになり，この76歳を超えて再任された場合，「特例再任」と呼ばれている。このような特例再任をしないと保護観察が適切に維持できないほど，保護司が不足しているのである。

　また，保護司の高齢化も問題となっている。2018年度前後では保護司の平均年齢は65歳程度であったが，2024年度では65.6歳と約0.5歳上昇している。年齢構成も60代が39.4％，70歳以上が38.9％となっており，60歳以上が75％を超えている状態となっている。ちなみに，1975（昭和50）年度では，60歳以上の保護司は約55％であった。50代は1975年度が28.9％であったのに対し，2024年度は15.2％，40代は1975年度が13.8％であったのに対し，2024年度は5.7％となっている（40歳未満はもともと少ない）（全国保護司連盟，2024）。

　このままでは，保護司はますます高齢化していき，また若い担い手がいなくなり，さらに不足していくことになる。これに対して，法務省は2023年5月から「持続可能な保護司制度の確立に向けた検討会」を立ち上げ，保護司の待遇や活動環境，推薦・委嘱の手順，年齢条件および職務内容のあり方，保護観察官との協働体制の強化等について検討・施行を行っている。

　保護司については，ボランティア（無償）であることや，犯罪者・非行少年と関わることへの不安などとともに，そもそも仕事内容がわからないという問題がある。保護司の仕事を知る資料として，保護司を主人公としたマンガ『前科者』（香川まさひと原作，月島冬二作画）がある（2024年6月連載終了）。2021年にはドラマ化，2022年には実写映画化されている。保護司の仕事に関心がある者は，これらを観てみるのもよいかもしれない。

第6章

精神障害者の犯罪と処遇

心神喪失者等医療観察法

　精神障害を有する者のなかには，犯罪を行ってしまう者もいる。日本では，精神障害のために善悪の区別がつかない者が犯罪を行ってしまった場合，その者を適切に医療につなげるとともに，社会復帰を促進する「**医療観察制度**」がある。ここでは，医療観察制度について規定している「心神喪失等の状態で重大な他害行為を行った者の医療及び観察等に関する法律」(以下，心神喪失者等医療観察法) についてみていくことにする。

1. 心神喪失者等医療観察法

(1) 対象者と対象行為

　医療観察制度の対象となるのは，**心神喪失**または**心神耗弱**の状態で重大な他害行為を行った者である。心神喪失や心神耗弱とは，精神障害のために善悪の区別がつかないなど，刑事責任を問えない状態のことであり，「重大な他害行為」とは，殺人，放火，強盗，不同意性交等，不同意わいせつ，障害のことである。心神喪失や心神耗弱の状態にあった者が重大な他害行為を行い，不起訴処分になった場合，医療観察制度の対象となる。また，起訴されたとしても，心神喪失者は無罪となり (刑法第39条第1項)，心神耗弱者は減刑される (刑法第39条第2項) こととなっており，その場合も医療観察制度の対象となる。

129

(2) 対象者に対する処遇の決定

　医療観察制度の大まかな流れが図 6-1 に示されている。

　重大な加害行為を行った者が検挙・送検されたのち，心神喪失や心神耗弱の状態にあったと認定され，検察官が不起訴を決定した場合や，起訴したものの裁判所によって心神喪失や心神耗弱の状態にあったことを理由に無罪・減刑された場合，検察官は地方裁判所に入院等の決定をするよう申し立てることになる（第33条）。この申し立てを受けた地方裁判所の裁判官は，対象者に鑑定入院医療機関における**鑑定入院**を命じなければならない（第34条）。鑑定入院の期間は 2 か月以内とされているが，必要に応じて 1 か月以内で延長することができる（第34条第3項）。この鑑定入院については第37条に以下のように規定されている。

> 裁判所は，対象者に関し，精神障害者であるか否か及び対象行為を行った際の精神障害を改善し，これに伴って同様の行為を行うことなく，社会に復帰することを促進するためにこの法律による医療を受けさせる必要があるか否かについて，精神保健判定医又はこれと同等以上の学識経験を有すると認める医師に鑑定を命じなければならない。ただし，当該必要が明らかにないと認める場合は，この限りでない。（心神喪失者等医療観察法第37条）

　鑑定入院期間中には，各種検査や**鑑定医**（精神保健指定医もしくは同等の学識経験者）との面接などが行われ，鑑定書の作成が行われる。特に，医療観察制度の処遇は「疾病性」「治療反応性（可能性）」「社会復帰阻害要因」の 3 要件によって検討されるため，これらについて鑑定を行うことが求められる。また，検察官から申し立てが行われ，鑑定入院を経て処遇が決定するまでには時間がかかるため，対象者は鑑定入院の間も標準的な精神医療を受けることになる。

　また，裁判所は鑑定入院と同時期に，保護観察所長に対して，対象者の生活環境の調査を命じ（第38条），**社会復帰調整官**が調査を行う（第20条第2項，第19条第1号）。

　裁判所は審判を開き，鑑定医による鑑定や対象者の生活環境の調査結果や添付人の意見などを考慮して，対象者の処遇を決定することに

---

130 ‖ 第 6 章　精神障害者の犯罪と処遇：心神喪失者等医療観察法

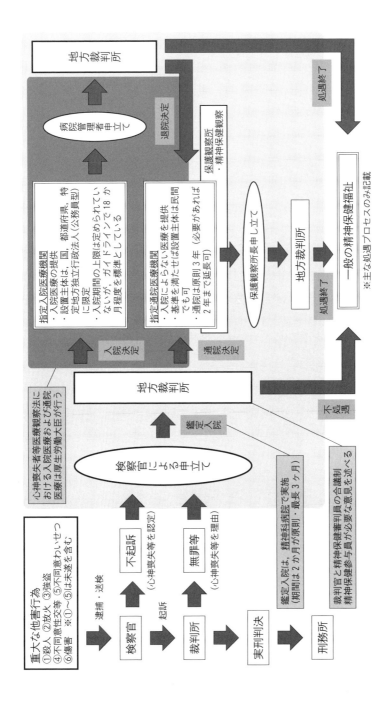

図 6-1 心神喪失者等医療観察法制度の仕組み

資料出所：厚生労働省ホームページ（https://www.mhlw.go.jp/stf/seisakunitsuite/bunya/hukushi_kaigo/shougaishahukushi/sinsin/gaiyo.html）より作成

1. 心神喪失者等医療観察法

なる。この決定は，地方裁判所の裁判官1名と**精神保健審判員**1名の計2名による合議体で取り扱うことになっている（第11条）。この際，裁判官が裁判長とみなされる（第12条）。精神保健審判員とは，精神保健審判員の職務を行うのに必要な学識経験を有する医師（精神保健判定医）のなかから選任され，処遇事件ごとに地方裁判所が任命した者である（第6条）。精神保健審判員は評議の際に，精神障害者の医療に関する学識経験に基づいて，意見を述べなければならないとされている（第13条第2項）。また，裁判所は，処遇の要否およびその内容について，必要に応じて，**精神保健参与員**の意見を聞くこともできる（第36条）。精神保健参与員とは，「精神保健福祉士その他の精神障害者の保健及び福祉に関する専門的知識及び技術を有する者」（第15条第2項）であり，精神保健分野の専門家として，福祉職の立場から，精神障害者の社会復帰について意見や助言等を行うことが求められる。

　これらの意見も踏まえて，裁判所（裁判官と精神保健審判員の合議体）が決定する処遇には，①入院，②通院，③不処遇（医療を行わない）の3つがあり（第42条），裁判官と精神保健審判員の意見の一致をもって決定される（第14条）。

(3) 対象者の処遇

1) 入院

　入院は「対象行為を行った際の精神障害を改善し，これに伴って同様の行為を行うことなく，社会に復帰することを促進するため，入院をさせてこの法律による医療を受けさせる必要があると認める場合」に行われる処遇である（第42条第1項第1号）。入院は，厚生労働大臣が定める指定入院医療機関で行われ（第43条1項），専門的な医療の提供が行われる。また，保護観察所に配置されている社会復帰調整官により（第20条），退院後の生活環境の調整も実施される（第101条）。入院についての期間は規定されていないが，指定入院医療機関の管理者は，その医療機関の精神保健指定医による診察の結果，対象者の入院を継続する必要があると認める場合は，保護観察所長の意見を付して，地方裁判所に対して入院継続の確認の申し立てを6か月ごとに行わなけれ

132 ‖ 第6章　精神障害者の犯罪と処遇：心神喪失者等医療観察法

ばならない（第49条第2項）。また，精神保健指定医による診察の結果，対象者の入院を継続させる必要があると認めることができなくなった場合には，直ちに，地方裁判所に退院の許可の申し立てをしなければならない（第49条）。さらに，入院している対象者本人やその保護者，付添人（弁護士）は，地方裁判所に対して，いつでも退院の許可や心神喪失者等医療観察法に基づく医療の終了を申し立てることができる（第50条）。裁判所はこれらの申し立てに対し，入院の継続，通院，医療の終了のいずれかを決定しなければならない（第51条）。

2）通院

　通院は，厚生労働大臣が定める指定通院医療機関で，医療を受けさせる処遇である（第42条第1項第2号）。通院期間は3年間であるが，裁判所は2年以内の範囲で延長することができる（第44条）。通院による医療を行う決定を受けた者は，医療を受けている期間中，**精神保健観察**を受けなければならない（第106条）。

　保護観察所長は，通院による医療を受けている者について，対象行為を行った精神障害が改善し，それに伴い同様の行為を行うことなく，社会に復帰することを促進するために医療を受けさせる必要があると認めることができなくなった場合は，対象者が通院している指定通院医療機関の管理者と協議のうえ，直ちに，地方裁判所に対して医療の終了を申し立てなければならない（第54条）。一方，通院による医療を行う期間を延長して医療を受けさせる必要があると認める場合は，対象者が通院している指定通院医療機関の管理者と協議のうえ，期間満了日までに，地方裁判所に期間の延長を申し立てなければならない（第54条第2項）。また，対象者本人やその保護者，付添人は，地方裁判所に対して，いつでも医療の終了を申し立てることができる（第55条）。裁判所はこれらの申し立てに対して，医療の終了か期間の延長を決定しなければならない（第56条）。

1. 心神喪失者等医療観察法 　133

2. 通院による医療の目標と処遇

心神喪失者等医療観察法に関するガイドラインには，地域社会における処遇のガイドライン，指定入院医療機関運営ガイドライン，入院処遇ガイドライン，指定通院医療機関運営ガイドライン，通院処遇ガイドライン，医療観察法災害ガイドラインがあるが，ここでは主に通院処遇ガイドライン（以下「ガイドライン」；厚生労働省，2023）を参照しながら，通院による医療の目標や処遇についてみていく。

(1) 通院処遇の目標と理念

ガイドラインには，通院処遇の目標や理念として，以下の3点があげられている。

①ノーマライゼーションの観点も踏まえた通院対象者の社会復帰の早期実現
②標準化された臨床データの蓄積に基づく多職種のチームにおける医療提供
③プライバシー等の人権に配慮しつつ透明性の高い医療を提供

この目標や理念を実現するため，対象者に対して状況に応じて専門的な通院医療を提供するとともに，一時的な病状悪化の場合などには，精神保健福祉法等により入院医療を提供することも想定しておくことが求められている。

先にも述べたように，通院による医療は3年間となっている。この3年を「通院前期（通院開始後6か月まで）」「通院中期（通院開始後6か月以降24か月まで）」「通院後期（通院開始後24か月以降）」の3期に分けて，目標を設定し，3年以内に一般精神医療への移行を目指すことになる。たとえば，通院前期では，通院医療への適切かつ円滑な移行，改訂版**共通評価項目**^{メモ}等を用いた通院開始時の評価と治療計画の作成，安定的な通院医療の確保が治療目標とされる。通院中期では，限定的な社会活動への参加と定着，定期的な評価と治療計画の見直し（適宜），疾病の自己管理，金銭管理等社会生活能力の維持が目標とされ，通院後期で

134 ┃ 第6章 精神障害者の犯罪と処遇：心神喪失者等医療観察法

は，地域社会への参加の継続・拡大と一般精神医療への移行，必要な医療の自主的かつ確実な利用，社会参加の促進，処遇終了の準備が目標とされる。これらの目標を達成するために，対象者ごとに治

> **📝メモ**
>
> **共通評価項目**
>
> 医療観察制度において，治療の必要性や治療の進展を測るための評価項目であり，鑑定・入院・通院の局面で一貫して用いることが定められている。現在は第3版が用いられており，19の中項目と46の小項目で構成されている。

療計画を作成し，定期的な評価を行うとともに，治療への動機づけ等を高めるために，十分な説明を行い対象者の同意を得られるよう努めるとともに，保護観察所，他の保健・医療・福祉の社会資源と連携をとりつつ，対象者を支援するとされている。

(2) 医療の質や地域連携を確保する組織体制

1) ケア会議

ケア会議とは，保護観察所が，地域社会における処遇に携わる関係機関等が通院対象者に関する必要な情報を共有し処遇方針の統一を図るほか，処遇の実施計画の見直しや各種申し立ての必要性等について検討するために，定期的に，または必要に応じて開催するものであり，心神喪失者等医療観察法第108条に基づいたものである。指定通院医療機関の担当者は，全期間を通じて保護観察所が開催するケア会議に参加し，処遇の実施計画の作成に協力するなど，保護観察所，都道府県，市町村等と連携し対象者の処遇にあたることが求められている。「処遇の実施計画」とは，保護観察所長が，指定通院医療機関の管理者や都道府県知事および市町村長と協議のうえ，対象者の処遇について定める計画である（第104条）。

2) 多職種チーム会議

多職種チーム会議は，主に指定通院医療機関内の多職種で構成されるチームによる会議であり，通院対象者に個別の治療計画を作成し，定期的に対象者の評価を行うなど各職種が連携を図りながら医療を提供するために開催されるものである。多職種チーム会議には，必要に応じて通院対象者本人が参加したり，ほかの地域の医療・保健・福祉関係者や社会復帰調整官の参加を求めたりすることがある。

2. 通院による医療の目標と処遇 ‖ **135**

(3) 精神保健福祉法による入院の選択

心神喪失者等医療観察法に基づいて，通院による治療を受けている対象者に対しては，精神保健福祉法による任意入院，医療保護入院，措置入院などを行うことができる。特に，対象者の症状の悪化が認められた場合には，対象者に適切な精神科救急医療を提供するとともに，必要な医療を確保し，心神喪失者等医療観察法による入院による医療の必要性が認められるかどうかの判断を行うためにも，必要かつ適切と判断される場合は，精神保健福祉法による入院等が活用されるべきである。通院対象者の症状悪化時の対応については，図6-2の通りである。

この際，入院する医療機関は，対象者が通院している指定通院医療機関である必要はない。また，対象者が精神保健福祉法による入院をしている際も精神保健観察は継続され，入院している期間も，心神喪失者等医療観察法による通院期間に含まれる。

3. 医療観察制度の現状

これまでみてきた心神喪失者等医療観察法に基づく医療観察制度は，実際にどのくらいの人数が対象となっており，どのような処遇が行われているのであろうか。ここでは，法務省 法務総合研究所 (n. d.)「犯罪白書」や，重度精神疾患標準的治療法確立事業運営委員会 (2020) が作成した「医療観察法統計資料2020年版」をもとに，医療観察制度の実際をみていきたい。なお，この資料は，主に入院処遇対象者について，心神喪失者等医療観察法が制定された2005年から2020年までの16年間における入院処遇となった者を中心にまとめられており，ここでも入院処遇となった者についてみていくことにする。

(1) 入院決定対象者の特徴

2005年から2020年までで医療観察制度の申し立てによる地方裁判所の審判の終局処理人員をみると (表6-1)，近年は200人台後半から300人台中盤で推移している。このうち，3分の2程度にあたる者が

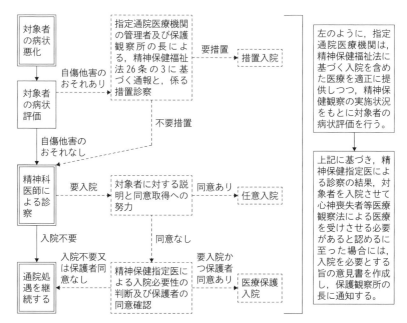

図 6-2　通院対象者の病状悪化時の対応に係るフローチャート（厚生労働省，2023）

注）上図において，実線の部分は心神喪失者等医療観察法による処遇，破線部分は精神保健福祉法による処遇を指す。
　通院対象者が精神保健福祉法による入院中であっても精神保健観察は継続される。
　精神保健福祉法による入院先は必ずしも指定通院医療機関である必要はない。
　通院対象者が精神保健福祉法による入院中であっても，心神喪失者等医療観察法による入院医療を受けさせる必要があると認められる場合には，指定通院医療機関の管理者は心神喪失者等医療観察法による入院医療を必要とする旨の意見書を作成し，保護観察所の長に提出する。

入院決定であり，2005年から2020年の間で3,695名になっている。また，終局処理人員の10分の1程度は通院決定となっている。

　入院決定となった3,695名のうち，最も多いのは30代で977名（26.0%），次いで40代が974名（25.9%）となっており，30代・40代で50%を超えている。そのほかでは，50代が670名（17.8%），20代が541名（14.4%）となっている。対象者の平均年齢は44.6歳（標準偏差13.7歳）となっている。

　性別では，男性が2,880名（76.6%）であり，経年的にみても，男女比は約3：1で推移している。

　2005年から2020年までの入院決定対象者の主診断（表6-2）をみる

3．医療観察制度の現状　137

表6-1 地方裁判所の審判の終局処理人員

年	2005	2006	2007	2008	2009	2010	2011	2012	2013	2014	2015	2016	2017	2018	2019	2020
終局処理人員総員	80	351	422	404	319	369	394	385	383	355	338	341	353	322	282	309
○入院決定	49	191	250	257	204	242	269	257	267	262	253	238	268	240	212	236
○通院決定	19	80	75	62	51	61	38	39	39	31	33	36	32	26	23	33
○医療を行わない旨の決定	7	68	75	68	54	46	72	74	59	53	46	50	48	41	37	31
○却下 対象行為を行ったとは認められない	2	2	2	1	1	0	1	0	0	1	0	1	0	0	2	1
○却下 心神喪失者等ではない	3	7	14	13	8	17	13	11	14	8	6	13	5	11	7	7
○取下げ	0	3	6	3	1	3	1	2	4	0	0	3	0	3	1	1
○申立て不適法による却下	0	0	0	0	0	0	0	2	0	0	0	0	0	1	0	0

資料出所：法務省ホームページ「犯罪白書」(https://www.moj.go.jp/housouken/houso_hakusho2.html) より作成

表 6-2　入院決定対象者の主診断（男女別）

入院年	男性	女性
	n = 2,880	n = 881
F0　器質性精神障害	96　（3.3%）	16　（1.8%）
F1　物質関連障害	221　（7.7%）	23　（2.6%）
F2　精神病性障害	2,303　（80.0%）	683　（77.5%）
F3　気分障害	139　（4.8%）	112　（12.7%）
F4　不安障害圏	5　（0.2%）	17　（1.9%）
F5　身体関連障害	0　（0.0%）	4　（0.5%）
F6　パーソナリティ障害圏	16　（0.6%）	11　（1.2%）
F7　知的障害	34　（1.2%）	10　（1.1%）
F8　心理的発達障害	62　（2.2%）	3　（0.3%）
F9　行動・情緒障害	4　（0.1%）	1　（0.1%）
不明	0　（0.0%）	1　（0.1%）

資料出所：法務省ホームページ「犯罪白書」(https://www.moj.go.jp/
　　　　　housouken/houso_hakusho2.html) より作成
注）対象者数は 2005〜2020 年の累積。

と, 精神病性障害（統合失調症など）が男女ともに最も多い。次いで, 男性であれば物質関連障害（アルコール依存症など）が, 女性であれば気分障害（うつ病など）が多いことが示されている。ただし, 主診断以外にも, 知的障害やパーソナリティ障害など精神障害が重複している者も少なくない。

　対象となった行為については（表6-3）, 傷害が 1,364 件（36.3%）と最も多く, 殺人（1,228 件, 32.7%）, 放火（880 件, 23.4%）も多くみられている。男女別でみると, 男性では傷害が最も多かったのに対して, 女性では殺人が最も多かったのが特徴的である。もちろん対象行為についても, 複数の行為がみられているケースも少なくない。

(2) 入院決定対象者の在院期間

　入院決定者の在院期間については, 現在入院継続中の者もいるため, 直近の期間を示すことは難しいが, 2015 年に入院決定となった 260 名を取り上げると,「3〜5 年」が 55 名（21%）と最も多く,「2〜2.5 年」（50 名；19%）,「1.5〜2 年」（49 名；19%）が多くなっている。なかには

3. 医療観察制度の現状　┃　**139**

表 6-3　入院決定対象者の対象行動（単一選択；男女別）

性別	男性 n = 2,880	女性 n = 881
殺人	825 (28.6%)	403 (45.7%)
放火	596 (20.7%)	284 (32.2%)
強盗	139 (4.8%)	13 (1.5%)
傷害	1,183 (41.1%)	181 (20.5%)
強制性交等	19 (0.7%)	0 (0.0%)
強制わいせつ	118 (4.1%)	0 (0.0%)

資料出所：法務省ホームページ「犯罪白書」(https://www.moj.go.jp/housouken/houso_hakusho2.html) より作成

注）対象者数は 2005～2020 年の累積。

「5年以上」という者も 28 名 (11%) いる。対して，「6 か月未満」は 4 名 (2%)，「6～12 か月」も 6 名 (2%) となっており，1 年以内での退院は少数であった。累積集計では，平均在院期間が 1,022 日，在院期間中央値が 827 日であった。

　入院決定対象者の在院期間について，Kapla-Meier 法による累積集計の結果で描かれた退院曲線が図 6-3 である。これは右にいくほど (在院期間が長くなるほど)，入院処遇継続率が低下する (つまり，退院する者が増える) ことを表しており，たとえば，800 日で大体半数の者が入院処遇が継続されている (言い換えると，半数の者は退院した) とみることができる。

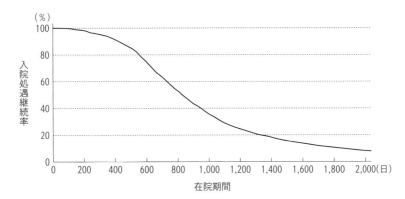

図 6-3　退院曲線（重度精神疾患標準的治療法確立事業運営委員会，2022）
注）転院例の在院期間は通算。

事例を読む

心神喪失者等医療観察法と社会復帰調整官

南町さん（28歳）は，高校生のときに幻聴や幻覚を感じ始め，誰かに見られている，狙われていると恐怖感を家族に訴え，外出できずに部屋のなかに閉じこもるようになった。家族も心配し，なんとか精神科病院を受診し，統合失調症と診断された。一時期入院したが，その後は服薬しながら，なんとか通信制高校を卒業した。専門学校ではパソコン事務を学び，就職後は精神障害の認定を受けながら，障害者雇用である会社の事務として就職していた。就職後数年は周囲のサポートもあって仕事中心の生活をしていたが，業務量が増えたり，南町さんにとって難しい内容も任されたりするようになり，仕事のストレスも感じるようになった。同時に，幻聴や幻覚も再発し，ついには狙われているという感覚になり「殺せ」という幻聴にも悩まされ，外出もできないようになった。あるとき，自宅のチャイムが何度か鳴らされたことで恐怖感が高まり，このままでは殺されるとの被害妄想が高まり，自宅を訪問してきた人に暴力をふるい，大けがをさせてしまった。

警察でも南町さんは「狙われている」と繰り返し恐怖感を述べるため，検察官が精神科の医師に鑑定を依頼した結果，統合失調症による幻聴，幻覚によるものであり，責任能力はないとされ，刑事裁判ではなく，心神喪失者等医療観察法の対象の措置が必要とされた。心神喪失者等医療観察法により入院して当面の治療が行われ，寛解（一旦落ち着いた状態）になったが，家族も不安を隠せないでいた。

STEP1：社会復帰調整官の役割

心神喪失者等医療観察法では，精神障害の幻聴や幻覚に支配されたことによる行為により，裁判官と精神保健審判員（精神科医師など）による審判が行われる。そして，保護観察所の社会復帰調整官が，医療措置の終了後の社会復帰について担当する。

142 ┃ 第6章 精神障害者の犯罪と処遇：心神喪失者等医療観察法

社会復帰調整官の十和田調整官が，南町さんの担当になった。十和田調整官は，大学で福祉学や心理学を学び，その後社会福祉士と精神保健福祉士の国家資格をとり，精神科病棟でのソーシャルワーカーの経験が10年以上ある。そこで，入院後の家庭復帰や地域生活への復帰への支援，精神障害者本人のセルフヘルプグループや，家族会への支援などの業務を行っていた。そこで感じていたことは，精神障害者の看護を家族だけに任せてはいけない，それでは家族が心身ともに参ってしまう，地域の福祉事務所，精神科保健，就労支援，住居の支援などが一体となったチーム支援が何より必要であり，家族だけに多大な負担を負わせると患者さんや家族がさらに追い詰められることになると感じていた。

　十和田調整官は，まず南町さん本人を病院に訪ねた。「今，具合はどうですか」と尋ねると，南町さんは「おかげさまで今は落ち着いています。自分のやったことは，今考えるととても恐ろしい，でも，あまり記憶がなくて，その頃とにかく，職場のストレスもたまっていたし，誰にも相談できなくて，精神科にも行っていなくて，思い詰めてしまったと思う。でもやってしまったことは取り返しがつかない，被害者の方には申し訳ない気持ちでいっぱいです。自分の病気もきちんと治していかないと……でも家族はあんまり私が家にいることは望んでいないようで，それも心配です」と話した。そして，南町さんは頭を抱え，「どうすればいいんだ」と身体を震わせていた。十和田観察官は「そうですよね，自分が事件を起こしてしまったことで混乱していますよね，また家族のことも気になりますね，私たちも一緒に考えていきたいと思います」と伝えた。

　次に，十和田調整官は，南町さんの父母と面談をした。南町さんの父母は「あの子が事件を起こしたけれど，親として何かできなかったか……今でも悩んでいます。でも当時は，あの子は私たちとも顔を合わせようとせず，部屋にこもりっきりで，時々大声で叫んだりしてかなり追い詰められていた様子でした。かといって，私たちも何もできず，何度か話そうとしたんですが，逆にうるさい，来るな，と言われて物を投げられたこともあります。もっと早く専門の先生に相談しておけばよかった」と振り返った。そのうえで「もう私たち親も限界です。今は，あの

事例を読む：心神喪失者等医療観察法と社会復帰調整官　┃　143

子も治療を受けて落ち着いているのはわかりますが，今後家に帰ってきたときに，またあの子と接するかと思うと，正直言って親である私たちも不安があります。あの子を排除したいわけではないけれど，同じ家で暮らしていく自信がない，どうすればよいでしょうか」と涙ながらに訴えた。

　十和田観察官は，「そうですよね，ご両親の気持ちもわかります。南町さんが不安定な状態になってもどうすることもできなくてつらかったですね。見捨てているわけではないが，南町さんが家に戻ることにも不安がある。南町さんがこれから退院後にどこで暮らし，どんなサポートを受ければよいのか，一緒に考えてみましょう。私もできる限りのことはしたいです。ご両親の気持ちを南町さんに伝えてもいいですか」と伝えたところ，南町さんの両親は「ぜひお願いします」と述べていた。

　その後，十和田調整官は，入院先の主治医や看護師チームと面談をした。入院当初は幻聴や幻覚の症状が強かったが，投薬治療などにより現在は落ち着いた生活をしている。今後の生活については，服薬などの管理のために，精神科の訪問看護と地域での通院継続が必要であること，家族が受け入れに不安を示しているために，居住先の確保が必要になってくることも共有された。可能であれば，精神障害のある人のケアを行うグループホームへの入居も考えられること，落ち着いてきたら，これまでの仕事経験，南町さんの場合は，パソコン事務が得意で書類作成や会計事務ができるので，就労支援を受けながら仕事先も探していくことなどの方針が伝えられた。

STEP2：チーム支援体制で地域生活移行

　十和田調整官は，「BPS モデル」でのアセスメントを行ったことになる。まず生物学的要因について，統合失調症の状態は，事件を起こしたときはピークであったが，その後の投薬治療や落ち着いた環境整備により比較的症状は落ち着いていること，社会的には，職場へのストレスや居住先をどこにするか決まっていないこと，心理的にはその不安を受容しつつ，具体的な居住や訪問看護の道筋を示して，不安の軽減やいつでも不安な気持ちを相談できるサポート体制を家族以外の地域生活で構築

することとした。

　十和田調整官は，南町さんとまた面談を行った。十和田調整官が「先日はいろいろと話してくれてありがとうございました。ところで最近の様子はいかがですか」と尋ねると，南町さんは「ここでの治療のおかげでだいぶ落ち着いてきたように思います。また両親とも話しました。これがちょっとショックではあるんですが，やはり私のことを不安に思っていることもあるし，何よりもう自立しなければならない年齢だと思いますし，家のなかにいると結構思い詰めてしまうんです。両親が私のことを心配しているのはわかるんですが，心配ばかりかけているとこっちもプレッシャーを感じて，なんとか一人前にならないと，と思ってしまうのです。自立したい気持ちはあります。でも一人暮らしをいきなり始めるのは心配なんです」と話した。

　十和田調整官は「少し前向きな気持ちになってきたんですね，家のなかにだけいるとご両親の心配はわかるがプレッシャーになりますよね。では，私からの提案ですが，いきなりアパートなどで一人暮らしをするのは心配だと思いますので，精神科の訪問看護を週1回受けながら，お薬や体調の相談ができるようにすること，ケアを担当する職員が常駐するグループホームでひとまず生活してみるのはどうでしょうか」と提案しました。しかし，南町さんは「訪問看護で薬や体調の相談ができるのは嬉しいです。でも今聞いてちょっと心配になったんですが，グループホームっていうのはどんな感じですか？　たくさんの人との集団生活は苦手です」と懸念を示した。そこで，十和田観察官は「たとえばこのグループホームの資料を見てください。外見は普通の一軒家のような感じです。ここに障害のある方が1〜3人ほど，介護担当者と共に生活するのですが，入居者は個室がありますので，集団生活といっても，常に集団ということではありません。ご飯を食べるときなどは，みんなで集まって話したりもしますが，一人になりたいときは，個室で生活できます」とグループホームについて詳しく説明すると，南町さんは「個室があるのだったら安心です。やっぱり一人でテレビを見たり本を読んだりする時間も欲しいですし，でも食事のときも一人だと寂しいので，みんなと仲良くできればよいのですが」と話した。そこで十和田調整官は，

事例を読む：心神喪失者等医療観察法と社会復帰調整官　┃　145

「では，一度見学に行って話を聞いてみませんか」と提案すると，南町さんは賛成した。

　病院の許可を得て南町さんは十和田調整官とグループホーム「ひまわりハウス」を訪ねた。家のなかは1階に食堂と2名分の個室，2階にも個室があった。日当たりがよくて，グループホームを運営する法人の田沢さんも優しく迎えてくれた。南町さんは「個室があるのはよいですが，ほかの入居者の方とうまくやっていけるかちょっと心配です」と正直に伝えたところ，田沢さんは「確かに慣れないうちは，いろいろ気になることがあるかもしれません。でも私たち支援者も一緒に生活しますから，いつでも相談できますよ」と話してくれた。南町さんは十和田調整官に「ぜひ，ここでお世話になりたいです」と伝えた。

　次に，十和田調整官は，南町さんの支援を担当する人たちすべてと同じテーブルでチーム支援会議を開催した。チームメンバーは，支援を受ける主体である南町さん，南町さんの両親，医師・看護師，グループホームの田沢さん，訪問看護を運営する法人の五十嵐さん，地域の福祉事務所の担当者，地区の保健所の保健師だった。まず皆で自己紹介をしたが，ただの自己紹介では緊張で固くなってしまうので，十和田調整官が皆を促して，好きな食べ物とか趣味などについても話して場がほぐれた。南町さんも「好きな食べ物は，ラーメン，趣味はラーメンの食べ歩きです」と自己紹介すると，皆，笑顔が広がった。訪問看護の五十嵐さんも穏やかな様子で，週1回訪問するので，そのときに遠慮なく，体調や心の状態を話してほしいと伝えた。南町さんの両親もほっとした様子であった。何より南町さん自身が初めて家を出ての生活ということで，楽しみな反面，どうなるのか不安もあったが，この一堂に会した支援チームの人々の優しい様子を見て，前向きな気持ちも湧き起こってきた。

STEP3：グループホームへの転居

　南町さんは不安と期待でグループホーム「ひまわりハウス」に転居した。「ひまわりハウス」には先に2人の入居者がいて，30代と40代の男性であった。最初の夜は，スタッフや入居者全員が食堂で唐揚げやサンドイッチで歓迎会を開いてくれた。30代男性はやや無口でおとなし

いタイプ，昼間は短時間の倉庫の仕事をしているとのことだった。40代男性は，多弁であった。まだ就職はしておらず，就労移行事業所に週に何度か通い，職業訓練を受けているとのことであった。最初の1週間ほどは何事もなく落ち着いた生活で，南町さんもこれなら安心して過ごせると感じていた。訪問看護の杉岡看護師も，体調面や服薬面など気遣ってくれていた。

　ある晩のこと，夜に寝ようとしたところ，隣室から大声が聞こえてきた。心配になり介護者の田沢さんもすぐに駆けつけ，様子を見に行ってくれた。しばらく大声が続いたが，田沢さんの関わりで静かになった。

　南町さんは，前の職場に復帰することはかなわなかった。やはり事件を起こしたことで，障害の影響であることは前の職場の人たちもわかっているのであるが，一緒に働くのは不安があるという声が大きいとのことであった。前の職場に断られたことで，一時期南町さんはまた幻聴などが現れ，夜も眠れず不調になることがあった。そのときも田沢さんと訪問看護師の杉岡さんがよく話を聞いてくれた。田沢さんは「前の職場に戻れないのはつらいですね。でもあなたのせいでもないし，誰のせいでもないと思います。今は体調をよくするのを優先して，それから南町さんのしたい仕事につけるように，一緒に探しましょう」と話してくれ，南町さんも落ち着くことができた。

　田沢さんは，入居者の症状の変化などがあるとすぐに気がついて対処し，看護師や福祉事務所の人に連絡をとり，大事にならないうちに収めることに長けていたし，いつも親身に話を聞いてくれるので，入居者たちも信頼を置いていた。一時期夜に大声を出していた入居者の男性も，医療に早くつながったおかげで，また症状が落ち着いてきて，南町さんたちとは楽しく生活ができるようになってきた。

　1か月ほど経過し，体調も落ち着いてきたので，南町さんは仕事探しを始めた。障害者雇用をしているところを紹介してもらい，今までやってきたパソコンでの事務や会計業務を生かせるところが見つかった。印刷会社の事務であった。グループホームの田沢さんが，ジョブコーチの光山さんと一緒に会社の面接についてきてくれた。ジョブコーチの光山さんは，これまでの南町さんの職業生活について聞き取りを行ってお

り，南町さんの症状が現在は落ち着いていること，周囲のことが気になること，また配慮事項としては，南町さんは黙々と仕事をするタイプであるが，職場のほうで仕事を増やすとストレスがかかり，幻聴などの症状が出てきてしまい，それで過去に症状が悪化して事件につながったと分析していた。今回は，事件を起こしたことについては先方に伝えず（これは南町さんの希望でもあった），南町さんについては，精神障害を有し現在グループホームで生活していることを伝え，そのうえで，業務量に配慮してほしいと話した。職場の人事担当者も，南町さんの症状について理解を示し，最初の1か月は4時間の勤務，それから様子をみて徐々に勤務時間を増やしていくこと，最初は簡単な書類の送達の仕事などをして，徐々に複雑な仕事にしていくことを提案した。ジョブコーチの就労支援もあり，南町さんは昼間は仕事，夜は好きなテレビ番組を見たりして余暇も楽しみながら，服薬も訪問看護の指導を受け，ひとまず落ち着いた生活を得ることができた。

STEP4：家族との対話

　3か月が経ち，十和田調整官と共に，またチーム支援会議が開かれた。ここで心神喪失者等医療観察法での処遇から一般の精神障害福祉の支援に移行する予定である。前回のチーム支援会議と同様に，南町さん，南町さんの両親，グループホームの田沢さん，訪問看護の杉岡さんなどが集まった。両親は久しぶりに見る南町さんを見て驚いた。南町さんは以前は険しい表情で，何かにつけて不満や不安を訴え，攻撃的になることが多かったのに，穏やかな表情をしている。事件を起こしたことは悔やまれるし，被害者の方への申し訳ない思いで，父母もストレスで食事もとれず眠れない時期が続いていた。これですべてが解決ではない，これからも大変ではあるが，伴走してくれる訪問看護や介助者の方がいることで安心感を得ることができた。

　南町さんからは「今はグループホームで楽しく生活できています。仕事も見つかりました。薬も忘れずに飲むようにしていて，つらいときには話を聞いてくれる仲間もいます。事件を起こしたことは消えることはないかもしれません，でもこれからも皆さんと一緒に一日ずつ過ごして

いきたい。父母にもたくさん心配かけてしまいました。これからも両親は安心できないかもしれないけれど，自分は頑張っているので，見守ってほしい」と話しました。両親は南町さんの言葉を聞いて，家族だけで抱え込まず，専門家チームに頼ってよかった，これからもほどよい距離感で南町さんの成長を見守りたいと感じたのであった。

ワーク 6

事 例

　仙崎社会復帰調整官は，新たな事例を担当することになり，悩んでいた。石田さん（35歳）さんは，以前から統合失調症を発症していたが，ここ数年は症状が悪化し，幻聴幻覚が現れ，誰かに狙われているという被害妄想も強くなり，通行人に対して暴行してしまう事件を起こした。裁判官と精神保健審判員（精神科医師など）による審判により，刑事裁判ではなく心神喪失者等医療観察法の対象となり，入院治療を受けた。石田さんの幻覚や妄想は治まったものの，今度は「もう生きていたくない」と自殺念慮を表すようになり，入院期間が延びた。なかなか自殺念慮が消えないために，その後の地域で生活するための住宅を探すにしても，いくつかの居宅支援事業所にあたったが，自殺念慮があることで断られてしまった。しかしいつまでも入院を続けるわけにはいかないため，仙崎調整官は，石田さんの両親や地域の保健所の石山保健師とも何度か支援会議を行っていた。

考えてみよう！

　石田さんは，高校生のときに統合失調症を発症してから家での引きこもり生活を送っていて，仕事も長続きせず，今回，幻覚妄想の影響により事件を起こしてしまいました。石田さんは，今どんな気持ち，どんな不安をもっているでしょうか。また，どんなことを社会復帰調整官や医療・福祉従事者に望んでいるでしょうか。個人で考えてみましょう。

話し合ってみよう！

　石井さんが今後地域で生活をしていくうえで，石田さん自身が望んでいることや，地域の方（アパートの大家さんや支援者など）が心配していることは，どんなことでしょうか。グループで話し合ってみましょう。

ロールプレイをしてみよう！

　石田さん，仙崎社会復帰調整官，保健所の中山保健師の3人でロールプレイをしてみましょう。まず石田さん役から，自分が事件を起こしてしまった背景に精神障害があること，そのことでこれまでなかなか人生でうまくいかなかったことを話してみてください。それを受けて，仙崎調整官や中山保健師から，どのような話ができるのか，何が提案できるのかを考えながらロールプレイをしてみましょう。

150 ┃ 第6章 精神障害者の犯罪と処遇：心神喪失者等医療観察法

心神喪失者は無罪！……許せる？

　悪いことをすれば，警察に捕まって，刑罰を受ける。子どもの頃から多くの人たちはこのように教えられ，またそのように理解している。もちろん，なかには悪いこと（犯罪）をしても逃げおおせている人もいるだろうが，それでもこの「悪いことをすれば刑罰を受ける」という考えが薄まることはないだろう。

　そのようななか，心神喪失者が犯罪を行った場合は無罪になるということを知ることになる。人を殺しても，不同意わいせつ（強姦）をしても，放火をしても，心神喪失と判断されれば，加害者はその時点で善悪の判断がつかなかったため，行った行為について責任能力がないとされ，無罪となる（もちろんそのまま社会に戻されるわけではなく，心神喪失者等医療観察制度の対象となる）。加害者が心神喪失で無罪になったとしても，被害者や遺族等の悲しみがいえることはなく，長く苦しむことになる。さて，あなたは心神喪失者が犯罪を行った場合には無罪になるということに，納得できるだろうか。

　「状況が理解できないのだから仕方ない」「刑罰を与えても効果がないのだから，罰を与える意味がない」などの理由から，心神喪失者を無罪にすることに納得する人もいるだろう。また，納得はできないが，現状の法律がそのように規定しているので仕方がないと思う人もいるだろう。でも，なかにはやはり納得ができないという人もいるだろう。碓井（2014）は，心神喪失者を許せない理由として，①応報感情：悪いことをした人は当然報いを受けるべきだという思い，②被害者への同情・被害者保護の思い：被害者や家族のことを考えれば，加害者は報いを受けるべきだという思い，③厳罰化への傾向：少年法などが厳罰化に向かうなか，心神喪失者が無罪というのはバランスを欠く，④治安悪化への不安：法律で罰せず社会に戻すと治安が悪化すると不安に思う，⑤精神鑑定への誤解と不信：精神鑑定で心神喪失者のふりをしたのではないかという思い，⑥精神鑑定乱用への疑惑：弁護士が法廷戦略として精神鑑定を使っているのではないか，⑦公正さへの思い：心神喪失であっても平等・公正に罰するべきであるという考え，の7つをあげている。心神喪失者が無罪となることに納得できない人は，この7つのいずれかにあてはまる思いを抱いていると思われる。

　心神喪失者が無罪となることをどう思うのかについては，どの立場で考えるのか——本人，被害者およびその家族等，支援者など——によっても異なってくると思われる。このことをテーマに議論をすることで，精神疾患を有する者が社会でどう生きていくのかを考えることができるのではないだろうか。

第**7**章

犯罪被害者を支援する

犯罪被害者等基本法

　犯罪をいかに防ぎ，また犯罪を行った者をどのように矯正し社会復帰へと導くかは重要なテーマであるが，犯罪行為には被害者がいることが少なくなく，その被害者を支援していくことも，同じように重要なテーマである。ここでは，犯罪被害者支援の歴史を振り返るとともに，現在の犯罪被害者支援の基本となっている犯罪被害者等基本法について説明していく。

1. 犯罪被害者支援の歴史

　犯罪被害者支援の歴史をどこから振り返るかは難しい問題であるが，ここでは，1980 年に犯罪被害者支援に関する最初の法律である「犯罪被害者等給付金の支給等による犯罪被害者等の支援に関する法律（犯罪被害者等給付金支給法：以下，犯給法）」から始めることとする。犯給法は，犯罪行為により不慮の死を遂げた犯罪被害者の遺族や重傷病・障害など重大な被害を受けた犯罪被害者に対して，国が犯罪被害者等給付金を支給する制度を規定している法律であり，改正されながら現在まで至っている。

　犯給法制定後，1992 年に東京医科歯科大学に「犯罪被害者相談室」が開設され，犯罪被害者の心理的支援が動き出す一方，1995 年には地下鉄サリン事件が起こり，犯罪被害者支援のいっそうの充実が叫ばれ

153

るようになる。そのなかで，1996 年に警察庁が「被害者対策要綱」を策定し，被害者対策が警察の本来業務であることを明確に示している。また，1999 年に**被害者等通知制度**が始まった。これは，検察における事件の処分結果，刑事裁判の結果，刑務所における処遇状況，刑務所からの出所時期等の情報を被害者等に提供する制度である。

1999 年の光市母子殺人事件の被害者遺族らの働きかけをきっかけに，犯罪被害者が刑事裁判手続に関与できるようにする立法が行われるようになった。2000 年になると，犯罪被害者等の権利利益の保護を図るための刑事手続に付随する措置に関する法律（以下，犯罪被害者保護法）などが成立する。犯罪被害者保護法は，犯罪被害者や遺族の心情に配慮した裁判手続き等に関して定め，被害者等の公判の傍聴や公判記録の閲覧・謄写を可能とした。また，2001 年には少年法が改正され，少年事件についても記録の閲覧・謄写，意見陳述が可能となった。そして，2004 年に，犯罪被害者等の権利を明文化し，その尊厳の保障と支援等を国・地方公共団体・国民の責務とした犯罪被害者等基本法が制定される。2008 年には刑事訴訟法の一部が改正され，**被害者参加制度**が創設されている。被害者参加制度ができたことにより，被害者が裁判に出廷し被告人に質問したり，法廷で意見を述べたりすることができるようになっている（第 316 条の 33，38）。

これ以降，犯給法の改正や犯罪被害者等基本法に基づく犯罪被害者等基本計画の策定などが行われ，少しずつではあるが，犯罪被害者等の支援に関する法制度が整ってきているのである。

2. 犯罪被害者等基本法

犯給法は犯罪被害者に対する経済的な支援が主目的であったが，犯罪被害者等基本法は，犯罪被害者等の権利と利益の保護を図ることを目的として議員立法により成立した法律である。その思いは，法律の前文に書かれている。

近年，様々な犯罪等が跡を絶たず，それらに巻き込まれた犯罪被害者等

の多くは，これまでその権利が尊重されてきたとは言い難いばかりか，十分な支援を受けられず，社会において孤立することを余儀なくされてきた。さらに，犯罪等による直接的な被害にとどまらず，その後も副次的な被害に苦しめられることも少なくなかった。

　もとより，犯罪等による被害について第一義的責任を負うのは，加害者である。しかしながら，犯罪等を抑止し，安全で安心して暮らせる社会の実現を図る責務を有する我々もまた，犯罪被害者等の声に耳を傾けなければならない。国民の誰もが犯罪被害者等となる可能性が高まっている今こそ，犯罪被害者等の視点に立った施策を講じ，その権利利益の保護が図られる社会の実現に向けた新たな一歩を踏み出さなければならない。

（犯罪被害者等基本法　前文）

　犯罪被害者等基本法における「犯罪等」とは，「犯罪及びこれに準ずる心身に有害な影響を及ぼす行為」（第2条）とされており，刑法や各地方自治体等の条例（青少年保護育成条例，迷惑防止条例など）等に違反する行為も含まれる。また，「犯罪被害者等」とは「犯罪等により害を被った者及びその家族又は遺族」（第2条第2項）と定義されている。

　犯罪被害者等基本法の基本理念としては，以下の3点があげられている。

第3条　すべて犯罪被害者等は，個人の尊厳が重んぜられ，その尊厳にふさわしい処遇を保障される権利を有する。
2　犯罪被害者等のための施策は，被害の状況及び原因，犯罪被害者等が置かれている状況その他の事情に応じて適切に講ぜられるものとする。
3　犯罪被害者等のための施策は，犯罪被害者等が，被害を受けたときから再び平穏な生活を営むことができるようになるまでの間，必要な支援等を途切れることなく受けることができるよう，講ぜられるものとする。

（犯罪被害者等基本法　第3条）

　この基本理念にのっとり，国は犯罪被害者支援等のための施策を総合的に策定し，実施する責務を有し（第4条），地方公共団体は，国との適切な役割分担を踏まえて，その地方公共団体の地域の状況に応じた施策を策定し，実施する責務を有する（第5条）と規定されている。また，政府は，犯罪被害者等のための施策の総合的かつ計画的な推進を図るため，犯罪被害者等のための施策に関する基本的な計画（犯罪被害者等基本計画）を定めなければならないとされている（第8条）。犯罪被害

者等基本計画は，2005 年 12 月に第 1 次基本計画（計画期間は 2006 年 1 月から 2011 年 3 月の約 5 年間）が閣議決定され，現在は第 4 次基本計画が実施されている（2021 年 4 月から 2026 年 3 月まで）。なお，国民に対しても，「犯罪被害者等の名誉又は生活の平穏を害することのないよう十分配慮するとともに，国及び地方公共団体が実施する犯罪被害者等のための施策に協力する」ことが求められている（第 6 条）。

国や地方公共団体が行う基本的な施策としては，以下のようなものが列挙されている。

○犯罪被害者等が日常生活または社会生活を円滑に営むことができるようにするための相談，情報提供，助言および犯罪被害者等の援助に精通している者の紹介（第 11 条）
○犯罪等による被害に係る損害賠償の請求の適切かつ円滑な実現を図るための援助（第 12 条）
○犯罪被害者等が受けた被害による経済的負担の軽減を図るための犯罪被害者等に対する給付金の支給に係る制度の充実（第 13 条）
○犯罪被害者等が心理的外傷その他犯罪等により心身に受けた影響から回復できるようにするための保健医療サービスおよび福祉サービスの提供（第 14 条）
○犯罪被害者等がさらなる犯罪等により被害を受けることを防止し，その安全を確保するための必要な措置（第 15 条）
○犯罪等により以前の住居に居住することが困難となった犯罪被害者等の居住の安定（第 16 条）
○犯罪被害者等の雇用の安定（第 17 条）
○犯罪被害者等がその被害に係る刑事に関する手続きに適切に関与することができるようにするための情報提供や，刑事に関する手続きへの参加の機会を拡充するための制度の整備等（第 18 条）
○犯罪被害者等の保護，その被害に係る刑事事件の捜査または公判等の過程において，名誉または生活の平穏その他犯罪被害者等の人権に十分な配慮がなされ，犯罪被害者等の負担が軽減されるような施策（第 19 条）

3. 犯罪被害者等支援のための具体的な施策

先に述べたように，犯罪被害者等基本法には，犯罪被害者等に対する施策について列挙されている。では，具体的にどのような取り組み

が行われているのであろうか。ここでは，警察庁犯罪被害者支援室 (2023) の「令和5年度版　警察による犯罪被害者支援」から，犯罪被害者等に対する支援のための具体的な施策について主なものをみていきたい。

(1) 相談・捜査の過程における犯罪被害者等への配慮および情報提供
1)「被害者の手引」の作成・配布

　多くの人は，自分が犯罪被害者等になることを想定して生活しておらず，また実際に犯罪被害者等になった場合でも，犯罪によって受けた被害を回復・軽減するために受け取ることができる支援の内容や，刑事手続きに関することを十分に知っているわけではない。そのため，各都道府県警察では，刑事手続きの概要，捜査への協力のお願い，犯罪被害者等が利用できる制度，各種相談機関・窓口などをまとめたパンフレット「被害者の手引」を作成し，配布している。このようなパンフレットによって，各種情報が早期に，かつ包括的に提供されることが，犯罪被害者支援の第一歩となるのである。

2) 被害者連絡制度

　犯罪被害者等にとって，事件等の捜査の状況や加害者の処分などに関する情報は関心が高いものであり，そのため警察が犯罪被害者等に対してそのような情報を提供する**被害者連絡制度**がある。被害者連絡制度の対象は，殺人，傷害，性犯罪等の身体犯の犯罪被害者等や，ひき逃げ事件，交通死亡事故などの重大な交通事故事件の犯罪被害者等であり，刑事手続きや犯罪被害者等のための制度，捜査状況 (被疑者検挙まで)，被疑者の検挙状況，逮捕被疑者の処分状況などが伝えられる。

　また，検察庁においても，犯罪被害者等や参考人等に対して，事件の処分結果や刑務所からの出所時期等に関する情報を提供する**被害者等通知制度**を設けている。

　なお，犯罪被害者等のなかには情報提供を望まない者もいるため，被害者連絡は犯罪被害者等の意向を汲んで行われる。

3. 犯罪被害者等支援のための具体的な施策　**157**

(2) 精神的被害の回復への支援：カウンセリング体制の整備

　犯罪により大きな精神的被害を受けた犯罪被害者等に対しては，心理学的立場からの専門的なカウンセリングが必要となることがある。警察では，そのような精神的被害を軽減するため，カウンセリングに関する専門的知識や技術を有する職員を配置したり，精神科医や民間のカウンセラーとの連携を行っていたりしている。また，犯罪被害者等のカウンセリング費用の公費負担制度などもあり，犯罪被害者等のための相談・カウンセリング体制を整備している。

　なお，被害少年に対しては，少年補導職員のような専門職員が外部専門家等の助言を受けながらカウンセリングを実施している。

(3) 経済的負担の軽減に資する支援：犯罪被害給付制度

　犯罪被害給付制度は，犯罪被害者やその遺族等に対して，社会の連帯共助の精神に基づき，犯罪被害等を早期に軽減するとともに，犯罪被害者等が再び平穏な生活を営むことができるようにするための犯罪被害者等給付金を支給するものであり，本章冒頭に紹介した犯給法に基づいて支給される。対象となる犯罪被害は，日本国内または日本国外にある日本船舶もしくは日本航空機内において行われた人の生命または身体を害する罪にあたる犯罪行為による死亡，重傷病または障害であり，緊急避難による行為，心神喪失者や刑事未成年者の行為であるために刑法上加害者が罰せられない場合も，対象となっている。

　犯罪被害給付制度に基づく犯罪被害者等給付金には，遺族給付金，重症病給付金，障害給付金の３種類がある。遺族給付金は，犯罪被害によって死亡した者の遺族であり，犯罪被害者の収入とその生計維持関係遺族の人数に応じて算出された額が支給される。重症病給付金は，犯罪行為によって，重症病を負った被害者本人に支給される。ここでいう「重症病」とは，療養期間が１か月以上で，かつ，入院３日以上を要する負傷または疾病，あるいは療養期間が１か月以上で，かつ，その症状の程度が３日以上労務に服することができない程度の精神疾患 (PTSD など) である。支給額は，負傷または疾病から３年を経過するまでの保険診療による医療費の自己負担相当額と休業損害を考慮

した額を合計した金額であり，上限は 120 万円となっている。障害給付金は，犯罪被害によって障害が残った犯罪被害者本人が対象となり，犯罪被害者の収入と残った障害の程度に応じて支給額が算出される。

　なお，日本国外において不慮の犯罪被害を受けた被害者等に対しては，国が弔慰金や見舞金を支給する国外犯罪被害弔慰金等の支給に関する法律施行規則がある。

（4）犯罪被害者等の安全の確保：再被害防止措置の推進

　犯罪被害者等のなかには，警察に通報・届け出をすることで，加害者から恨まれたり，再び危害を加えられたりするのではないかという不安やおそれを抱く者もいる。警察庁では，「再被害防止要綱」を策定し，犯罪被害者等の不安などを解消し，また加害者から再び危害を加えられないように対応している。

　具体的には，犯罪被害者等との連絡を密にし，必要な助言を行うとともに，状況に応じて自宅や勤務先における身辺警戒やパトロールを強化したり，緊急通報装置を貸し出したりするなど，犯罪被害者等への危害を未然に防止するための対策を講じている。

（5）犯罪被害者等支援推進のための基盤整備：指定被害者支援要員制度

　犯罪被害者等に対する支援活動は，事件・事故発生直後から，専門的なものが必要となる。そのため，支援が必要となる事案 <small>（殺人，傷害，性犯罪等の身体犯，ひき逃げ事件，交通死亡事故など）</small> が発生したときに，指定された警察職員が，犯罪被害者に付き添い，必要な助言，指導，情報提供等を行ったり，被害者支援連絡協議会等のネットワークを活用し，外部のカウンセラー，弁護士会，関係機関や犯罪被害者等の援助を行う民間団体等の紹介・引き継ぎなどをしたりする「指定被害者支援要員制度」が導入されている。

　「警察による犯罪被害者支援　令和 5 年度版」<small>（警察庁犯罪被害者支援室，2023）</small>には，これらどの事件・事故にも共通する被害者等支援だけで

3．犯罪被害者等支援のための具体的な施策　┃　**159**

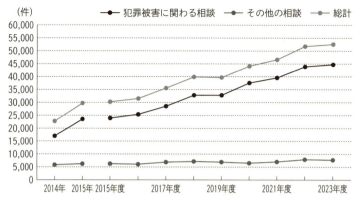

図 7-1　相談件数の推移
資料出所：公益社団法人全国被害者支援ネットワーク　活動状況報告（https://www.nnvs.org/wp-content/uploads/2024/06/565017ef977d3b64ad201495d4a90679.pdf）より作成

なく，性犯罪被害者や被害少年，暴力団犯罪の被害者等，交通事故被害者等，ストーカー事案・配偶者からの暴力事案等の被害者のような各分野に関する支援・対応についても掲載されている。

4．犯罪被害者等への支援の現状

　犯罪被害者等基本法の施行以降，犯罪被害者等への支援は少しずつ充実してきている。ここでは，公益社団法人「全国被害者支援ネットワーク」が行っている全国調査をもとに，犯罪被害者等支援がどの程度行われているのかみていきたい。この調査は，全国被害者支援ネットワーク加盟 48 団体（全国 48 か所の被害者支援センター）での相談・支援件数などを集約したものである。

（1）相談件数の推移

　2023 年 4 月から 2024 年 3 月まで（2023 年度）に取り扱われた相談総数は 52,523 件であり，このうち犯罪被害に関わる相談は 44,765 件であった。2014 年度からの推移（図7-1）をみると，犯罪被害者等支援が浸透・周知されてきたためか，年々相談件数が増加している。

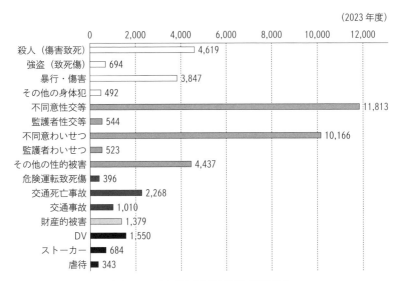

図 7-2　犯罪被害相談件数（罪種別）

資料出所：公益社団法人全国被害者支援ネットワーク 活動状況報告（https://www.nnvs.org/network/about/invest/#a0404_data）より作成

(2) 被害を受けた犯罪種別

2023 年度の犯罪被害に関わる相談 44,765 件のうち，「不同意性交等」が 11,813 件と最も多く，次いで「不同意わいせつ」(10,166 件)，「殺人（傷害致死）」(4,619 件) が多くなっている（図7-2）。

(3) 相談への対応

被害者支援センターにきた相談者に対する対応（図7-3）としては，「相談」が最も多く，電話での相談では「他機関紹介」や「他機関調整」が，面接での相談では「カウンセリング」や「法律相談」が多くなっている。

(4) 直接的支援

2023 年度に，被害者等からの相談や警察からの情報提供によって被害者支援センターが行った直接的支援（図7-4）は 9,608 件であり，そ

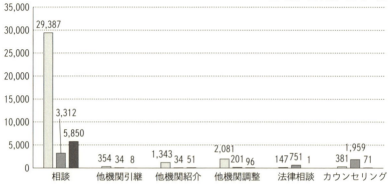

図 7-3 相談への対応

資料出所：公益社団法人全国被害者支援ネットワーク 活動状況報告（https://www.nnvs.org/network/about/invest/#a0404_data）より作成

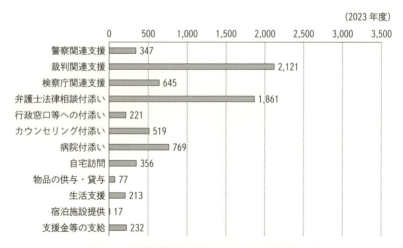

図 7-4 被害者相談支援センターの直接的支援

資料出所：公益社団法人全国被害者支援ネットワーク 活動状況報告（https://www.nnvs.org/network/about/invest/#a0404_data）より作成

のうち 2,121 件が「裁判関連支援」であった。また，「弁護士法律相談付き添い」(1,861 件) も多くみられている。

事例を読む 🔍

被害者支援の一例

　高畑さんは 30 代半ばの女性の会社員である。ある日，仕事の後にジムで汗を流し，その帰り道で交通事故に巻き込まれた。飲酒運転の自動車が歩道に突っ込んできて，高畑さんを含む歩行者 3 人をひいたのである。高畑さんは肋骨や大腿骨などの骨折で全治 4 か月の診断であった。

　会社は 4 か月間，休職となった。はじめの 1 か月は入院治療を受けた。退院後も通院による治療が継続され，体の怪我は順調に回復していった。しかし，体の回復と反比例するかのように，メンタルヘルス上の問題が生じてきた。何事にも意欲が湧かず，また，再び事故に巻き込まれるのではないかという不安から，一人で外出することも難しくなり，自宅でボーっとしていることが多くなった。通院先の医師も異変を察知して，精神科クリニックへリファーされることになった。受診した精神科クリニックでは「中等度のうつ病」と診断され，さらに 2 か月間，休職期間が延びることになった。精神科の医師は高畑さんに認知行動療法を受けるように勧め，認知行動療法を実施している民間のカウンセリングルームをいくつか紹介してくれた。

　このままではまずいと考えていた高畑さんは，警察にも相談して，犯罪被害者等のカウンセリング費用の公費負担制度が使えることを知った。これは，犯罪被害者等が自ら選んだ精神科医，公認心理師等を受診した際の診察料やカウンセリング料を公費により負担する制度である。大きな精神的被害を受けた犯罪被害者等に対しては，心理学的立場からの専門的なカウンセリングが必要となることがあるため，このような制度が設けられている。高畑さんはこの制度を利用して，近くの認知行動療法専門のカウンセリングルームで認知行動療法を受けることに決めた。

　高畑さんがカウンセリングルームに予約の電話をすると，公認心理師の永田さんが対応してくれた。簡単に困りごとを伝え，精神科クリニックからの紹介である旨を伝えると，精神科クリニックからの紹介状を事前に送ってほしいと言われた。そのうえで，初回面接の日時を決めた。そのまま永田さんが担当することになった。

163

STEP1：ケース・フォーミュレーション

　永田さんは精神科クリニックからの紹介状で，高畑さんにはPTSDの診断がないことを確認していた。初回面接で，まずベック抑うつ質問票第2版（Beck Depression Inventory-2nd Edition：BDI-II）が実施された。これは，認知療法の創始者であるBeck, A. T. らを中心に開発された自己記入式の尺度であり，抑うつ症状の重症度評価でよく使用されるものである。高畑さんの点数は27点で，重症度区分は「中等症」であった。希死念慮はないことを確認した。そのうえで永田さんは，高畑さんの困りごとの詳細とこれまでの経緯を尋ねた。現在困っていることは，やる気が出ずに何もできていないことだという。このままだと復職できないのではないかというのが一番の心配事であった。すでに3か月間，休職しており，本来であればあと1か月後には復職の予定だったのであるが，うつ病を発症したため，さらに2か月間，休職期間が延びたという。

　現在，骨折のほうはかなり回復して，普通に歩く分にはほぼ問題がないが，また事故に遭ってしまうのではないかという不安があって一人では外出できないという。そのため，通院するときなど外出の必要性があるときは，母親に車で送迎してもらっているらしい。本日のカウンセリングも，自宅から歩いてくることができる距離ではあるが，母親の車で送ってもらったということであった。

　仕事に関しては，事故の直前に新プロジェクトの責任者に抜擢されたが，事故に遭って休職したために，別の人間が責任者になっているらしい。高畑さんは「迷惑をかけてしまった」というようなことを繰り返し語った。永田さんは，かなり自責の念が強いように感じた。

　一通り主訴を聴き取った後，このような被害に遭ったときは抑うつ気分が出てきて不安が強まるのはある意味当然であるとノーマライズした。そのうえで，永田さんは認知行動療法に関する心理教育を行った。認知行動療法は，うつや不安に対して治療効果が実証されている方法であること，外部の環境と自分のなかの内部環境の相互作用，さらに内部環境のなかの「認知」「気分・感情」「行動」「身体」のそれぞれの反応の悪循環を分析して，本人の意志で変えられる可能性の高い「認知」や「行動」を変えることによってこの悪循環を断ち切っていく方法である

こと，毎回ホームワークがあって，自分で自分を観察するセルフモニタリングを行ったり，セッションで導入された技法を実際に試してみたりすること，などを説明した。

　最後に，この認知行動療法のセッションの大まかな目標を設定した。現時点で，休職期間が残り3か月なので，これ以上延ばすことなく，3か月後に復職することを大枠の目標とし，そのためにどうするのかという短期目標を，次回と次々回くらいのセッションで決めることとした。

　ホームワークとして，永田さんは活動記録表を書いてくることを提案した。現状，どのような生活リズムになっているのかをまず把握して，そこから復職に向けてのリズムに変えていく必要がある，という説明がなされた。また，活動と気分はつながっているので，その活動をしたときの気分を「＋5〜−5」で評価してくることも課題とした。当面，1週間に1回50分のセッションを行うことになった。

　第2回と第3回のセッションでは，活動記録表を振り返りながら，悪循環のパターンを同定するケースフォーミュレーション（見立て）を行い，それを踏まえて短期目標を設定した。初回セッションで高畑さんは，「やる気が出ずに何もできていない」と言っていたが，活動記録表をみるとある程度の活動はできていた。永田さんが「活動記録表を振り返って，何か気づくことはありますか？」と尋ねると，高畑さんは「このように“見える化”すると，意外と活動できていることがわかりました」と答えた。また，「コンビニへ買い物　＋2」というのが1週間に2回あったので，永田さんはこれについて詳細を尋ねた。すると，基本的には一人で外出できないが，近所のコンビニまでは車が通らない歩道を通って3分ほどで行けるので，このコンビニまでは一人で行ける，外出したときは気分が多少晴れる，ということであった。もう少し詳しく聞くと，事故のときは車道の左側の歩道を歩いていて右後方から車が突っ込んできたので，同様の状況は今でも極度に苦手だという。

　仕事に関して，高畑さんは「自分が休職したせいで，プロジェクトの進展が遅れ，上司や同僚に迷惑をかけてしまった」「せっかくもらったチャンスを生かすことができず，自分のキャリアはこれで終わってしまった」ということを繰り返し語った。

事例を読む：被害者支援の一例　165

このほかにもいくつかのやりとりをして，結果，高畑さんと永田さんは以下のようなケース・フォーミュレーションを共有した。すなわち，体がある程度自由に動くようになって，外出が可能となったけれども，また事故に遭うかもしれないという不安によって一人で外出することができなくなり，極端に活動量が減ってしまった結果，自宅に引きこもるようになり，そこで，「会社に迷惑をかけてしまった」とか「自分のキャリアは終わってしまった」とかの思考の反芻によって抑うつ気分が増大して，活動への興味や喜びが減退し，意欲が低下していって，ますます抑うつ気分が増悪している，というものである。

　そこで，復職に至るまでの短期目標として，活動量を上げること，さらに活動量を上げるために一人で外出する不安を克服することを定めた。活動量を上げた後もネガティブな思考の反芻があるようであれば，そのネガティブな認知に対しても介入することとした。

STEP2：曝露の計画・実施

　まずは一人で外出する際の不安を克服しないと活動量も上げられないということで，不安の問題に取り組んだ。永田さんは不安と曝露（エクスポージャー）の心理教育を行った。不安は自分に危険が迫っていることを知らせる信号であるが，高畑さんのような事故に遭うと過剰に働いてしまうこともあること，不安の過剰な働きを抑えていくためには自分が不安を感じる状況に身を置き，不安にさらされながら不安を下げるような行動（安全行動）をとらないことが大切で，こうやって不安に強い心身をつくっていく方法を曝露療法と呼ぶということなどを説明した。

　そのうえで，不安が生じてしまう状況について，詳しくアセスメントを行った。やはり一番不安に感じるのは，事故現場の歩道を歩くことであり，事故に遭った夜間の時間帯が一番怖いと思うということであった。事故現場以外でも，車道の左側に歩道があって，右後ろから車が迫ってくるようなところは不安が強く，ガードレールがないようなところは特に怖いということ，車道がそばになくても，車の音が聞こえるような歩道もそこそこ怖いということが語られた。また，母親などと一緒ならまだ不安は小さいが，一人の場合だと不安が高いという。

そこで，曝露療法のインフォームド・コンセントをとったうえで，セッション内曝露を行った。近くの駐車場に停めてある母親の車のところに行き，車が右後方にくる位置に立ってもらった。高畑さんはこの時点で，胸がかなりゾワゾワするとのことであった。次に車のエンジンをかけた状態で曝露した。先ほどよりも胸のゾワゾワ感が高まり，不安が高まっているということであった。永田さんは，自分で自分に「大丈夫！」などと頭のなかで声をかけず（こういった声かけも安全行動になる），その胸のゾワゾワ感をただただ観察するように指示した。10分ほど経つと，かなりゾワゾワ感が収まってきたという。永田さんは，次にチャレンジできそうなことがあるか尋ねると，高畑さんは「車道の近くまで行ってみること」というので，2人はそこから大きな車道がある方向へと歩いていった。ゾワゾワ感が高まっているものの，耐えられないほどではないということであった。

　永田さんは，「今日はこのくらいで終わろうかな」と思っていたが，高畑さんはもう少しチャレンジしたいというので，2人で話し合った結果，車道の右側を高畑さんが一人で50mほど先にあるコンビニまで歩いていき，今度は来た道を帰ってくるという課題を設定した。この歩道にはガードレールがあるものの，帰ってくるときは事故にあったのと同じ車道の左側を歩くことになる。高畑さんは少し躊躇があったものの，しっかりとコンビニまで歩き，そこから帰ってきた。帰りの歩くスピードが若干速くなっており，それに気づいた永田さんは「これは安全行動だな」と思ったが，あえてそれは指摘せずにチャレンジの成功をねぎらった。カウンセリングルームに戻る前に，もう一度母親の車が右後方にくる位置に立つように指示された高畑さんは，何の抵抗もなく立つことができた。先に感じたゾワゾワ感をまったくと言ってよいほど感じなかった。それを聞いた永田さんは，「これが曝露療法の効果です。今回のチャレンジで高畑さんは以前より不安に強くなって，このくらいの状況ではゾワゾワを感じなくなったのですよ」と解説した。

　ホームワークでも曝露課題を設定して，高畑さんは積極的に取り組んでいった。

STEP3：行動活性化の計画・実施

　活動記録表を振り返ることによって生活リズムを整えていくことと，曝露課題に取り組んで不安を克服していくことを継続していった結果，第7回目のセッションでのBDI-IIはぎりぎり「軽症」のラインである19点まで減少していた。自動車の通る道の横にある歩道を歩いても，それほど不安を感じることがなくなっていた。そこで，本格的な行動活性化に取り組むことにした。

　永田さんは，行動活性化とは喜びや達成感を感じる活動を増やしていって，抑うつ気分を軽減していく方法であると説明し，「私はこういった活動のことを"抗うつ行動"と呼んでいます」とつけ加えた。これまで書かれていた活動記録表を振り返りながら，高畑さんにとっての抗うつ行動を特定していった。高畑さんはカメラが趣味で，最近でもたまにカメラの機種について解説している動画や，写真撮影の方法を解説している動画を視聴していた。そして，これらの動画を視聴したときは気分がプラスになっていた。また，英語の勉強もやりたいと思っており，少しだけではあるが取り組んでいた。この英語の勉強をしたときも，気分がプラスになっていることが多かった。ジムに行って運動することも，本当はしたいということであったが，まだ事故現場に近づくことはできていなかった。

　そこで，休職期間の残り1か月半ほどの間は，まず生活リズムを働いていたときと同じ状態で維持し，かつ，午前中は近所の図書館に行って英語の勉強をすることとした。午後は，近くの公園や神社などに行って，趣味の写真撮影をし，帰宅後はパソコンで写真編集をするという作業を中心にスケジュールを決めた。

　この行動活性化に2週間取り組んだ結果，第9回目のセッションではBDI-IIが10点（極軽症）にまで改善していた。日常生活はほぼ問題なく過ごせており，復職に向けての自信もかなりついていた。そこで，最難関の曝露課題であると同時に，行動活性化の課題でもある「ジムでの運動」を行うこととした。まずは昼間にジムに行くこと，それができるようになれば，夜間に行くことをホームワークとした。

　高畑さんは，昼間であっても事故現場に近づくと胸がゾワゾワしだし

168 　第7章　犯罪被害者を支援する：犯罪被害者等基本法

たが，「これこそが曝露だ，これを受け入れれば不安にいっそう強くなるのだ」と自分を励まし，安全行動をしないようにして不安を観察し続けた。そして，ジムで軽い運動を行った。最大の難関をクリアできたことと，久々に運動を行うことができたことで，高畑さんは強い達成感を得ることができた。さすがにその日は多少の疲れが出たものの，2日後には夜間にジムに行くこともできた。

　この頃，精神科クリニックの主治医から「復職可能」の診断書を受け取り，会社に提出した。会社でも，産業医と上司を交えた復職面談が行われ，予定通りの期日で復職することが決まった。上司は高畑さんのことを心配しながらも期待していることを伝え，「また別のプロジェクトをお願いすることになると思うが，半年も休んでいたのだから，まずは徐々に仕事に慣れていってほしい」と言った。

　復職を2週間後に控えた12回目のセッションで，BDI-IIは9点と好調を維持していた。永田さんはあえて，当初の「自分が休職したせいで，プロジェクトの進展が遅れ，上司や同僚に迷惑をかけてしまった」「せっかくもらったチャンスを生かすことができず，自分のキャリアはこれで終わってしまった」という認知について，今はどう思うか尋ねてみた。すると高畑さんは，「確かに自分の休職のせいで多少迷惑をかけたが，そもそも事故は私の責任ではないし，別の担当者にチャンスが与えられて，ある程度うまくいっているようなのでそれほど問題ではない」「今回のチャンスを生かせなかったのは不運だったが，またチャンスをもらえるようだからそのときに頑張ればいい」と語った。曝露と行動活性化に取り組んでうつ病から回復していったことによって，自然と認知再構成が図れたようであった。

　13回目のセッションでは，いよいよ来週に控えた復帰に関して不安なことを扱い，これまでのセッション全体を振り返った。その後も，復職から1か月後と3か月後に面接を行った。そこでは大きな問題もなく仕事に復帰できていること，時々事故のことを思い出すが，それによって不安が高まって回避行動をするようなことはないと報告があった。万一，また何か問題が生じたら相談してもらうこととして，15回目のセッションで終結となった。

事例を読む：被害者支援の一例　169

ワーク 7

事 例

　公認心理師の北村さんは，認知行動療法を専門とする私設カウンセリングルームで，カウンセリングを行っている。ある日，高校2年生のハナコの母親から，新規のカウンセリング申し込みがあった。母親によると，ハナコは夏休み明けから学校に行けなくなり，2か月間，不登校状態が続いているという。また，情緒も不安定で，急に叫んだり怒りを爆発させたりすることもあるらしい。生活リズムも乱れており，深夜まで起きていて，一旦寝てから目覚めるのはお昼過ぎになることが多いとのことであった。自分の部屋に引きこもっているので気づくのが遅れたが，最近，ハナコが風呂上がりにTシャツを着ているとき，リストカットの痕を見つけたのだという。母親は狼狽しつつも，ネットで調べてみたところ，不登校やリストカットに対しては認知行動療法が有効とされていることがわかった。そこで，リストカットのことには触れず，「悩みがあるように見えるが一度専門家と話をしてみないか」と誘ったところ，ハナコは渋りながらも応じた。そこで北村さんのカウンセリングルームに申し込んだのだという。

　初回面接に母親に連れられてきたハナコは，一見しただけで抑うつ感が強く，何かに怯えているように見えた。北村さんが困りごとを聞いても，小さな声で「別に」というだけであった。母親が，「夏休みに友達と旅行に行くまでは元気だったのですが」と言うと，ハナコは急に強く怯え始め，泣き出してしまった。北村さんは何らかの被害にあってPTSDを発症しているのではないかと疑い，母親に一時退席してもらったうえで，丁寧に話を聞いていった。その結果，ハナコは，仲のよい男女のグループで行った夏休みの旅行先で，グループの一人の男子大学生から性被害を受けたことを語った。後に北村さんの紹介によって受診した精神科病院で，ハナコはPTSDと診断された。

考えてみよう！

　ハナコのPTSDの症状は，どのように現れていたでしょうか。PTSDの診断基準に照らして考えてみましょう。

話し合ってみよう！

　ハナコの例のような犯罪被害が発覚した際に，どのような点に留意し，どのような心理的支援が必要となるか，また，どのような関係機関につなぐ必要があるか，話し合ってみましょう。

ロールプレイをしてみよう！

　PTSDの専門的な治療ができない北村さんは，PTSDの心理教育を行い，他機関にリファーすることを提案しました。その場面について，①北村さん，②ハナコ，③ハナコの母親の3人でロールプレイをしてみましょう。

170　第7章　犯罪被害者を支援する：犯罪被害者等基本法

Column 7　被害者等の人権は保護されているか？

　殺人や危険運転致死などの重大な事件が起こった際，加害者の氏名や顔写真だけでなく，被害者の氏名や顔写真も報道される。加害者が少年（未成年）である場合には，実名報道が原則禁止となっているため（第3・4章），被害者だけが氏名や顔写真を公表されることになる。加害者の家族だけでなく，被害者の家族（あるいは遺族）のもとにもマスコミなどが取材に訪れ，事件のことや現在の心境などについて何度も質問することがある。周囲の人が哀れみをかけたり，偏見から無遠慮な態度をとったり，腫れ物にさわるような関わりをしたりすることもある。近年では，SNSの普及により，住所や家族（遺族）の素性や報道されていない情報などを特定して広められたり，誹謗中傷の書き込みをされたりすることもある。なかには，「（性犯罪被害者が）自分から誘ったんだ」「被害に遭ったほうにも隙があった」などと，被害者を非難する言葉をかけられたり，被害者やその家族（遺族）が賠償を求めるための民事訴訟を起こした際に，それが正当な行為・手続きであるにもかかわらず，「そんなに金が欲しいのか」と中傷されたり，脅迫されたりするようなこともある。このような行為によって，被害者やその家族（遺族）はさらに心に深い傷を負うことになる。

　このように被害者やその家族（遺族）が犯罪被害によって受ける精神的な苦痛は「二次被害」と呼ばれる（性犯罪被害者の場合は，「性的二次被害」（セカンドレイプ）と呼ばれることもある）。二次被害には，転居・離職・転校など生活環境の変化や経済的な負担なども含まれるが，それらとともに，心理的な二次被害は被害者やその家族（遺族）に長期間にわたって多大な負担を強いることになる。

　近年では，このような犯罪被害者等の二次被害を防ぐ動きもみられている。2023年4月には兵庫県で「犯罪被害者等の権利利益の保護等を図るための施策の推進に関する条例」が施行され，個人情報の取り扱いなどについても規定している。同様の条例を策定しようとする動きはいくつかの自治体でもみられている。また2024年3月には東京弁護士会が「犯罪被害者等のプライバシーに配慮し，報道に際して被害者特定事項等に関する要請を尊重するよう求める意見書」（東京弁護士会，2024）を提案している。

　しかし，特にSNSなどで行われる誹謗中傷などは，これらの動きではまだ防ぐことに限界がある。軽い気持ちで共有したり，「いいね」などをすることが，情報の拡散や誹謗中傷の肯定につながっていることもある。まずは，二次被害とは何か，どのようなことが二次被害となるかを知り，身近なところから防いでいくことが求められているのである。

第**8**章

配偶者による暴力から守る

配偶者暴力防止法

　夫婦というプライベートな関係は，その間で何が行われている
のか，どのような関係なのか，外からではうかがい知ることが難し
い関係である。何年経っても仲のよい関係もあれば，すっかり冷え
切って視線を合わすことも会話をすることもほとんどない関係も
ある。なかには，一方がもう一方の配偶者に対して暴力をふるう関
係もある。このような夫婦間での暴力は**ドメスティック・バイオレ
ンス** (Domestic Violence：DV) と呼ばれたり **IPV** (Intimate Partner Violence) と
呼ばれたりしている。

　日本でも 1990 年代の初頭から，このような夫婦間の暴力が問題
視されるようになり，2001 年 4 月に「配偶者からの暴力の防止及
び被害者の保護等に関する法律」(以下，配偶者暴力防止法) が成立した
(同年 10 月に施行)。配偶者暴力防止法では，配偶者暴力の防止とその
被害者の保護が目的とされ，配偶者暴力相談支援センターの設置
や**保護命令**とその命令違反に対する罰則などが規定されている。そ
の後何度か改正が行われ，2023 年 5 月に改正配偶者暴力防止法が
成立し，2024 年 4 月から施行されている。

　本章では，配偶者暴力防止法について解説するとともに，配偶者
暴力の現状などを把握し，その支援について理解を深めることを
目的とする。

173

1. 配偶者暴力防止法

（1）配偶者暴力とその保護

　先に述べた通り，配偶者暴力防止法は，配偶者暴力の防止とその被害者の保護を目的とした法律である。配偶者暴力は，単なる暴力の加害−被害にとどまらず，人権的な問題や男女平等を阻害する問題であることが，前文で指摘されている。

> 配偶者からの暴力は，犯罪となる行為をも含む重大な人権侵害であるにもかかわらず，被害者の救済が必ずしも十分に行われてこなかった。また，配偶者からの暴力の被害者は，多くの場合女性であり，経済的自立が困難である女性に対して配偶者が暴力を加えることは，個人の尊厳を害し，男女平等の実現の妨げとなっている。
>
> （配偶者暴力防止法　前文）

　このような問題意識のもとで成立した法律が配偶者暴力防止法である。この法律では，配偶者からの暴力（以下，配偶者暴力）について以下のように規定している。

> この法律において「配偶者からの暴力」とは，配偶者からの身体に対する暴力（身体に対する不法な攻撃であって生命又は身体に危害を及ぼすものをいう。以下同じ。）又はこれに準ずる心身に有害な影響を及ぼす言動をいい，配偶者からの身体に対する暴力等を受けた後に，その者が離婚をし，又はその婚姻が取り消された場合にあっては，当該配偶者であった者から引き続き受ける身体に対する暴力等を含むものとする。
>
> （配偶者暴力防止法　第1条第1項抜粋）

　ここでいう配偶者とは，法的な婚姻関係にある者だけでなく，事実婚や内縁関係も含まれており，そのため，離婚には婚姻届けを出していない事実婚などの者たちが別れた場合も含まれるとしている（第1条第3項）。事実婚は，法的には明確な規定はないが，一般的には，婚姻届を出していないが互いに婚姻の意思をもっており，共同生活を営んでおり（同居している，生計をひとつにしているなど），社会的に夫婦とみなされているという要件が満たされると，事実婚であると認められている。法的な婚姻関係や事実婚において，配偶者によって行われる身体的な暴力や心身に有害な影響を及ぼす言動が「配偶者暴力」であるとされ

ている。婚姻関係や事実婚関係であった際に受けていた暴力や言動が，離婚後も継続している場合も「配偶者暴力」として，配偶者暴力防止法が適用される。なお，恋愛関係における暴力などは「デートDV」と呼ばれて，広く知られている。配偶者暴力防止法では，同居している場合を適用範囲としているため，同居・同棲している恋愛関係における暴力は「配偶者暴力」とみなされるが，同居していない場合は配偶者暴力防止法の適用範囲外となる。

　配偶者暴力の防止や被害者の保護のための施策について，内閣総理大臣，国家公安委員会，法務大臣，厚生労働大臣は「基本方針」を定めなければならず（第2条の2），都道府県は「都道府県基本計画」を定めなければならず（第2条の3），市町村（特別区含む）は「市町村基本計画」を定めるよう努めなければならない（第2条の3第3項）。

　配偶者暴力の相談や支援を行う機関は，**配偶者暴力相談支援センター**である。都道府県はそれぞれが設置する**女性相談支援センター**^{メモ}などに配偶者暴力相談支援センターの機能を果たすようにすることが求められている（第3条第1項）。配偶者暴力相談支援センターの業務としては，以下の6つがあげられている。

> **✎メモ**
>
> **女性相談支援センター**
>
> 「困難な問題を抱える女性への支援に関する法律」（女性支援新法）第9条に基づいて各都道府県に設置されている施設で，配偶者からの暴力の被害を受けた女性など困難な問題を抱える女性に関する様々な相談を受け付けている。

　○相談や相談機関の紹介
　○カウンセリング
　○被害者及び同伴者の緊急時における安全の確保及び一時保護
　○自立して生活することを促進するための情報提供その他の援助
　○被害者を居住させ保護する施設の利用についての情報提供その他の援助
　○保護命令制度の利用についての情報提供その他の援助

　被害者に対する相談などについては，**女性相談支援員**^{メモ}が行う（第4条）。また，**一時保護**については，女性相談支援センター（配偶者暴力相談支援センター）の一時保護所（第3条第3項第3号）や**女性自立支援施設**^{メモ}（第5条）で行うことができる。

1. 配偶者暴力防止法　　**175**

配偶者からの暴力を受けている者を
発見した者は，配偶者暴力相談支援セン
ターや警察官に通報することができる。
この場合，その者の意思を尊重するよう
努めることが求められており（努力義務：
第6条第1項），また医師など医療関係者
は，配偶者からの暴力によって負傷し
た，あるいは疾病にかかったと認められ
る者を発見したときには，被害者の意思
を尊重したうえで，配偶者暴力相談支援

> **✎メモ**
>
> **女性相談支援員**
>
> 婦人相談員が名称変更をしたもので，困難な問題を抱える女性の発見に努め，その立場に立って相談に応じ，専門的技術に基づいて必要な支援を行うものであり，女性支援新法第11条に規定されている。

> **✎メモ**
>
> **女性自立支援施設**
>
> 婦人保護施設が名称変更をしたもので，困難な問題を抱える女性の意向を踏まえながら，入所，保護，医学的・心理学的な援助，自立の促進のための生活支援，退所した者の相談等も行う施設であり，女性支援新法第12条に規定されている。

センターや警察官に通報することができるとともに（第6条第2項），被
害者に対して配偶者暴力相談支援センター等の利用について情報提供
をすることが求められている（努力義務：第6条第4項）。この際，秘密漏
示罪など守秘義務には抵触しないことが示されている（第6条第3項）。
ただし，配偶者からの暴力の発見者による通報等に関わる第6条の規
定は，「配偶者又は配偶者であった者からの身体に対する暴力に限る」
（第6条第1項）とされており，精神的な暴力については含まれていない。
また，児童虐待の防止等に関する法律（以下，児童虐待防止法）などの虐待
防止法では「虐待を受けたと思われる」（第5条・6条）あり，いじめ防止
対策推進法では「いじめを受けていると思われるときは」（第8条・23
条）などとあり，虐待やいじめが予見される時点での通報・通告を求め
ている。しかし，配偶者暴力防止法第6条には「暴力を受けている
と思われる」のような予見に関する記載はなく，配偶者の暴力を受け
ていることが明らかである場合のみ通報を求めている（実際には予見され
た時点で通報することもある）。

配偶者暴力相談支援センターは，配偶者暴力についての通報や相談
を受けた場合には，被害者に対し配偶者暴力相談支援センターの業務
の内容について説明・助言を行うとともに，必要な保護を受けること
を勧奨することが求められている（第7条）。また，被害者の保護のた
めに，配偶者暴力相談支援センター，都道府県警察，福祉事務所，児
童相談所その他の関係機関は相互に連携を図り協力することが求めら

れている (第9条)。

(2) 保護命令

保護命令とは，配偶者暴力の被害者を保護するために，加害者に対して地方裁判所から出される命令のことである。保護命令は，配偶者からの身体に対する暴力や生命等に対する脅迫 (被害者の生命や身体に対し害を加えることを告知するもの) を受けた被害者が，引き続き身体に対する暴力を受けることで生命や身体に重大な危害を受けるおそれが大きいときに，地方裁判所に申し立てて発令されるものである (第10条)。保護命令の対象範囲は，婚姻関係にある者，事実婚・内縁関係にある者，同居・同棲中の交際相手，関係解消後も継続して身体に対する暴力や脅迫を受けている者となる。保護命令も先の通報と同様に，精神的な暴力は含まれていない。また，婚姻中や事実婚・内縁関係中，同棲中に身体に対する暴力や脅迫を受けていることが要件となっているため，関係解消後に初めて身体に対する暴力や脅迫を受けた者は保護命令の対象とはならない (暴行罪，傷害罪，脅迫罪などの刑法や，ストーカー行為等の規制等に関する法律 (ストーカー規制法) などで対応することになる)。

保護命令には表8-1に示す内容がある。基本となるのは，被害者への接近禁止命令である。加害者が被害者に近づいたり，つきまとったり，住居や職場，駅など日常生活・社会生活を過ごす場所を徘徊してはならないということである。ただし，どのくらいの距離まで近づいたら「接近」とみなすのかについては定められていない。

接近禁止命令は物理的に近づくことを禁止する命令であるが，直接近寄らなくても，電話やメールなどを用いて連絡をとろうとしたり，被害者が嫌がるような物を郵送したりするなどの行為が行われることもある。そのため，接近禁止命令の実効性を確保するために出される命令が，電話等禁止命令である。電話等禁止命令は単独で申請することはできず，接近禁止命令と同時，もしくは接近禁止命令発令後に申請し，発令されることになる。

被害者にとっては，自分自身に危害が及ぶことも恐怖であるが，加害者が自分の子どもに接触し危害を加えたり，連れ去ったりすること

表 8-1　保護命令の種類と禁止事項

禁止命令	禁止事項	期間	条項
接近禁止命令	被害者へのつきまといや被害者の住居，勤務先等の近くを徘徊すること。	1 年間	第10条第1項第1号
電話等禁止命令	面会を要求すること。	接近禁止命令の効力が生じた日から1年間を経過するまでの間	第10条第2項第1号
	その行動を監視していると思わせるような事項を告げ，またはその知り得る状態に置くこと。		第10条第2項第2号
	著しく粗野または乱暴な言動をすること。		第10条第2項第3号
	電話をかけて何も告げず，または緊急やむを得ない場合を除き，連続して，電話をかけ，通信文等をファクシミリ装置を用いて送信し，または電子メールを送信すること。		第10条第2項第4号
	緊急やむを得ない場合を除き，午後10時から午前6時までの間に，電話をかけ，通信文等をファクシミリ装置を用いて送信し，または電子メールを送信すること。		第10条第2項第5号
	汚物，動物の死体その他の著しく不快または嫌悪の情を催させるような物を送付し，またはその知り得る状態に置くこと。		第10条第2項第6号
	その名誉を害する事項を告げ，またはその知り得る状態に置くこと。		第10条第2項第7号
	その性的羞恥心を害する事項を告げ，もしくはその知り得る状態に置き，その性的羞恥心を害する文書，図画その他の物を送付し，もしくはその知り得る状態に置くこと。		第10条第2項第8号
同居の子への接近禁止命令	被害者と同居する未成年の子へのつきまといや子の学校等の近くを徘徊すること。		第10条第3項
被害者の親族等への接近禁止命令	被害者の親族その他被害者と社会生活において密接な関係を有する者へのつきまといや住居，勤務先等の近くを徘徊すること。		第10条第4項
退去命令	同居している住居から退去させ，その住居の周辺を徘徊すること。	2 か月	第10条第1項第2号

も不安を生じさせる。また，自分に対する加害や保護命令を出された怒りが自分の親族や親しい友人，職場の同僚等に向くのではないかという懸念もある。そのために，同居の子への接近禁止命令や被害者の

親族等への接近禁止命令が発令される。これによって，子どもや親族，友人などを守ることができ，また親族や友人などに飛び火することを防ぐことで，被害者の社会的な関係が維持されることにもつながる。なお，子が15歳以上の場合は，その子の同意がなければ子への接近禁止命令を出すことはできず，親族等への接近禁止命令についても親族などからの同意が必要となる（第10条3項・5項）。

　配偶者暴力が生じている場合，被害者と加害者が同居していることも十分考えられる。そのため，保護命令のなかには，同居している住居から加害者を退去させる退去命令も含まれている。退去命令の期間は2か月間である（第10条の2）ため，退去命令を出されても2か月後には加害者が戻ってくることになる。そのため，被害者はこの2か月の間に，今後の住居を探したり，財産整理を行ったりすることになる。

　これら保護命令の期間が終了した際に，継続して身体に対する暴力がふるわれるおそれが大きい場合は，保護命令が発出された際に根拠となった暴力等を原因として，再度保護命令を申し立てることになる。これは延長や更新とは異なるため，新たな事件として審理される。

　加害者がこれらの保護命令に違反した場合には，2年以下の懲役または200万円以下の罰金が科せられる（第29条）。

2. 配偶者暴力の心理

　夫婦によってそれぞれ事情はあるが，それでも夫婦という関係になることを選んだ者が暴力をふるったりするのはなぜなのか，また暴力をふるわれたほうはなぜ逃げないのかなど，配偶者暴力については，さまざまな疑問がもたれることがある。時には，「逃げないほうが悪い」のように被害者に対する偏見が生じる場合もある。

　ここでは，内閣府男女共同参画局ホームページ内の「配偶者からの暴力被害者支援情報」（内閣府男女共同参画局, n. d.）に掲載されている内容を中心に，配偶者暴力について説明する。

表 8-2　配偶者暴力の形態とその具体例

形態	説明	具体例
身体的なもの	殴ったり蹴ったりするなど，直接何らかの有形力を行使するもの。	平手で打つ，足で蹴る，体を傷つける可能性のあるもので殴る，刃物などの凶器を体につきつける，髪をひっぱる，物を投げつける　など
精神的なもの	心ない言動等により，相手の心を傷つけるもの。	大声でどなる，「誰のおかげで生活できるんだ」「かいしょうなし」などと言う，何を言っても無視して口をきかない，人前でバカにしたり命令したりするような口調でものを言ったりする，生活費を渡さない，子どもに危害を加えると言って脅す　など
性的なもの	嫌がっているのに性的行為を強要する，中絶を強要する，避妊に協力しないといったもの。	見たくないのにポルノビデオやポルノ雑誌を見せる，嫌がっているのに性行為を強要する，中絶を強要する，避妊に協力しない　など

資料出所：内閣府ホームページ（https://www.gender.go.jp/policy/no_violence/e-vaw/dv/02.html）より作成

（1）配偶者暴力の形態とその影響

　先にあげたように配偶者暴力とは，配偶者からの身体に対する暴力やそれに準ずる心身に有害な影響を及ぼす言動のことである。では，具体的にはどのような行為のことを指すのか。内閣府男女共同参画局(n. d.) では，「身体的なもの」「精神的なもの」「性的なもの」に分けて説明している（表8-2）。また，より詳細に，「身体的暴力」「精神的暴力」「経済的暴力／制限」「社会的暴力／制限」「性的暴力」「子どもを利用した暴力」という 6 種類に分けられる場合もある。「経済的暴力／制限」は「生活費を渡さない」「仕事に行かせない／辞めさせる」など経済活動を妨害する行為であり，「社会的暴力／制限」は「友人との電話やメールを認めない」「外出させない」など対人関係や社会的行動を阻む行為である。「子どもを利用した暴力」には「子どもの前で暴力をふるう」「子どもの前でバカにする」「子どもに相手の悪口を吹き込む」などがある。このような暴力は，単独で起こることもあるが，多くは複数が同時に起こることがある。また，これらの暴力には刑法などより規定されている行為が含まれており（たとえば，刑法第204条の傷害や，刑法177条の不同意性交等罪など），これらの法律によって処罰されることもある。

　配偶者から殴られたり，蹴られたりすれば打撲や骨折などが生じ，

180　┃　第 8 章　配偶者による暴力から守る：配偶者暴力防止法

無理やり性行為をされれば，性器などに受傷することもある。ほかにも，身体的な影響としては，慢性疼痛や食欲不振，体重減少，機能性消化器疾患，高血圧，免疫機能の低下などが報告されている（加茂，2021）。また暴力を受けることによって，精神疾患をはじめとした精神的影響が生じることも指摘されている。具体的には，暴力に抵抗ができない，配偶者から逃げられないということで無力感を抱いたり，暴力により日々の生活を楽しめないという気持ちになったりする。そのような状態が継続することにより，うつ病を発症することがある。また，暴力を受けることにより，適応反応症（適応障害）やPTSD（心的外傷後ストレス症／障害），解離症などを発症したりすることもある。アルコール依存や薬物乱用も認められ，自殺傾向・自殺企図が生じるおそれもある。

　また家庭内で配偶者暴力が行われると，それを子どもが目撃することもある。子どもの前で暴力をふるうなどの行為は「**面前DV**」と呼ばれ，児童虐待のうちの心理的虐待に含まれる（児童虐待防止法第2条第4項）。そのため，子どもにも，不眠や腹痛，落ち込み，不安，集中力の欠如のようなストレス反応が生じることがある。なかには，暴力を用いて相手を思い通りにすることが正しい方法であると誤学習してしまう子どもや，感情表現などが不適切であったり，自己統制がうまくできなかったりするなどの問題を示す子どももみられる。

（2）加害者の特徴

　配偶者に暴力等を行う加害者の特徴については，「一定のタイプはない」（内閣府，n. d.）とされている。のちに紹介するように，内閣府の統計では，女性のほうが男性よりも圧倒的に配偶者暴力について被害相談をしていることから，男性のほうが加害する可能性は高いといえる。しかし，「男なのに妻に暴力をふるわれているなんてカッコ悪い」などのように，男性が暴力をふるわれたり，それについて相談したりすることに対する偏見が一定程度存在する。また，女性に比べると男性のほうが経済力がある場合が多く，相談する前に逃げることもできる。これらから，相談件数だけをみて男性が加害者，女性が加害者と

決めつけることは適切ではない。

　また，攻撃性や衝動性の高いパーソナリティの者は，配偶者に限らず，暴力・暴言などを行い，他者とトラブルを起こしやすいと考えられる。一方で，優しく人当たりがよい者，不安や心配が強い者，リーダーシップがある者も加害行為を行うことがある。また，経済的に裕福な者，社会的な信用がある者でも加害行為をすることがあるため，安易に「○○だから暴力をふるうのだろう」と思い込むことは避けなければならない。

　アルコール依存や薬物依存，パーソナリティ症／障害（反社会性，ボーダーライン，自己愛性など），双極症の躁病エピソード時など，精神疾患を有している者が加害行為を行うことがある。しかし，これらの精神疾患において配偶者に対する暴力は主要な症状ではないため，これらの精神疾患を有しているからといって必ず配偶者に対する暴力を行うわけではない。

(3) 配偶者暴力のサイクル

　加害者は常に配偶者に暴力をふるっているわけではない。配偶者暴力には，一般的に，緊張期，爆発期，ハネムーン期と呼ばれる3つの時期を繰り返すサイクルがあるとされている（図8-1）。緊張期は，過労や対人トラブルなどストレスによってイライラが募る時期である。この時期に適切な対処ができれば，配偶者暴力に至ることはない。しかし，イライラが募り，我慢しきれなくなると，身近な存在である配偶者にそのイライラをぶつける（暴力や暴言などを行う）ことになる。これが爆発期である。配偶者への暴力や暴言などによってイライラが解消されると，加害者も我に返って自分がしてしまったことを後悔するようになる。被害者に対して謝罪をし，過剰なまでに優しくしたりする（高価なプレゼントを買ってくるなど）。「もう二度と暴力はふるわない」などと約束することもある。被害者も「そんなに言うなら……」と許し，一時的に2人の仲は改善する（ようにみえる）。これをハネムーン期と呼ぶ。

　しかし，このハネムーン期は長くは続かない。またイライラが募る緊張期が来る。配偶者への暴力などによってこのイライラが解消され

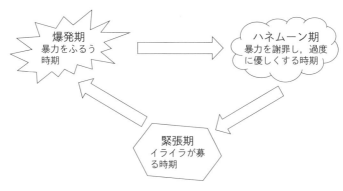

図 8-1　配偶者間暴力のサイクル

ることを知ってしまったため，前回に比べて暴力をふるうことへの抵抗が少なくなり，すぐに爆発期が生じる。その後ハネムーン期が訪れるが，またすぐに緊張期が来て，爆発期が来て……と繰り返す。しかも，徐々に緊張期は短くなり，ちょっとしたイライラによってすぐに暴力をふるう爆発期が来る。最初は一発殴っただけで我に返っていたが，繰り返すうちに，一発では収まらず，二発，三発と暴力はどんどん激しくなっていく。それに対して，ハネムーン期は徐々に消失し，最終的には極めて短い緊張期と長く激しい爆発期だけになってしまうのである。

(4) 被害者はなぜ逃げられないのか

　暴力や暴言などをふるわれる被害者はなぜ加害者から逃げないのか？　という問いは，配偶者暴力ではよく聞かれる問いである。なかには，逃げない被害者も悪いという心ない言葉まで聞かれる。しかしこれは，暴力をふるわれたら逃げればいいというような簡単な話ではない。

　被害者は逃げた後も生活をしていかなければならない。しかし，収入や財産を加害者に押さえられている状況では，逃げた先での生活もままならない。働いている場合には，仕事を辞めなければならなかったり，これまで築いてきた人間関係を失ったりするおそれもある。子

どもがいる場合には，子どもの安全や学校の問題があり，子どもを連れて逃げた場合にも，先の経済的な問題などから，子どもを不幸にしてしまうことを考え，逃げることを決断するのが難しくなる。

このような実際的な問題に加え，逃げられない心理も生じている。先に述べたように，配偶者暴力では，暴力の後にハネムーン期という加害者が優しくなる時期がある。このハネムーン期があるため，「本当は優しい人なの」「今は仕事が忙しくてイライラしているから」と，暴力を正面から受け止めようとしない。このハネムーン期が強化子となり，暴力を我慢してしまうことになる。この状況は学習理論における**間欠強化**であるといえる。間欠強化とは，ギャンブルのように，たまによいことが(強化子)があるからやめられないというという状況であり，消去(その行為をやめること)が困難であるとされている。つまり，たまに訪れる優しさのために被害者が暴力を受けることを我慢するということが起こってしまうのである。

また，何度逃げようとしても結局加害者に居所を特定され，連れ戻されることが繰り返されると，逃げても無駄なんだと思うようになる。逃げることに対して**学習性無力感**が生じてしまい，徐々に逃げることをせずに甘んじて暴力を受けることになっていく。

なかには，「イライラしているときに余計なことを言った私が悪かった」のように暴力を自分のせいにしたり，「私に暴力をふるうことで，あの人はほかの人に暴力をふるわずに済んでいる」のように，自分が暴力をふるわせてあげている，自分が相手を支えていると思い込む者もいる。このような状態は，加害者は暴力をふるうことで相手に依存し，被害者はこのように思うことで相手に依存している共依存関係になっているといえ，この状態になってしまうと，被害者から助けを求めることは難しくなってしまう。

このように，被害者が加害者から逃げないのには，実際的な問題と心理的な問題の両方が複雑に関わっている。被害者を支援する者は，このような複雑な状態を丁寧に紐解き，実際的な問題を解決していくとともに，心理的な問題を生じさせている認知を修正していくことが求められる。

184 ┃ 第8章 配偶者による暴力から守る：配偶者暴力防止法

3. 配偶者暴力の現状

（1）配偶者からの暴力（DV）に関する相談件数等

　内閣府男女共同参画局（2023b）の「配偶者暴力相談支援センターにおける相談件数等（令和4年度分）」（表8-3）における実人員をみると，男性が2,637名であったのに対し，女性は71,712名であり，男性の30倍に近い。先も述べたように，これをもって男性が加害者，女性が被害者と考えることは避けるべきであるが，実際に相談をしてくる者のほとんどが女性であることは理解しておくべきである。配偶者暴力相談支援センターにおける相談件数は，2021（令和2）年度に過去最多の129,491件を記録したが，2022（令和3）年度はわずかに減少し122,478件になっている。

　また，内閣府男女共同参画局（2024a）の「男女間における暴力に関する調査　報告書」によると，配偶者からの被害経験について「何度もあった」「1，2度あった」と回答している者は，女性で27.5%，男性で22.0%であった。暴力の種類をみると，女性では身体的暴行が15.0%（「何度もあった」「1，2度あった」の合計；以下同様），心理的攻撃が19.9%であった。男性では，身体的暴行が11.5%，心理的攻撃が15.5%となっている。

　配偶者からの暴力の相談先（図8-2）の総数としては，「友人・知人に相談した」や「家族や親戚に相談した」など身近な人に相談している場合が多く，警察や民間の専門家・専門機関，配偶者暴力相談支援センターなどへの相談はかなり少ない。また，「どこ（誰）にも相談しなかった」が最も多くなっており，配偶者暴力の被害者がどこ（誰）ともつながっていないことが浮き彫りとなっている。

　内閣府男女共同参画局（2024b）の「男女共同参画白書　令和6年度版」には，配偶者暴力等に対する保護命令事件の処理状況等の推移が掲載されている（図8-3）。これをみると，保護命令の申し立て件数は減少傾向にあり，それに伴って「認容」（保護命令発令）も減少している。

表8-3 配偶者暴力相談支援センターにおける相談件数等 (内閣府男女共同参画局, 2023b)

	実人員				相談件数									
		性別				性別			加害者との関係					
									配偶者				生活の本拠を共にする(した)	
	総数	女	男	その他	総数	女	男	その他	届出あり	届出なし	届出有無不明	離婚済	交際相手	元交際相手
総 数	74,373	71,712	2,637	24	122,211	118,946	3,211	54	96,967	3,111	1,020	16,933	3,091	1,089
来 所	22,175	21,737	436	2	35,692	35,129	558	5	26,539	1,042	182	6,953	642	334
電 話	49,381	47,216	2,149	16	81,173	78,544	2,587	42	66,309	1,846	801	9,302	2,229	686
その他	2,817	2,759	52	6	5,346	5,273	66	7	4,119	223	37	678	220	69

図 8-2　配偶者からの暴力の相談先（複数回答）（内閣府男女共同参画局，2024a）

注）「上記（1〜4）以外の公的な機関」とは，下記以外の公的な機関を指す．
1. 配偶者暴力相談支援センター（婦人相談所等）や男女共同参画センター
2. 警察
3. 民生委員・児童委員
4. 法務局，人権擁護委員

3．配偶者暴力の現状　187

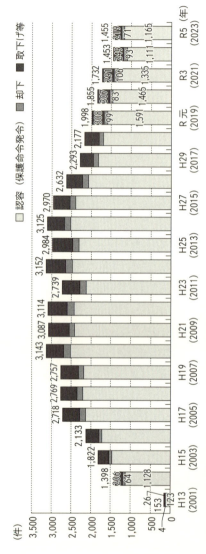

図 8-3 配偶者暴力等に関する保護命令事件の処理状況等の推移 (内閣府男女共同参画局、2024b)

事例を読む

配偶者暴力被害者の理解と支援

　ある日，医療機関から配偶者暴力相談支援センターに，背中の広範囲にわたって熱傷と多数の打撲痕がみられる永山さん（21歳）が配偶者暴力の被害を受けている可能性があると連絡があった。センターで相談員として働く公認心理師の黒川さんが医療機関に行き，永山さんと面談することになった。永山さんは夫と3年前に出会い，すぐに交際が始まり，半年後の妊娠を機に結婚をした。しかし夫は妊娠した永山さんを気遣うことはなかった。結局，胎児の染色体異常により流産となったが，それ以降，「子どもの一人も生めないのか」「子どもをもつ資格がないダメ女ってことだな」などと言われるようになったという。しかし，これらのことに対して永山さんは「私が悪いから仕方ないですよね」と歪んだ笑顔で話した。今回の熱傷などの経緯を尋ねると，「私が夫の機嫌を損ねるようなことを言ったのだから，私が悪い」「夫は普段はとても優しいのに，私がダメだから仕方がない」と語った。

　永山さんは早期の帰宅を希望したが，医師の判断により1か月程度の入院となった。入院中，永山さんはシャワーを浴びることを強く拒否し，シャワーの音を聞くだけで体が震えていた。また，物音に対して敏感で，寝つきも悪く，何度も目を覚ます様子がみられた。日中も表情が暗く，無言で過ごすことが多かった。黒川さんが何度か面談に訪れたが，「早く夫のもとに帰らなければ」「私は夫からDVなんて受けていない」など自分の思いだけを繰り返し主張した。なお，夫は入院当初に入院手続きに来ただけで，その後の面会には来ていない。

　永山さんの熱傷や打撲は入院が必要ないほどに回復をし，退院が近づいてきた。黒川さんは夫のいる自宅に戻ることは危険であることを伝えるが，永山さんは退院後は帰宅しようと考えているようであった。

STEP1：配偶者暴力からの離脱へのプロセスを理解する

　配偶者暴力（以下，DV）の被害者に対する支援は，非常に多様なもので

189

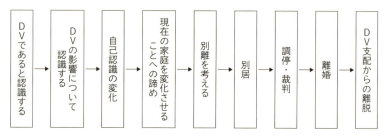

図 8-4　DV からの離脱へのプロセス（佐藤，2020 より作成）

ある。永山さんのように怪我などがある場合には，それを治療するという身体的な支援が必要である。また，暴力をふるう加害者から物理的に離れ，新たな環境で安心して生活ができるようにするための環境的・生活的な支援も必要となる。環境的・生活的支援には，生活をしていくためのお金を賄うという経済的な支援も含まれる。当然，抑うつや不安のような否定的感情，PTSD（心的外傷後ストレス障害）や解離症のような精神疾患，自己評価の低下，加害者への依存，他者に対する不信感など，DVの被害者にはさまざまな心理的な問題が生じるため，心理的な支援も必要となってくる。

　これらの支援は実際には同時並行的に行われなければならないが，佐藤（2020）は心理的支援に焦点を当てて，図 8-4 のような DV からの離脱へのプロセスを示している。ここでは，このプロセスモデルをもとに説明していく。

　支援においてまず求められるのは，被害者が DV を受けていることを認識することである。永山さんのように損傷が生じるような身体的な暴力の場合は DV を受けていると認識しやすいが，精神的な暴力や社会的な制約などは DV と認識しにくい場合もある。相手から受けた言動を具体的にあげていき，資料やチェックリストなどと照らし合わせていくことで，自分が受けてきた行為を客観視して，DV の被害に遭っていることを自覚できるようになっていく。

　DV であると認識することとほぼ同時に，DV の影響について認識してもらうことも重要である。DV を受けると，自尊感情が低下し，相手の要求に従うようになってしまう。永山さんのように入院することで生

活が（一定期間）制限されることがあったり，社会的な制約を受けていれば友人が減ったりもする。相手と交際・結婚する前と比べて，自己像や自分の生活，人間関係がどのように変わっていったのか（たいていは悪化している）を明らかにすることで，自分が今受けている行為（DV）は解決しなければならない問題であるとの認識を高めることができるようになる。なお，当初は DV であることを認識できなくても，このような DV による影響を具体的にしていくことで，DV を受けていることを認識できるようになる場合もある。

　DV を受けていることやそれによって生じている影響を認識するとき，「自分が悪かったから」「自分が耐えればよい」のように，罪悪感や自己犠牲に関わる発言が生じてくることがある。このような自己認識をもっている限り，加害者のもとに戻れば，また被害を受けることになる。「自分は悪くない」「自分はできる」など自己に対する肯定的な認識をもてるように自己認識を修正していくとともに，「もっと○○したい」「××しないようにしたい」など将来に対する変化や目標に関する発言ができるように指示していく必要がある。

　人は自分の判断に対して一貫性をもった行動をしたいと考える傾向がある。相手を配偶者として結婚したのは被害者自身である。そのため，その相手と別れることは，以前の自分の判断とは一貫性をもたないため，抵抗が強い。そのように思う被害者ほど，「相手に変わってほしい」「○○すれば夫は変わってくれるかもしれない」のように，夫婦関係を維持したまま今の関係性（夫婦関係の質）を変えようとする。しかし，人はそう簡単に変わるものではない。少なくとも，これまでのように同居をしたまま，夫婦関係の質を変えることは困難である。これまで暴力や暴言で抑制されてきた被害者が，加害者に対して意見を言い，それを加害者が受け入れることは想像しがたい。そのように考えると，一時的であっても加害者と離れて生活することが必要となる。加害者と離れ，「暴力のない生活」を経験することによって，「今まで自分は何をしてきたのか」「どうして早く離れる（逃げる）ことを選ばなかったのか」と，自分が置かれている状況を客観視することができるようになる。

　一方，先にも述べたように，DV の被害者は自尊感情が低下している

事例を読む：配偶者暴力被害者の理解と支援　┃　191

ため，「夫から離れることはできないのではないか」「夫と別れるなんて，夫に申し訳ない」など無力感や罪悪感を抱くこともある。また加害者から「お前が一人で生きていけるわけがない」「お前は一人では何もできない」など，さらなる暴言にさらされることで，今後の生活に不安を抱き，別離に対する思いが揺らぐことがある。心理職としては，このような被害者の心理状況を把握し，被害者の現状を客観的に示しながら，自尊感情を下支えすることが求められる。同時に，一時保護や民間のシェルター，その他の関係機関へつなぐなど，具体的な方策を提案することも必要となる。

STEP2：関係機関との連携

　DV の支援においては，心理的な支援だけでなく，実生活的な支援や法的な支援も必要となってくる。どのような機関との連携が必要なのかを知っておくことは，実効的な支援を行ううえで重要となってくる。

　加害者との別離・別居あるいは離婚を決断した場合，被害者 (特に女性) において問題となるのは，生活の拠点である。配偶者暴力相談支援センター (婦人相談所) では一時保護を行っているが，一時保護の期間は 2 週間から 3 週間である。その後は，婦人保護施設や母子生活支援施設，その他の社会福祉施設などに移行していくこととなる。なかには一人暮らしや実家に帰るなどの選択をする者もいる一方，加害者のいる自宅に戻る者もいる。どのような生活を被害者が求めているのか，それぞれの場での生活で被害者ができることや，何に対して困難・不安を抱くのかを明らかにしながら，次の生活の場を考えていく必要がある。

　被害者に経済的な自立が困難な場合には，生活保護や生活福祉資金貸付制度などの経済的支援を申請する必要がある。子どもを伴っている場合には，児童手当・児童扶養手当の申請も必要となる場合がある。住居については，公営住宅への入居も可能である。これらは各自治体の福祉関連窓口での申請・申し込みが必要となる。ハローワークでは，仕事を探したり，就職のための訓練を受けたりすることもできる。どのような公的支援が受けられるのか，何をどこに申請すればよいのかを事前に把握しておくことが求められる。

192 ┃ 第 8 章　配偶者による暴力から守る：配偶者暴力防止法

DV 被害者には，永山さんのように身体的な損傷が生じているだけでなく，心理的な問題が生じていることが少なくない。PTSD や適応反応症，うつ病，解離症などの精神疾患は，精神科医による医療（薬物療法含む）や専門的な心理職による心理療法が必要となる。専門的な医療や心理療法などに早期につなげるためにも，実施可能な医療機関などと普段から関係を築いておく必要がある。

先に説明したように，加害者に対しては配偶者暴力防止法に基づいて保護命令を発出することができる。また，被害者が離婚を望んでも加害者にそれを受け入れてもらえない場合，家庭裁判所に離婚の調停や裁判離婚を申し立てることができる（離婚については第 9 章参照）。保護命令や離婚の調停などは家庭裁判所に申し立てる必要がある。これらの申し立ては本人だけでもできるが，弁護士に相談したり，助言をもらったりすることで，被害者の負担を減らし，スムーズに進めることができる。法律相談センターや犯罪被害者支援センター，日本司法支援センター（法テラス）で無料の相談，弁護士の紹介などをしてもらうことができる。また，弁護士費用等については立て替え制度も利用できる。

加害者による「つきまとい等」や「ストーカー行為」に対しては，警察がストーカー規制法に基づいて警告や禁止命令等の措置を講ずることができる。また，傷害や脅迫など刑罰法令に触れる行為に対しては，警察に被害届を提出することにより，刑事事件手続きを進めることができる。

これら以外にも，引っ越しなどによる住所変更などの行政的な手続き，銀行や携帯電話の契約，郵便物の転送など細々とした，しかし重要な手続きもある。被害者に子どもがいる場合には，子どもの保育，学校（転校など）の手続き，子どもに対するメンタルケアなども生じてくるため，連携機関はさらに増えることになる。連携機関が増えることで，被害者に生じる多くの問題を幅広く支援・対応することにつながる一方，被害者の心理的・時間的・労力的な負担が増えることも考えられる。また，これら連携機関によって個人情報の扱いが異なる可能性があり，時にはこの個人情報の扱いの違いによって，加害者に被害者の転居先が明らかになることもある。これらの負担や懸念にも配慮しながら，被害者が新たな生活を送れるように支えていくことが求められるのである。

事例を読む：配偶者暴力被害者の理解と支援 　193

ワーク 8

事 例

　稲城さんは大学 3 年生の男性である。ある日，指導教員の橋本先生に連れられ学生相談センターのカウンセラーの大沢さんのもとを訪れた。稲城さんはもともと活発で友人も多い学生であったが，3 か月くらい前から表情が暗くなり，大学内でほかの学生と話しているのを見かけなくなり，ゼミが終わるとすぐに帰ってしまう。何か困っていることがあるのかと尋ねても，「大したことないです」というだけであるが，橋本先生にはあまり大丈夫な様子に見えなかったため，本人とも相談して，学生相談センターに連れてきた。

　橋本先生が退室した後，大沢さんが稲城さんと話をしたところ，以下のように話した。稲城さんは 4 か月前に恋人ができたが，その恋人はいつでも稲城さんと連絡をとりたがり，授業中でも連絡を返さないと電話で泣き叫んだりする。同性異性問わず，稲城さんが恋人以外の人と話したりすることも好まず，「ほかの人と会っている時間があるなら私と一緒にいて」と言うため，授業が終わるとすぐに恋人のもとに向かうようにしている。恋人の要望に合わせているため，課題が終わらないこともあり，アルバイトも辞めてしまった。それでも自分は恋人のことが好きだし，恋人も自分（稲城さん）のことが好きだからこそ，「会いたい」「一緒にいたい」とわがままを言って甘えてくれている。だから今のままでよいと言った。

考えてみよう！

　稲城さんは恋人の言動を「わがまま」「甘え」と言っています。恋愛関係においてどこまでが「わがまま」「甘え」で，どこからがデート DV になるのか，具体的な行動をあげて考えてみましょう。

話し合ってみよう！

　男性も DV やデート DV の被害者になることはあるが，図 8-2 で示したように，男性の半数以上は DV 被害について相談していません。女性に比べて男性はどうして DV 被害を相談しないのでしょうか。また男性が DV 被害を相談しやすくするためにはどうしたらいいでしょうか。話し合ってみましょう。

ロールプレイをしてみよう！

　「事例を読む」で示した DV からの離脱プロセスを念頭に，稲城さん自身が DV を受けていることを自覚できることを目指して，稲城さんとカウンセラーの大沢さんが面談をする場面を想定して，ロールプレイをしましょう。

194 ┃ 第 8 章　配偶者による暴力から守る：配偶者暴力防止法

Column 8 加害者をどのように更生させていくのか？

　本文でも説明したように，DV加害者に対しては，裁判所からの保護命令が出されることがあり，また刑罰法令に抵触するようであれば，刑法に基づいて罰せられることになる。一方で，DVを特別に処罰するための法律はなく，刑事施設等ではDV加害者に特化したプログラムなどが行われているわけではない。

　海外では，DV加害者に対して更生プログラムを義務づけている国や地域もある。たとえば，イギリスでは，刑罰のひとつとして社会更生命令があり，その命令の際に裁判所から付される遵守事項のなかに加害者更生プログラムの受講が盛り込まれている。ドイツでは，保護観察付執行猶予とする際の遵守事項や指示事項のなかに加害者更生プログラムの受講を含めることができるとされている。アメリカ（カリフォルニア州）では，加害者が逮捕された後，裁判における冒頭手続きで保釈となった場合に，加害者更生プログラムを条件に加えることができる。また，裁判で執行猶予とする場合にも，裁判官が加害者更生プログラムの受講を命ずることができる。

　このように海外では，加害者に対して更生プログラムの受講を課している国や地域がある。日本でも，加害者更生プログラム導入の動きは進んでおり，2020年度から2022年度にかけて加害者プログラムが試行的に実施され，2023年5月には，地方公共団体が加害者プログラムを実施する際の留意事項をまとめた「配偶者暴力加害者プログラム　実施のための留意事項」（内閣府男女共同参画局，2023a）が配布されている。しかし，現時点で，裁判所が加害者に対して更生プログラムの受講を義務づけることはされておらず，今後も検討が必要な状態となっている。

　また，このような更生プログラムの受講に関しては，ドロップアウト率の高さが指摘されている。加害者からすると，更生プログラムを受けるのは，執行猶予を得るため（実刑を受けないため）であり，主体的・積極的に受けているわけではない。また，更生プログラムを受けることで，自分がしてきた悪いことや自分の弱さと直面しなければならないこともある。なかには，自分がしてきたことが，悪いことであると思っていない者もいる。そのため，更生プログラムを受けるモチベーションが低く，ドロップアウトしてしまうのである。

　日本では，更生プログラムを行っている公的機関はないが，民間では更生プログラムを行い，成果を上げている施設・団体もある。今後，法的にどのように位置づけていくか，更生プログラムを受けるモチベーションをどのように高め，保っていくか，検討をしていくことが求められるのである。

第9章

親の離婚を経験した子どもを支援する

離婚と面会交流に関わる民法

　近年では，離婚をする夫婦を見かけることは少なくなく，価値観が合わなかったり，苦痛を感じたりしてまで夫婦生活を継続するくらいであれば離婚をしたほうがよいという意見も散見される。しかし，その夫婦に子どもがいた場合，子どもにとってはどちらかの親と離れて暮らすことを余儀なくされ，その結果として心理的に悪影響が生じるおそれもある。

　また，2024年5月17日に離婚後の共同親権などについて規定した民法等の一部を改正する法律案が可決成立し，同年5月24日公布された。これらの改正法は公布日から2年以内に施行されることになっており，それにより日本でも離婚後の共同親権が導入されることになる。

　そこで，本章では，日本における離婚制度について概観するとともに，未成年の子どもがいる夫婦の離婚において問題となる親権や面会交流について説明する。なお，本章における民法は，可決成立した改正法である。

1. 日本における離婚制度

　離婚とは，夫婦が法律上（戸籍上）成立している婚姻関係を，将来に向かって解消することである。あくまで法律上（戸籍上）の婚姻関係の解消のことを指すため，内縁関係や事実婚の場合は，離婚にはあたらない。離婚によって法的関係を解消することで，夫婦として配偶者に

対して負うべき義務である「貞操義務」や「同居義務」,「協力扶助義務」なども消滅する。

離婚について,民法では以下のように規定している。

> 夫婦は,その協議で,離婚をすることができる。　（民法　第763条）

この規定では,離婚は夫婦による話し合い（協議）に基づいて行うことができ,両者が離婚をすることに合意をしていれば,離婚をすることができる（もちろん役所に離婚届を提出する必要はある）。これを**協議離婚**と呼ぶ。協議離婚では,両者が離婚をすることに合意をしていればよいので,離婚の理由も,慰謝料や財産分与の有無も問われることはない。ただし,財産分与については,離婚をした一方がもう一方に対して請求することができるとされている（民法第768条）。

また,両者の間に未成年の子がいる場合には,民法の規定により,子の監護者,父母との交流（**面会交流**),監護にかかる費用（養育費）の分担などを定めなければならない。また,それらは父母の都合よりも,子の利益を最も優先して考慮すべきとしている。

> 父母が協議上の離婚をするときは,子の監護をすべき者,父又は母と子との面会及びその他の交流,子の監護に要する費用の分担その他の子の監護について必要な事項は,その協議で定める。この場合においては,子の利益を最も優先して考慮しなければならない。　（民法　第766条）

「監護にかかる費用」（養育費）については,これまで協議離婚のなかで十分に取り決められてこなかったことや,夫と妻の協議によって定められていたため取り決めをしないまま離婚することもあった。改正法では,監護にかかる費用について取り決めがない場合,毎月末に,「その子の監護に要する費用の分担として,父母の扶養を受けるべき子の最低限度の生活の維持に要する標準的な費用の額その他の事情を勘案して子の数に応じて法務省令で定めるところにより算定した額の支払を請求することができる」（民法第766条の3）ようになった。

また,離婚などによって別居することになった親と子の交流につい

ても，子の利益を最優先して定めることが求められている。

> 第766条の場合のほか，子と別居する父又は母その他の親族と当該子との
> 交流について必要な事項は，父母の協議で定める。この場合においては，
> 子の利益を最も優先して考慮しなければならない。　　（民法　第817条の13抜粋）

　両者が財産分与や親権，養育費，面会交流などについて話し合いを
行い，合意ができれば協議離婚が成立するが，なかには，お互いが自
身の主張を通そうとしたり，互いの要望の折り合いがつかなかったり
して，協議離婚が成立しないことがある。その際には，夫婦のいずれ
かが家庭裁判所に「**夫婦関係調整調停**」（離婚調停）を申し立てること
ができる。夫婦関係調整調停では，家庭裁判所の調停委員が夫婦それ
ぞれと話をして，互いの意見や要望を聞き取る。この聞き取りは，夫
婦別々に行われ，夫婦が顔を合わせたり，直接話をしたりすることは
ない。調停委員は互いの意見や要望の調整を試み，夫婦双方が合意に
至った場合，調停が成立し，調停調書が作成される。夫婦はこの調停
調書の謄本と離婚届を提出することによって，離婚が成立することに
なる。このように夫婦関係調整調停を経た離婚は**調停離婚**と呼ばれ
る。この調停離婚は，調停成立後10日以内に離婚届等を提出しなけ
ればならないとされている。なお，「夫婦関係調整調停」においてほ
ぼすべての条件で合意できているにもかかわらず，些細な点で合意が
得られず，調停が不成立になりそうな場合では，家庭裁判所の裁判官
がその職権で必要な決定を下して，離婚を成立させることがある。こ
のように調停に代わって裁判官が決定を下すことを「調停に代わる審
判」と呼び（家事事件手続法第284条），このような手続きで成立した離婚
を**審判離婚**と呼ぶ。

　夫婦関係調整調停での調停が不成立になった場合や，「調停に代わ
る審判」に異議が出た場合には，家庭裁判所に訴訟を提起し，裁判に
よって離婚の可否を決定してもらうことになる。これを**裁判離婚**と呼
ぶ。離婚をするための裁判（離婚裁判）を起こすためには，原則として，
先に夫婦関係調整調停の手続きを踏んでいる必要がある（調停前置主義
（家事事件手続法第257条第1項））。裁判で離婚を認められるためには，法定

1．日本における離婚制度　∥　**199**

離婚事由が存在している必要がある。法定離婚事由は民法第770条に以下の4つが示されている。

①不貞行為：配偶者以外と肉体関係があった
②悪意の遺棄：配偶者に生活費を与えないなど，同居義務や協力扶助義務を正当な理由なく怠った
③3年以上の生死不明：配偶者の行方が3年以上わからず，生死不明の状態であった
④そのほか婚姻を継続しがたい重大な事由：配偶者暴力（DV），正当な理由のないセックスレス，過度な宗教活動などにより，夫婦関係が破綻している

　ただし，法定離婚事由があるからといって必ずしも離婚が認められるわけではなく，これまでの経緯や，今後の婚姻関係継続性なども踏まえて婚姻の継続を相当と判断したとき，裁判官は離婚請求を棄却できる（民法第770条第2項）。また，裁判離婚では，離婚の可否だけでなく，慰謝料請求の可否やその金額，財産分与，年金分割の割合，子の親権者，子の養育費の金額や支払い方法，子の非監護親（親権をもたないほうの親，同居しないほうの親）との面会交流のルールなどについても申し立て（付随申立て）を行えば，決めてもらうことができる。

2．親権

　これまで説明してきたように，離婚はどのような方法であったとしても，夫婦ともに多大な労力や時間がかかる。また，夫婦に子がいる場合には，親権や養育費，面会交流などは離婚の合意に至る重大なテーマとなる。それは子にとっても同様であり，両親が離婚することにより，時には子の意思に反して，父親か母親の一方と（時にはきょうだいとも）離れて暮らさなければならなくなり，どちらが親権者になるかによってこれまでの生活環境や経済状況などが大きく変化することになる。
　親権については明確な定義はなされていないが，法務省ホームページ（法務省, n. d.）によると，「子どもの利益のために，監護・教育を行っ

たり，子の財産を管理したりする権限であり義務」であり，「子ども
の利益のために行使する」ものとされている。民法における親権に関
する主な規定としては以下のようなものがある。

○親権は，成年に達しない子について，その子の利益のために行使しな
ければならない。(民法　第818条)
○父母の婚姻中はその双方を親権者とする。(民法　第818条第2項)
○親権を行う者は，子の利益のために子の監護及び教育をする権利を有
し，義務を負う。(民法　第820条)
○親権を行う者は，前条の規定［第820条］による監護及び教育をする
に当たっては，子の人格を尊重するとともに，その年齢及び発達の程
度に配慮しなければならず，かつ，体罰その他の子の心身の健全な発
達に有害な影響を及ぼす言動をしてはならない。(民法　第821条（[ ]内は追記))
○子は，親権を行う者が指定した場所に，その居所を定めなければなら
ない。(民法　第822条)
○子は，親権を行う者の許可を得なければ，職業を営むことができない。
(民法　第823条（第1項))
○親権を行う者は，子の財産を管理し，かつ，その財産に関する法律行
為についてその子を代表する。(民法　第824条抜粋)

このように，親権は子の生活や教育，財産などに関する広範な権利
および義務であり，誰が親権を有するかは，子本人にとっても重要な
ことであるとともに，親権を有する者にとっても重要となってくる。
改正民法では，「親の責務」について以下のような規定が新設され，
親は婚姻関係の有無にかかわらず，子の人格の尊重や適切な扶養を行
わなければならない。

第817条の12　父母は，子の心身の健全な発達を図るため，その子の人
格を尊重するとともに，その子の年齢及び発達の程度に配慮してその子
を養育しなければならず，かつ，その子が自己と同程度の生活を維持す
ることができるよう扶養しなければならない。
2　父母は，婚姻関係の有無にかかわらず，子に関する権利の行使又は義務
の履行に関し，その子の利益のため，互いに人格を尊重し協力しなけれ
ばならない。
(民法　第817条の12)

日本では，民法第818条第2項にあるように，婚姻中は，父母の両

者が親権を有し行使する「**共同親権**」となっているが，民法改正前は，離婚後は父母のいずれか一方だけが親権を有する「**単独親権**」という制度をとっていた。今回の民法改正にあたり，離婚後の親権者については「双方又は一方」と規定されたことにより，離婚後も父母の両方が親権を行使することができる「**共同親権**」が可能となった。

> 第819条　父母が協議上の離婚をするときは，その協議で，その双方又は一方を親権者と定める。
> 2　裁判上の離婚の場合には，裁判所は，父母の双方又は一方を親権者と定める。
> 3　子の出生前に父母が離婚した場合には，親権は，母が行う。ただし，子の出生後に，父母の協議で，父母の双方又は父を親権者と定めることができる。
>
> （民法　第819条第1項・第2項・第3項）

　離婚後も父母が共に親権をもつことになった場合でも，日々の生活のなかで生じる身上監護に関する行為であり，子に重大な影響を与えないものは「日常の行為」として，単独で親権を行使することができる（一方の親権者の判断で決定等ができる：民法第824条の2第2項）。「日常の行為」の具体例としては，習い事の選択，放課後のアルバイト，短期の観光目的での海外旅行，子の心身に重大な影響を与えないような治療・ワクチン接種・薬の服用などがあげられている。また，「子の利益のため急迫の事情があるとき」（民法第824条の2第1項第3号）も，単独で親権を行使できるとされている。「急迫の事情」としては，緊急の医療行為（手術など）を受ける必要がある場合や，試験結果発表後に入学手続きの期限が迫っている場合などがあげられる。換言すれば，「日常の行為」にも「急迫の事情」にも該当しない場合は，父母間で協議しなければならず，その協議が調わない場合は，家庭裁判所に請求し，その事項に関する親権の行使を父母の一方が単独で行使することを決めてもらわなければならない（民法第824条の2第3項）。

　なお，現時点（2025年2月）で，何が「日常の行為」や「急迫の事情」に該当し，何がこれらに含まれず父母の協議に基づく親権の行使が必要な事象なのかは明確にされていない。なお，共同親権についてはコラムでも論じる。

202 ┃ 第9章　親の離婚を経験した子どもを支援する：離婚と面会交流に関わる民法

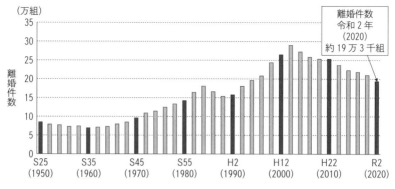

図 9-1　離婚件数の推移（厚生労働省，2022 より作成）

最後に，虐待や悪意の遺棄など，父または母による親権の行使が著しく困難であったり不適当であったりして，子の利益を著しく害し，その原因が2年以内に消滅する見込みがないとき，家庭裁判所は子本人などの請求により**親権喪失**を審判することができる（民法第834条）。また，その原因が2年以内に消滅する見込みがある場合には，**親権停止**の審判を行うことができるとされている（民法第834条の2）。

3. 離婚家庭の現状

これまで離婚に関する法律や制度，また未成年の子がいる場合の離婚に関わる親権に関する法律についてみてきた。ここでは，実際の離婚や離婚家庭の現状について，厚生労働省（2022）「令和4年度　離婚に関する統計の概況（人口動態統計特殊報告）」や，厚生労働省子ども家庭局（2022）「令和3年度　全国ひとり親世帯等調査結果報告」からみていく。

（1）離婚件数とその特徴

厚生労働省（2022）によると，最新の値である2020年の離婚件数は，193,253件であった。離婚件数は2002年に約29万件を記録した以降は減少傾向にある（図9-1）。離婚率（人口千対）も2002年は2.30であった

が，2020年は1.57と減少傾向にある。2020年の離婚のうち，離婚の90％弱が協議離婚であり，8.3％が調停離婚となっている。

同居期間では，「5年未満」が離婚件数の30.5％を占め，最も多くなっているが，近年では「5年未満」での離婚は相対的に減ってきている。対して，「20年以上」同居したのちに離婚した夫婦が全体の20％程度おり，このような長期間の同居ののちの離婚は近年増加傾向にある。

別居時の夫婦の年齢別の離婚率をみると，男女ともに最も多いのは「30〜34歳」であり，男性では「35〜39歳」，女性では「25〜29歳」が次いで多くなっている。

2020年の離婚件数のうち，親権を行う子がいる離婚は，111,335件 (57.6%) であるが，39歳以下の離婚に限ると，男性では83,402件のうち56,012件 (67.2%)，女性では98,432件のうち65,876件 (66.9%) に親権を行う子がいる夫婦が離婚している。

(2) 離婚家庭の状況

厚生労働省子ども家庭局 (2022) によると，離婚による父子家庭の父親，離婚による母子家庭の母親ともに88％程度が就業している (表9-1)。このうち，父子家庭の父親の62.1％は「正規の職員・従業員」であり，また12.8％は「自営業」，5.6％は「会社などの役員」であった。一方，母子家庭の母親で「正規の職員・従業員」は44.6％，「自営業」は4.1％，「会社などの役員」は0.7％であり，父子家庭の父親に比べて，正規雇用やそれに準ずるような職についている母子家庭の母親は少なく，母子家庭の母親の32.9％は「パート・アルバイト等」と不安定な職に就いていることが明らかになっている。

このような就業状況は収入に直結する。父子家庭の父親の年収は「400万円以上」(51.3%) が最も多く，平均年間就労収入は約410万円となっているのに対し，母子家庭の母親の年収は「100〜200万円未満」が27.7％，「200〜300万円未満」が25.0％と多く，平均年間就労年収は約216万円で，父子家庭の父親よりも200万円近く少なくなっている (表9-2)。日本では，離婚後は母親が親権を有する場合が多く，

204 ┃ 第9章　親の離婚を経験した子どもを支援する：離婚と面会交流に関わる民法

表 9-1　離婚による父子世帯の父親・母子世帯の母親の就業状況（厚生労働省子ども家庭局，2022 より作成）

| | 総数 | 就業している | 従業上の地位 | | | | | | | 不就業 | 不詳 |
			正規の職員・従業員	派遣社員	パート・アルバイト等	会社などの役員	自営業	家族従業者	その他		
父子世帯の父親	609 (100.0)	537 (88.2)	378 (62.1)	7 (1.1)	30 (4.9)	34 (5.6)	78 (12.8)	3 (0.4)	7 (1.1)	28 (4.6)	44 (7.2)
母子世帯の母親	2,113 (100.0)	1,858 (87.9)	942 (44.6)	67 (3.2)	695 (32.9)	15 (0.7)	86 (4.1)	9 (0.4)	44 (2.1)	165 (7.8)	90 (4.3)

表 9-2　離婚による父子世帯の父親・母子世帯の母親の年間就労収入の構成割合（厚生労働省子ども家庭局，2022 より作成）

	総数	100 万円未満	100〜200万円未満	200〜300万円未満	300〜400万円未満	400 万円以上
父子家庭の父親	499 (100.0)	39 (7.8)	29 (5.8)	61 (12.2)	114 (22.8)	256 (51.3)
母子世帯の母親	1,709 (100.0)	300 (17.6)	473 (27.7)	427 (25.0)	245 (14.3)	264 (15.4)

　厚生労働省（2022）によると，親権を行う子がいる離婚 111,335 組のうち，84.7％（94,291 組）が「妻が全児の親権を行う離婚」であり，母親は，離婚の際に親権を有することはできたものの，父親よりも少ない収入で，子どもを育てていかなければならない状況に置かれることになるのである。

（3）養育費・面会交流の状況

　先にも説明したように，民法第 766 条では，離婚する際には，親権者だけでなく，「子の監護に要する費用の分担」（養育費）や「父または母との交流」（いわゆる面会交流）などについて定めるように求めている。では，実際にどの程度の取り決めが行われ，実施されているのであろうか。

　まず，養育費の取り決めについては，離婚による父子世帯の父親の28.3％，母子世帯の母親の 46.7％しか取り決めをしていない（表 9-3）。母子世帯は経済的に厳しい家庭が多いと推測されるが，その半分は離

3. 離婚家庭の現状　205

表 9-3　離婚夫婦による養育費の取り決めの状況（厚生労働省子ども家庭局，2022 より作成）

	総数	養育費の取り決めをしている	文書あり			文書なし	不詳	養育費の取り決めをしていない	不詳
			取り決め、強制執行認諾条項付きの公正証書	判決、調停、裁判など裁判における取決	その他の文書				
父子世帯の父親	105,134 (100.0)	29,705 (28.3) [100.0]	19,975 [67.2]	12,597 [42.4]	7,378 [24.8]	8,761 [29.5]	970 [3.3]	72,577 (69.0)	2,852 (2.7)
母子世帯の母親	1,079,213 (100.0)	504,086 (46.7) [100.0]	386,251 [76.6]	302,356 [60.0]	83,895 [16.6]	116,653 [23.1]	1,181 [1.8]	552,117 (51.2)	23,011 (2.1)

婚をした夫（父親）から養育費をもらう取り決めをしていないのである。養育費の取り決めを行わない理由として（表9-4），父子世帯の父親では「相手に支払う能力がないと思った」（38.5%），「相手と関わりたくない」（34.3%），「自分の収入等で経済的に問題がない」（32.9%）などが多くあげられており，最も大きな理由としては「自分の収入等で経済的に問題がない」（22.3%）が多く選ばれていた。すでに示したように，父子家庭の父親の多くは正規雇用されており，400万円以上の年収を得ていることから，子を監護していたとしても，経済的な問題は生じにくい状態にある。母子世帯の母親が養育費の取り決めを行わない理由としては，「相手と関わりたくない」（50.7%），「相手に支払う意思がないと思った」（40.5%），「相手に支払う能力がないと思った」（33.8%）が多くあげられており，最も大きな理由も「相手と関わりたくない」（34.5%）であった。これは，夫からの配偶者暴力や子どもへの虐待などが生じていたためであるとも考えられる。一方で，子どもの養育には多くの費用が必要であり，民法第766条に示されている「子の利益を最も優先して考慮しなければならない」という条文を鑑みても，望まれる状態には達していないと考えられる。

　もちろん養育費の取り決めを行ったとしても，必ず養育費がもらえ

表 9-4　養育費の取り決めを行わない理由 （厚生労働省子ども家庭局, 2022 より作成）

		総数	自分の収入等で経済的に問題がない	取り決めの交渉がわずらわしい	相手に支払う意思がないと思った	相手に支払う能力がないと思った	相手に養育費を請求できることを知らなかった	子どもを引きとった方が養育費を負担するものと思っていた	取り決めの交渉をしたが、まとまらなかった	現在交渉中又は今後交渉予定である	相手から身体的・精神的暴力を受けた	相手と関わりたくない	その他	不詳
父子世帯の父親	養育費の取り決めをしていない理由	72,577 (100.0)	23,856 (32.9)	14,417 (19.9)	23,195 (32.0)	27,918 (38.5)	1,392 (1.9)	8,556 (11.8)	3,319 (4.6)	1,156 (1.6)	2,781 (3.8)	24,894 (34.3)	4,034 (5.6)	2,205 (3.0)
	最も大きな理由		16,184 (22.3)	5,507 (7.6)	9,665 (13.3)	12,946 (17.8)	193 (0.3)	4,644 (6.4)	941 (1.3)	150 (0.2)	516 (0.7)	14,336 (19.8)	3,416 (4.7)	4,079 (5.6)
母子世帯の母親	養育費の取り決めをしていない理由	552,117 (100.0)	40,520 (7.3)	107,193 (19.4)	223,448 (40.5)	186,802 (33.8)	4,249 (0.8)	9,848 (1.8)	80,476 (14.6)	10,571 (1.9)	86,663 (15.7)	280,330 (50.8)	52,702 (9.5)	15,423 (2.8)
	最も大きな理由		19,303 (3.5)	34,664 (6.3)	84,488 (15.3)	81,161 (14.7)	1,723 (0.3)	4,596 (0.8)	30,717 (5.6)	7,793 (1.4)	24,461 (4.4)	190,718 (34.5)	41,806 (7.6)	30,728 (5.6)

3. 離婚家庭の現状　207

表 9-5　離婚夫婦による面会交流の取り決めの状況（厚生労働省子ども家庭局, 2022 より作成）

	総数	面会交流の取り決めをしている	文書あり	判決、調停、裁判などの裁判所における取り決め、強制執行認諾条項付きの公正証書	その他の文書	文書なし	不詳	面会交流の取り決めをしていない	不詳
父子世帯の父親	105,134 (100.0)	33,012 (31.4) [100.0]	20,976 [63.5]	12,161 [36.8]	8,815 [26.7]	11,895 [36.0]	140 [0.4]	68,137 (64.8)	3,985 (3.8)
母子世帯の母親	1,079,213 (100.0)	326,599 (30.3) [100.0]	223,523 [68.4]	151,706 [46.5]	71,817 [22.0]	97,454 [29.8]	5,622 [1.7]	719,086 (66.6)	33,528 (3.1)

ているわけではない。母子世帯の母親で，「現在も受けている」者は 28.1％にとどまっている。養育費の取り決めを行った者に限っても，「現在も受けている」者は 57.7％にとどまり，「受けたことがない」者も 19.2％にのぼる。

　次に，面会交流については，離婚による父子世帯の父親の 31.4％，母子世帯の母親の 30.3％が取り決めを行っており，父子世帯の父親，母子世帯の母親のいずれも約 3 分の 2 は面会交流について取り決めを行っていない状況にある（表 9-5）。面会交流の取り決めを行わない理由（最も大きな理由）（表 9-6）としては，父子世帯の父親では「取り決めをしなくても交流できる」（30.3％），「相手と関わり合いたくない」（17.5％），が多くあげられている。母子世帯の母親では，「相手と関わり合いたくない」（26.4％），「取り決めをしなくても交流できる」（16.4％），「相手が面会交流を希望しない」（12.0％）が多くあげられている。「取り決めをしなくても交流できる」状態にあることは親にとっても子にとってもよい状態であるといえるが，「相手と関わり合いたくない」などの理由は「子の福祉」という観点からは望ましいものではない。

　面会交流も養育費と同様に，取り決めを行ったからといって，必ず

表 9-6　面会交流の取り決めを行わない理由（最も大きな理由）（厚生労働省子ども家庭局，2022 より作成）

	総数	取り決めの交渉がわずらわしい	相手が児童虐待をする・精神的な暴力があった	相手と関わり合いたくない	相手が面会交流を希望しない	取り決めをしなくても交流できる	子どもの連れ去りや虐待の可能性がある	子どもが会いたがらない	相手が養育費を支払わない又は支払えない	子どもの面会交流をするためにならないと思う	親族が反対している	取り決めの交渉をしたが、まとまらなかった	現在交渉中又は今後交流予定	その他	不詳
父子世帯の父親	68,137 (100.0)	6,670 (9.8)	1,097 (1.6)	11,930 (17.5)	6,659 (9.8)	20,665 (30.3)	376 (0.6)	4,212 (6.2)	1,760 (2.6)	4,545 (6.7)	490 (0.7)	533 (0.8)	0 (0.0)	5,578 (8.2)	3,622 (5.3)
母子世帯の母親	719,086 (100.0)	43,066 (6.0)	27,657 (3.8)	189,807 (26.4)	86,225 (12.0)	117,924 (16.4)	5,061 (0.7)	53,678 (7.5)	45,251 (6.3)	22,952 (3.2)	6,053 (0.8)	9,486 (1.3)	5,531 (0.8)	68,294 (9.5)	38,101 (5.3)

3．離婚家庭の現状　∥　209

実施されているわけではない。母子世帯の母親で，面会交流の取り決めを行った720人のうち，「現在も行っている」者は48.5％であったのに対し，「行ったことがない」者は24.2％であった。また，父子家庭の父親についても，取り決めを行った者のうち，「現在も行っている」者が64.8％であったのに対し，「行ったことがない」者が14.8％であったことが明らかになっている。

事例を読む 🔍

離婚後の子と別居親の面会交流

　　小学4年生のハヤトは，月1回，あるビルの一室で，別に住んでいる父親に会っている。ハヤトの父母は家庭裁判所の調停で離婚しており，そのときに月1回（第2土曜日）2時間，父親と面会交流（親子交流）をすることが決まったためである。

　　しかし，ハヤトの母の小室祐子は，元夫（ハヤトの父）の正木宗男と会うと，どうしても体が震え，恐怖感が再燃するため，直接ハヤトの受け渡しをすることができない。そこで，面会交流を支援する民間団体である「子どもルーム」の支援を受け，祐子は宗男と顔を合わせることなくハヤトを置いていき，3時間後に迎えにきている。

　　ハヤトは，小学2年生頃までは「子どもルーム」に毎月行って父親と会うことには疑問もなく，スケジュール通りの出来事に感じていた。しかし，小学4年になってからサッカーチームに入り，週末にはサッカーの練習や試合に出たいと思うようになった。そのため，祐子に「今度パパと会うのは延期できないのかな」と相談した。祐子は「子どもルーム」にハヤトの意向を連絡した。「子どもルーム」責任者の戸山は，宗男にハヤトの意向を連絡したが，宗男は「月1回面会することは家庭裁判所の調停で決まったことだから，守ってもらいたい。面会が終わった後にサッカーをすればよい」と話していた。結局，次の面会日，ハヤトは面会交流をしたが，宗男にはサッカーの練習に行きたいことは伝えられなかった。

STEP1：婚姻中の父母の関係

　　今から11年前，職場で祐子と宗男は出会った。宗男は職場で成績がよく，自信があり頼れる様子だった。祐子も仕事が好きで結婚後も仕事を続けたいと思っていた。2人は意気投合し，交際約半年で結婚することに決めた。宗男はそれまで食事づくりなどの経験に乏しく，結婚後も食事づくりは祐子の担当であった。やがて祐子はハヤトを妊娠した。

211

祐子は妊娠中つわりがひどく，横になって休んでいる時間も多く，食事づくりや買い物に行けないときもあった。やむを得ずインスタント食品や宅配の冷凍食品などを出していたが，宗男は仕事から帰ってくると，「なんで食事が冷凍食品なんだ」と怒るようになった。祐子がつわりで思うように動けないことを伝えても，一方的になじることがあった。

　その後，祐子は無事に出産をした。ハヤトが生まれて宗男はかわいがっていたが，やがて夜泣きが始まっても宗男は起きることなく，おむつも汚いからといってほとんど取り替えることはなかった。

　祐子はだんだん宗男が仕事から帰宅すると気が重くなるようになり，うつ状態にもなっていった。宗男は祐子の買い物のレシートのチェックをしては「なんでこんな高い冷凍食品を買うんだ」などと説教を始めた。祐子が体調が万全ではないと言うと「言い訳するな」「俺は家庭のために働いて，俺とお前と子どもの生活費やおむつ代を稼いでいる。無駄遣いするな」などとなじった。説教は時に夜の 10 時頃から午前 1 時頃まで及ぶこともあり，その間もハヤトが夜泣きすると宗男は「うるさい」と言って，ドアを激しく閉めたりしていた。祐子は精神的に参ってしまい，昼間はハヤトを公園に連れ出すが，うつろな状態であり，夕方に宗男が帰ってくると動悸を感じるようになった。食欲もなくなり家事もできなくなってきたが，宗男は「なんで食事の準備をしないんだ，一日家にいてのんびりしてよい身分だな，俺は毎日職場で嫌な思いをしながら稼いでいるんだ」と怒鳴った。あまりの恐怖と労りの乏しさに，宗男が寝た後も祐子は涙が止まらなくなった。そしてある日，限界を感じてハヤトを連れて実家に戻った。ハヤトが 1 歳のときだった。

STEP2：離婚調停

　実家に戻った祐子に，宗男が会いにきたが，どうしても宗男と会うことが怖いと祐子は両親に伝えた。祐子の両親は，祐子が恐怖のため宗男に会えないことを伝えると，宗男は「なんで子どもを連れて帰ったんだ。俺も親だ，子どもを会いに来させろ」と話していた。

　祐子は，別居後 2 か月ほどしてようやく落ち着きを取り戻したが，もはや宗男と一緒に暮らすことには恐怖が先に立ち，考えることができな

かった。祐子の両親が宗男に離婚したいと伝えたが，宗男は拒否し，祐子に戻ってくるようにと主張した。祐子は両親とも相談し，弁護士に依頼して離婚の手続きを進めていくことになった。

　数か月後に家庭裁判所で離婚調停が行われた。祐子は家庭裁判所で宗男に会わないかが心配であった。宗男と合うとパニック状態になってしまうと沢村弁護士に相談し，家庭裁判所でも顔を合わせないように配慮してもらうことになった。

　離婚調停では，祐子は離婚と，一定額の養育費を主張した。宗男は当初は離婚に応じたくない，自分は何も悪いことはしていない，祐子は出産後家事もせず，自分は注意指導していただけだ，自分は家族のために稼いでいた，妻子が戻ってくるべきだと主張し，調停は平行線をたどった。別居から1年経ち，調停も4回目になり，宗男は「離婚は仕方ないと思う。ただし子どもとは会わせてほしい，できれば月2回は会いたい」と主張した。祐子は離婚に応じてくれたことには安堵したが，面会交流となると，まだ2歳のハヤトを連れて宗男に会わなければならない，そのことでパニックが再燃してしまうとして面会交流には拒否的であった。

　面会交流について議論が平行線であるため，調停委員会では，吉岡家庭裁判所調査官が子どもの調査を担当することになった。吉岡調査官は，祐子と宗男，双方から事情を聞き，祐子から直接宗男にハヤトを手渡すことは困難であることがわかった。しかし，宗男の面会交流への意思は固かった。調停委員会としては，面会交流については，直接の受け渡しは祐子の精神状態を考えると困難であることから，民間の面会交流支援団体「子どもルーム」を活用してはどうかと双方に提案した。宗男は，本来であれば直接受け渡しすべきだと主張したが，調停委員会から祐子の精神状態なども説明され，納得した。また祐子も，面会交流自体に消極的であったが，調停委員会から顔を合わせないように「子どもルーム」で配慮することなどを説明され，離婚できるならばと，月1回の面会交流に応じる旨を伝えた。ハヤトが3歳のときに調停が成立し，月1回2時間の面会交流を行うこと，また養育費として月4万円を支払うこととなった。

事例を読む：離婚後の子と別居親の面会交流　｜　213

STEP3：離婚後の面会交流

　祐子はその後，別の会社に就職し，ハヤトを保育園に預けた。そのことで祐子もかなり精神的に楽になり，ハヤトも元気に成長していった。面会交流の日である第2土曜日には，祐子はハヤトを連れて「子どもルーム」に行った。毎回，宗男が待ち伏せしていないかなど不安はあったが，「子どもルーム」の戸山支援員を通じて，待ち伏せや突然の連絡はしないことなどの約束事項を宗男と取り交わしていた。

　「子どもルーム」では戸山支援員がハヤトを受け取り，祐子からハヤトの状況を聞く。祐子からは「保育園で元気で，最近は家のなかでも活発でご飯もいっぱい食べるんです」と報告を受けていた。祐子が車でいなくなると，ハヤトはスタッフと共に「子どもルーム」で遊び始めた。「子どもルーム」は児童館のような楽しい雰囲気で，おもちゃやトランポリン，すべり台もあり，ここで30分ほど遊んでいる。「子どもルーム」では，緊張感のある面会交流ではなく，子どもが楽しく過ごし，また来てもよいと思ってくれるよう，この遊びの時間を大切にしている。実際，ハヤトは毎回戸山支援員らと楽しく遊べるので「子どもルーム」に来ること自体は楽しみにしていた。「子どもルーム」の理念は，子どもファースト，子ども真ん中，子どもの権利を大切に，ということであった。「もう遊ぶのが嫌だったら，サインを出していいんだよ」と伝え，ハヤトは，遊ぶのに飽きるとハンドサインを出すことをしていた。

　30分後に宗男が「子どもルーム」を訪問してきた。ハヤトは面会交流を重ねるたび，嬉しそうに保育園の出来事などを話し始めて，一緒に電車の模型などを使って遊んでいた。ただ気になったのは，戸村支援員と遊んでいるときのハヤトは好き勝手におもちゃを選んだりダラっとしてリラックスしているときもあるのだが，宗男が来るとダラダラしたところはなくなり，これで遊ぼう，こうしよう，とハヤトなりに頑張って盛り上げようとしている様子が感じられていたことである。宗男とハヤトは1時間ほど遊んでいたが，ハヤトが「もう帰りたい」と言い出し，宗男は「わかったよ，でも会えて嬉しかったよ，また遊ぼうね」と言った。「子どもルーム」では，子どものペースで面会することの大切さを伝えており，宗男なりに，子どものペースに合わせようとしていた。そして

宗男は「子どもルーム」を去り，戸山支援員が祐子に電話をした。30分後に祐子がハヤトの迎えにやってきた。その間も，戸村支援員はハヤトと一緒に遊んでいたが，ハヤトは宗男が帰ると，いつもように床で寝そべったりしてリラックスしていた。

このように「子どもルーム」の面会交流は，毎月1回進んでいった。戸山支援員は，とにかくハヤトが楽しい時間を過ごせるように，嫌なときは嫌と言っていいんだよと伝えるようにしていた。一方で，祐子と宗男と間に立っての調整にはさまざまな困難もあった。たとえばハヤトに37度の微熱があり，咳も出ているので今回は休めないかと祐子から連絡がきたことがあった。戸山支援員がそれを宗男に伝えると「自分は面会交流のために予定を空けているのだから微熱だったら面会交流をするべきだ。家庭裁判所の調停で決まったことではないか」と怒った様子で返されることもあった。結局面会交流は行われたが，実際にハヤトを見て具合がよくないことは宗男にもわかり，20分ほどで面会交流は終了した。しかし祐子は，微熱があることを伝えているのに面会交流をしようとする宗男への不信感を募らせた。

月日が経ち，小学校4年生になったハヤトは元気で活発な男の子に成長していた。家の周りでは友達とサッカーボールで遊び，夕方まで帰ってこない。夕食の時間になると祐子が急いで帰宅して食事を用意すると，ハヤトはすごい勢いで食べ，風呂に入って眠る。学校での勉強も頑張っていた。そして，学校の友達とサッカーチームに入り，週末は練習や試合をするようになった。

ハヤトは毎週末サッカーの練習と試合に出たかったが，第2土曜日の父親との面会は父母の間で決められた義務であることに気づくようになった。ハヤトは祐子に対して「第2土曜日にパパと会うのはこれまで楽しかったけれど，僕がサッカーに行きたいときはどうするの？」と尋ねた。祐子はここで初めてハヤトに説明した。「パパとママは，離婚するときに，裁判所で月1回，第2土曜日にハヤトとパパが会うと決めたんだ。これは裁判所で決めたことだから守らなければいけないんだけれど，子どもルームの戸山さんに相談してみるね」。ハヤトは「うん，パパが僕のサッカー行けるようにしてくれるといいな」と答えた。しかし戸

山相談員が宗男に問い合わせた結果は，サッカーよりも面会が優先である，それが裁判所で合意したことだ，ということであった。祐子がそのことをハヤトに伝えると，ハヤトは「わかった……でも僕の意見はどうなるのかな，決まったことだから行かなくてはいけないんだね。サッカーの友達に今度の試合行けないと言わなきゃならないな」とつらそうな表情で話した。祐子は「ハヤトごめんね，ママからもサッカーのコーチに話しておくね」と伝えた。

その後も第2土曜日，サッカーの練習・試合のあるときも，子どもルームでの面会交流は続けられた。しかしハヤトは面会交流よりもサッカーに早く行きたくて仕方がない。20分ほど宗男と遊んで「もうサッカー行っていい？」と宗男に伝えると，宗男は「まだ20分しか経っていないじゃないか，2時間と決まっている。せめて1時間は一緒にいるべきだろう。戸山さんもきちんと対応してほしい，家庭裁判所で決まったことを守ってほしい，家庭裁判所で決まったことを守れないなら，家庭裁判所に報告して守れるようにしてもらう，おかしいじゃないか」と戸山支援員に詰め寄った。戸山支援員は「お父さん，気持ちはわかるけれど，子どもは成長して，いろんな世界が広がっていく。今は友達とサッカーをするのが大事な時期，今サッカーをやめさせるのではなく，ハヤト君の気持ち・意思を尊重することで，将来的に，ハヤト君はパパが自分を見守ってくれた，と肯定的に思ってくれるようになる。確かに2時間と裁判所で決まったことだけれど，ここはハヤト君の気持ちを尊重してあげたらどうだろう」と優しく諭した。宗男はまだ不満そうだったが「わかりました。本心では納得いっていません。でもハヤトがサッカーをしたい気持ちも優先したい。今日は帰ります。でも今日の料金については，全部払うことは納得できない」と述べた。戸山支援員は「料金は面会の時間で決まっているわけではなく，1回あたりの金額であることは事前に取り決めしています。それはしっかり支払いお願いします」と伝えた。宗男は不満そうな様子で料金を支払って帰っていった。なお，子どもルームの料金は，祐子と宗男が半額ずつ負担している。

祐子がハヤトを迎えに来て，戸山支援員はハヤトが20分でサッカーに行きたいと言い，宗男が当初は納得しなかったが，戸山支援員からの

216 ┃ 第9章　親の離婚を経験した子どもを支援する：離婚と面会交流に関わる民法

説明で今回は帰ることになったと伝えた。祐子は「たぶんそうでしょうね，これからまたハヤトがサッカーやりたいと言って面会交流したくないと言ったらどうなるのか心配」と話した。

　ハヤトは少し遅れてサッカーチームに合流した。ハヤトは友達とサッカーをしているとき，コーチがしっかり教えてくれることが幸せだった。将来の夢はプロサッカー選手と作文に書いた。地元のプロチームの応援に友達と行くようになった。

　小学校 5 年になり，ハヤトには，毎週末のサッカーが何より重要になった。面会交流では，かえってハヤトのほうが気を遣うようになった。そしてハヤトは祐子に「もう第 2 土曜日の面会は行きたくない。せめて手紙を送るくらいにしたい。会いたくなったら自分で会いに行く」と話した。祐子は「そういう気持ちなんだね……わかった，戸山さんに相談してみるね」と話した。戸山支援員が宗男にハヤトの意向を伝えると「納得できない，おかしいですよね，家庭裁判所で決まったことをなんで守れないのか，これは義務ですよね，家庭裁判所に報告して守ってもらう。戸山さんも祐子の味方ばっかりしているのではないか」と抗議した。戸山支援員は「私たちは，父母どちらの味方でもないです。ただ子どもの味方です。ハヤト君の気持ちを尊重してくれませんか，今ハヤト君の気持ちを尊重することが，長期的にハヤト君がパパを信頼してくれることになるんです，そしてハヤト君が一人で会いに行ける年齢になれば会いに行くこともありますよ。ハヤト君第一に考えてみませんか」と説得した。しかし，宗男は「決まったことを守らなければいけないはずだ。次の土曜日は必ず面会ですよ」と納得できない様子であった。

　戸山支援員から報告を受けた祐子は，ハヤトに伝えた。「ごめんね，パパは納得できないんだって。だからまた来週の土曜日は子どもルームに行かないと」。すると，ハヤトは「誰も僕の意見は聞いてくれないんだな，サッカーの試合なのに」と話していた。

　このハヤトの面会交流ケースを読んで皆さんはどう感じたであろうか。
　面会交流で，父母双方がお互いに協力し合い，子どもの意思が尊重されれば，子どもは父母から関心をもたれていると感じることができる。

事例を読む：離婚後の子と別居親の面会交流

一方で，民法第 766 条 2 項では，父母で協議ができない場合，家庭裁判所が子の利益を重視して決定することになり，調停での合意や，調停が成立しない場合は家庭裁判所の審判となる。いずれも判決と同じ法律的な効力がある。すなわち面会交流が法的な義務となり，面会交流が履行されなければ，間接強制という制裁金が課される場合もある。

　こうした「法的強制力のある面会交流」が昨今，司法領域で話題となっている。ハヤトの父母のケースのように，家庭裁判所に，父母間の緊張が高く，一方が顔を合わせたくない，恐怖や不安を感じるケースがもち込まれる。こうしたケースで，家庭裁判所で面会交流を取り決めると，調停は終わるが，面会交流のスタートになり，子どもの成長とともに続くことになる。未就学児や小学校低学年の頃は，子どもは同居親に連れてこられるが，次第に子どもが成長すると，自分の習い事や友達との約束事などにより，面会交流に対する態度も変化することがある。そのときに，子どもの意思を尊重できるかどうかがその後の親子関係の鍵となる。支援者は，子どもが楽しく面会交流できるような工夫をするとともに，紛争状態が続く父母に対しては，法的権利だからといって子どもが嫌がっていても無理を強いることがあってはらない。何よりも，子どものペースを優先するような関わりが求められるのではないだろうか。

ワーク 9

事 例

　サオリは小学校 2 年生である。父母は家庭裁判所で離婚調停をしている。父母は離婚することには同意しているが，面会交流の頻度や方式についてなかなか合意ができないでいる。その理由として，母親は，同居中に父親が夜遅くまでの仕事で，いわゆるワンオペ育児であったことや，怒鳴る，生活費を渡さないなどの DV があったことをあげ，子どもも父親を怖がっていると主張した。父親は，仕事で帰りが遅くなったことは認めているが，強い口調になったことはあるものの怒鳴ってはいないと主張しており，そもそも子連れ別居したことにも納得できておらず，子どもは父親と会うことがその子の成長にとって大切だと言っている。家庭裁判所調査官の大澤さんは，子どもの調査を担当することになった。

🧠 考えてみよう！

　家庭裁判所調査官としては，サオリと話をするために，どんな事前準備を行い，どんな質問をすればよいだろうか。また小学校 2 年生のサオリの意見や意思を聞くために，どのようにラポールをつくり，どのような聞き方をすればよいだろうか。

💬 話し合ってみよう！

　面会交流は，父母が互いに話し合うことができ，子どものことを優先できる関係であれば，双方の親から愛されていることを感じられる機会となり，子どもの成長にとって有益である。一方で，父母が話し合いできる関係ではなく，一方が不安や恐怖を感じているケースも家庭裁判所では多くみられる。サオリの意見としては「お父さんとは会いたい気持ちもある，でもお母さんのことを怒鳴ったお父さんは嫌」といい，複雑な心情を吐露していた。このようなケースで，子どもにとって法的な効力のある面会交流をすることの是非，あるいは留意点は何だろうか。話し合ってみよう。

🏃 ロールプレイをしてみよう！

　面会交流支援団体の青田支援員，父親，母親，サオリの 4 人でロールプレイをしてみよう。サオリが「今日は疲れたから行きたくない」という状況で，青田支援員と母親はどのような会話をするか，ロールプレイをしてみよう。次に，青田支援員から子どもが行きたくないという気持ちを伝え，父親と青田支援員で，会話をしてみよう。そのうえで，子どもにとってよりよい面会交流とは何か，子どもの意思の尊重とはどうあるべきか，話し合ってみよう。

ワーク 9 ┃ 219

共同親権

　2024年5月17日，国会で共同親権の導入を含む民法改正法案が可決された。これにより2年後の2026年に施行されることになる。ところで，「共同親権」は子にとって，メリットはあるのか，デメリットのほうが多いのではないかという点が国会でも議論となった。

　改正法案は，共同親権について，「共同親権か，単独親権か，当事者が選ぶことができる」ことと同時に「父母が合意しなければ，家庭裁判所が共同親権か単独親権かを決定する」としている。そこで，政府は本法案のメリットとして「これまで単独親権しかなかったが，これからは当事者の協議により共同親権を選ぶことができる，選択の幅が広がる」としている。一方で，本法案のデメリットとして，家庭裁判所が父母が合意していないケースで共同親権を命じると，子どもの転居や進学，医療などの重要事項について父母の合意が必要となり，合意が得られなければ，結果的に子どもが病院での手術や，進学ができなくなる可能性もある（ちなみに法案では，「急迫の場合」は親権の単独行使ができるとされている。命に関わる緊急手術などは父母の合意は不要だが，命に関わらない手術であれば父母の合意が必要である）。また法案では，DVやそのおそれのある際には単独親権にするとされているが，DVについては密室での出来事で証拠などもないことが多いため，一方がDVを主張しても，DVのおそれがないと家庭裁判所が認めると，共同親権と決定される可能性もある。

　とりわけ問題となるのは「子の転居」である。このことが共同親権の国会審議でも多く取り上げられた。子どもの住所を決めるのも，親権のひとつである「居所指定」である。たとえば子どもが赤ちゃんのときに離婚して，母親と子が小さいアパートに住んでいるとする。子どもが大きくなり，引っ越しをしたい場合も，共同親権の場合は父母の合意が必要となる。つまり別居親の合意がないと，子どもと引っ越しすることができなくなる。どうしても子どもの成長に合わせて引っ越したければ，家庭裁判所で調停や審判をして決定してもらわなければならない。しかし家庭裁判所の調停や審判は，双方が対立している場合は数か月あるいは1年近くかかることがあり，決定もどうなるかはわからない。

　同様に「子連れ別居」についても国会で激しい議論となった。婚姻中は共同親権だが，父母間の紛争によりもはや同居が継続できないとき，父母双方の同意がなければ子連れ別居できなくなるのではということも懸念されている。改正法案では，「子の利益のために急迫の事情があるとき」は親権の単独行使，つまり単独での子連れ別居が可能であるとなっているが，どのようなケースが「急迫」にあたるのか，家庭裁判所が決めることになるため，前述の通り，双方対立のなかで子連れ別居の可否が争われることになる。事実上「子連れ別居」が抑制されるのではないかという点が，国会での議論でも争点となった。

　「親権」とは，子どもの転居や進学，医療などの「重要事項の決定権」であり，子どもの代わりに合意するという権利であるが，逆にいえば，「拒否権」であるともいえる。共同親権になると，子どもは進学や医療などさまざまな人生の重要場面で，別居

親の「許可」を得る必要があり，別居親が合意しなければ，子どもの希望する進学や医療はできなくなる可能性がある。

　このように，「離婚後共同親権」とは，子どもの希望を別居親が「許可」したり「拒否」したりすることができる制度であるということを読者には理解していただきたい。共同親権の論点については，熊上・赤石（2024）にて弁護士，法学研究者，当事者の論考もあわせてお読みいただきたい。

　ほかに共同親権のメリットとしては，共同親権になれば，離婚後も別居親が子の養育に関われるようになる，別れた子どもと会えるようになる，という意見もある。これについては，現行法および改正法で，別居親は子の養育に関わることができる。現に，父母双方で協議して子どもと定期的に会っている親子はたくさんいる。時々芸能人の元夫婦が，子どもと会って遊んでいるというようなニュースを見ることもあるだろう。もし父母で子どもとの面会について協議ができない場合，現行法および改正法の民法第 766 条は，家庭裁判所がこれを決定するとしているので，現在でも別居親が子どもの養育に関わったり，定期的に面会交流したりすることは可能である。

　「家庭裁判所で面会交流が決まったのに，会えない」という意見もあるが，共同親権になったから解決する問題ではなく，履行確保，どうやって面会交流を実現するかの問題である。これはハヤトのケースのように非常に難しく，子どもが嫌と言っていたり，同居親が精神的に参っていたりする場合に，無理やり連れてくることができないため，面会交流の実現のためには，安心して交流できる時間や場所の設定が必要となる（熊上・岡村，2003）。

　改正法案が子どもや父母の生活にどのような影響を及ぼすのか，2026 年の施行後も注視していき，子どもたちが安心して過ごせるような制度にする必要がある。子どもの心理や福祉に関わる皆さんも，本法案により，子どもたちの希望をかなえられるようになっているか考えていただきたい。

補　論

司法・犯罪分野における
コミュニティ・アプローチ

　　司法・犯罪分野を学ぶ・志す読者に知っていただきたいことは，非行や犯罪において「なぜ事件を起こしたか」というような原因究明はもちろん重要ではあるが，それだけでは不十分であり，さらに「刑務所や少年院など矯正施設から退所した後，地域生活に戻った後に，どのような支援を行うか」まで，考慮する必要があるということである。

　　触法行為をして矯正施設に入った人も，必ず地域に戻るときがくる。そのときに，家がない，お金がない，信頼できる人がいない，家族から見放されている，仕事がない，食べ物がない，という状態であれば，簡単に再犯してしまう可能性が高い。

　　しかしながら，矯正施設退所者への地域生活支援はまだ十分とはいえない。退所者が地域生活・地域コミュニティでどのような生活を送りたいのか，その支援体制をどのように構築していくかを今後充実させることが必要であり，そのために，臨床心理学の一分野であるコミュニティ・アプローチの考え方，実践を取り入れることが必要であろう。本章では，著者の訪問調査で聞き取った内容も含めて，犯罪を行った者の社会復帰支援におけるコミュニティ・アプローチについて説明していく。

1.　コミュニティ・アプローチ

　　コミュニティ・アプローチは，クライエント本人だけではなく，クライエントを取り巻く環境を整え，その人が生きやすい生活をつくって支えていく方法である。司法・犯罪分野においては，住居の確保，

223

生活保護の受給などの経済面の安心を担保すること，障害のある人や医療を必要とする人たちのために，障害福祉や医療機関とつながること，時折相談できる専門家や市民が周囲にいること，就労を希望している場合は，就労支援機関につながること，などが考えられる。コミュニティ心理学の研究者Cobb（1976）は，こうしたコミュニティ支援について「本人が気遣われ，尊重されていると感じられるネットワークのメンバーであると信じることができる環境」の構築が重要であると述べており，これは矯正施設から出所する退所者への支援にも当てはまることであろう。

　日本で，矯正施設退所者へのコミュニティ支援の必要性が話題となったケースとして，2006年の下関駅放火事件があげられる。本件を起こした福田久右衛門さん（当時74歳）は，8日前に刑務所を満期で退所していたが所持金がなく，帰る家や家族もなく，やむを得ず警察や福祉事務所を訪問したがカップ麵を渡されたり，若干の交通費を渡されたりする程度であった。福田さんは「刑務所に戻りたい（刑務所には食事や寝場所がある）」と考え，歴史的建造物である下関駅に放火したのである。福田さんに，後日『獄窓記』（山本，2003）の著者である山本譲司さんが「なぜ放火したのですか，刑務所に戻りたいなら，食い逃げとか泥棒もあるのでは」と尋ねたところ，福田さんは「食い逃げとか悪いことはできん，でも火をつけると刑務所に戻れる」と話していたという。実は，福田さんには軽度の知的障害があり，幼少時から父親に火を押しつけられる虐待を受け続けていた。あるとき放火をして教護院（現在の児童自立支援施設）に入所し，その後も放火による服役を繰り返し，衣食住に困ったら放火をして刑務所に行くというパターンになってしまっていた。下関駅放火事件が報道されることにより，犯罪した人を処罰するだけでは意味がなく，退所後のコミュニティ支援が重要であることが明らかになったのである。福田さんはこの事件で懲役10年の判決を受け，2016年6月，84歳のときに刑務所を退所した。その間，このニュースを見ていた北九州市の支援団体「抱樸」の理事長である奥田知志さんが身元引受人となり，「抱樸」でデイケアを受けながら生活している。「抱樸」での生活ぶりがテレビ番組になって

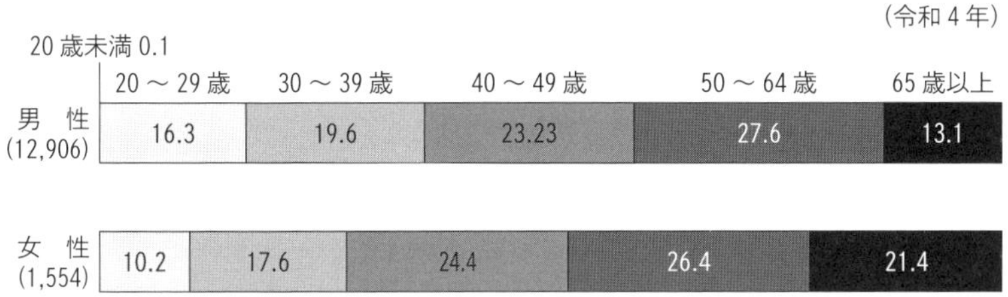

(令和 4 年)

20 歳未満 0.1

	20～29 歳	30～39 歳	40～49 歳	50～64 歳	65 歳以上
男　性 (12,906)	16.3	19.6	23.23	27.6	13.1
女　性 (1,554)	10.2	17.6	24.4	26.4	21.4

図 1　入所受刑者の年齢層別構成比（男女別）（法務省 法務総合研究所，2024）

いたが，福田さんは友達もできて，平日は高齢者向けデイケア，休日は友達と映画を見たり散歩をしたりしていて，幸せそうであった。もちろんその後の再犯はない。このことから，矯正施設退所者への地域生活移行支援，コミュニティ支援の必要性が明らかになっていたのである。

　実際のところ，刑務所入所者は高齢者が多く，また退所後の引き受け先がないため，仮釈放にならず満期出所になるケースが多い。もはや刑務所は高齢化の問題を抱えている。

　「令和 5 年度版　犯罪白書」（法務省 法務総合研究所，2024）では，男性受刑者の 13.1％，女性受刑者の 21.4％が 65 歳以上である（図1）。実は女性の高齢受刑者も多く，生活苦のため食品などの窃盗を繰り返している累犯障害者が多い。

　この問題について，元国会議員の山本譲司さんが，秘書給与流用事件により有罪となり刑務所に服役していたときの経験を『獄窓記』（山本，2003）に書いている。山本さんは，高齢者や知的障害のある受刑者の世話係をしていて，多くの高齢者や知的障害者が服役していること，そしてその後の地域生活への支援が行われていないことを明らかにした。実際に，「令和 5 年度版　犯罪白書」では，満期釈放者（仮釈放されるときに必要な身元引受人がいない，いわば社会的孤立のケース）のうち 21％が 65 歳以上なのである。

1. コミュニティ・アプローチ　225

2. 司法・犯罪分野のコミュニティ・アプローチの実践例

(1) 長崎県「雲仙・虹」

　長崎県にある社会福祉法人南高愛隣会は「生きる誇りへの挑戦」が法人全体のテーマであり，知的・精神障害者の地域生活支援で著名な法人である。当初は，知的・精神障害のある人の入所施設を運営していたが，創立者の田島理事長の何がしたいかという問いに施設利用者が「家に帰りたい」と答えたのを聞き，施設を辞め，グループホームやアパートでの地域での暮らしを支援する方向に転換している（田島，2018）。

　田島氏が2015年に山本譲司氏の『獄窓記』を読み，刑務所のなかに障害者がいることに衝撃を受けたという。そこで，田島氏は厚生労働省の科研費チームのリーダーとして刑務所のなかに行き場のない知的障害者が多く服役していることを明らかにして，まずは長崎県の刑務所出所者への支援を開始し，住居の確保，生活保護受給申請，障害福祉行政との連携などを行うモデル事業を開始した。2009年に更生保護施設の「雲仙・虹」をスタートし，入居者に障害者年金の受給が開始され，さらに地域生活を実現するためのコーディネート機関としての**地域生活定着支援センター**を法人内に設立し，矯正施設退所者を地域につないでいくことを実践した。ここから，全国に地域生活定着支援センターが広まり，厚生労働省の施策として実現することになったのである（図2）。

　なお，利用者は刑務所を退所後いつまでも南高愛隣会の「雲仙・虹」にいるわけではなく，期間がくれば出身地などに戻ることになる。そこで，退所後の「フォローアップ」を南高愛隣会では大切にしている。フォローアップは手紙のやりとりだけではなく，「糸を切らさない」ことを大切にしており，出身地に戻ったときに何かSOSがあれば「出かけていって支援する」ことや，正月の「餅つき大会」やお盆休みなどに「遊びにきてもらう」ということをしていた。実際に，「雲仙・虹」から巣立った人には，行事のときに再訪して，おしゃ

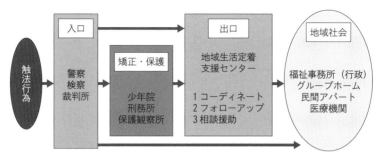

図 2　障害のある人の司法事例を支援につなぐ入口支援と出口支援 (熊上, 2023, p.241)

れをしてネクタイを締め,「社会で頑張っている」姿を見せてくれる人がいるという。「糸を切らさない」ためには利用者にとって「第二の心の故郷」になることが大切であるという。盆や正月などに一人ぼっちになってしまうなら,泊まりにきてもよい。

「雲仙・虹」では,昼間は法人が経営する素麺工場や,和牛の飼育,農作業などをその人の特性に応じて行っている。知的障害のある人でも,たとえば素麺の発送作業をミスなく正確にすることが得意な人や検品が得意な人がいる。こうして昼間の就労を行い,そこで褒められる,工賃が得られることで利用者の自尊心を高め,結果的に再犯を防ぐことができる。もちろんこの地域生活支援の目標は,「再犯をしないこと」ではない。その人がその人らしく地域で暮らすことであり,再犯防止は結果にすぎない。地域生活をして工場や農作業で仕事をすることによって地域の人とも顔なじみになり,受け入れられる。医療や福祉,就労などの専門的援助を受けながら,「この場所にいてもいい」「この場所で認められる」「自分で選択・決定できる」「居場所があり,居心地がよい」という安心できる環境づくりをすることが,心理・福祉専門職の重要な業務といえるであろう。個別のカウンセリングだけでなく,支援の利用者が地域の一員,メンバーとなる実感をもつことができるようなコミュニティ・アプローチの視点が,触法行為の有無に限らず,さまざまな障害をもつ人への支援の根幹であろう。

(2) 埼玉県「埼玉福興」

　埼玉県熊谷市にある「埼玉福興」は，農福（農業と福祉）連携，ソーシャルファーム，矯正施設退所者の受け入れで著名である。その取り組みは，創立者の新井利昌氏の著書（新井. 2017）や，法務省の「再犯防止推進白書」（法務省. 2024）などで紹介されている。

　この土地の名産は「深谷葱」であるが，埼玉福興では近隣の農家300軒分の「苗づくり」をしている。手がかかる苗づくりを受注することで，地域の農業にとってなくてはならない事業者となっている。障害者の生活施設や矯正施設退所者の施設は，周囲から反対などが起きやすいが，ここでは地域の農家から頼りにされていることもあり，温かい目で受け入れられている。

　「再犯防止推進白書」（法務省. 2024）にも紹介されていたＡさんは，農業班のリーダーである。医療少年院を出てからずっと当地で働いている。元気よく日焼けした姿で仕事をしている姿が印象的であった。少年院から埼玉福興の新井氏に連絡が来たときは，最初は受け入れるべきか戸惑ったが，少年院の職員がＡさんを連れてきた。面接をしてその表情や意欲から受け入れを決めたという。Ａさんの障害特性としては，知的・発達障害があり，そのことはＡさん自身も理解している。生活リズムは6時に起床して朝食を食べ，8時半から16時まで仕事である。その後18時から片道2キロ歩いて帰る。Ａさんは手先は不器用で細かい作業をするのは難しいが，トラクターの運転はできる。また，話すことやリーダーシップをとるのが得意であり，接客の講習会にも行って，販売会で野菜を売ったりしていた。

　埼玉福興では，苗づくりだけでなく，地域の農地の草刈り，畑の巡回，交差点の草刈り，溝さらいもやっている。地域を草ボウボウにしないようにしており，その作業工程もＡさんが考えている。小学校の畑もボランティアで耕しているので，Ａさんは小学校でも知られている。

　さらにＡさんは，地域の農家だけでなく，スーパーや病院でも知られているので「もう悪いことはできない」と笑いながら話していた。Ａさんは，地域に溶け込み顔見知りも多く，農業だけでなく，小学校

228　　補論　司法・犯罪分野におけるコミュニティ・アプローチ

での畑作業や地域の草刈りなどでも，地域で欠かせない人物になっていた。まさに Cobb のいう，気遣われ互いに信頼できるネットワークのメンバーになっているといえよう。

このように，矯正施設を退所した後に，安心して生活できる住居や支援者があることと，地域コミュニティ活動への積極的な参加を促すしくみを支援者がつくることで，南高愛隣会の報告と同様に，再犯予防という狭い枠組みではなく，よりよい人生（good life）を送ることへの支援が具現化されていた。

3. 国際的な動向と今後の課題

世界的な犯罪学研究者の Bonta, J. は，2021 年の日本犯罪心理学会講演において，非行や犯罪をする人は，適切な学習がなされていないため，罰を与えるだけでは効果がなく，教育が必要であり，彼らのよい人生のための支援が必要と論じている（Bonta & Andrews, 2017）。

犯罪学分野では，原因究明・処罰のアプローチからコミュニティ・アプローチの転換が進んでいる。筆者は 2023 年にオーストラリアで開催された「国際司法メンタルヘルスサービス学会」に参加したが，オーストラリアでは，受刑者の 40％が精神的問題を抱えていることから，矯正施設と地域保健サービスへの橋渡しが必要であると論じられていた。ただし，その橋渡し役を担う地域の心理職に対しては，司法ケースへのスティグマを解消する研修が必要である。たとえば，「性犯罪をした人は，誰にでも性的逸脱をする」「窃盗をした人は，いつでも盗む可能性がある」という偏見が，市民だけでなく，支援者にもしばしばある。しかし心理職としては，どのような状況・場面でどのようなきっかけがあれば触法行為につながるかのアセスメントを行い，その状況に至った環境を改善することが重要になってくる。こうした司法ケースへの偏見を心理職自身も自覚しながら支援体制を構築していく必要があろう。

また，司法ケースにおけるコミュニティ・アプローチは，住居や医療・福祉の確保，生活保護への同行申請などの経済的支援も含まれる

総合的なパッケージであり，医師，看護師，心理職，作業療法士，言語聴覚士，ソーシャルワーカーなどの他職種が連携し，地域コミュニティにおける精神保健福祉のメンバーにつながる必要がある。オートラリアの刑務所から地域コミュニティ・地域精神福祉につなげる実践を行う Kinner と Wang (2014) は，矯正施設退所後に地域精神福祉につながらないとメンタルヘルスのコンディションが悪化し，犯罪リスクが高まること，あるいは自殺のリスクが高まること，とりわけ矯正施設退所後1〜2週間の自殺が多く，矯正施設退所「直後」のコミュニティ・アプローチが何より重要であると指摘していた。そして，矯正施設退所者が地域精神保健につながるのは human rights（人権）であり，行政や社会からの施しや配慮ではなく，医療や福祉を受ける権利として捉える人権モデルに依拠することが必要と強調している。

　矯正施設から地域精神保健への移行支援により，再犯が結果的に減少することは社会にとって有益ではあるが，それは目的ではなく結果であり，本来の目的は，矯正施設退所者が地域コミュニティにおいて医療や福祉を受けながらよりよい人生を送る権利があること，その環境調整のための支援を行うことが，司法領域の心理職の大きな役割であろう。

　日本では各都道府県に置かれている地域生活定着支援センターがその役割を果たしているが，現在のところは厚生労働省の施策にすぎず，法制化もなされていない。今後の課題としては，地域生活定着支援センターを法律として定め，安定的に運営できる人員や財源を確保する必要がある。また，日本では，矯正施設退所者のうち，特別調整の対象となった受刑者がその支援の対象となるにすぎないが，人権モデルの観点からは，今後はすべての支援を希望する矯正施設退所者に，地域コミュニティへの移行支援が受けられるような制度構築が望まれる。

　犯罪や非行を起こした人は，あなたの町の住人であったかもしれない。お金もなく，仕事もなく，家もなかったのかもしれない，病気や障害を抱えていたかもしれない。それは誰の身の上にも起きることである。

犯罪や非行を起こした人も，いつかは地域に戻る。それはあなたの町であるかもしれない。そのときに，家や仕事，生活費，必要な医療や福祉がコーディネートされることで，その人は「普通に生活する」ことができるかもしれない，その直接的支援および支援体制構築が，司法に関わる心理職・公認心理師や，地域の自治体や民間で活動する心理職・公認心理師に求められているといえよう。

文 献

序 章

日本心理研修センター（2024）．令和 5 年度公認心理師活動状況等調査報告書［最終版］
Retreived from https://www.jccpp.or.jp/download/pdf/R5_konin_shinrishi_katsudo_
joukyoutou_chosa_hokokusho_saisyu.pdf（2024 年 7 月 5 日閲覧）
心理研修センター（2024）．公認心理師の都道府県別登録者数 2024 年度 Retrieved from
https://www.jccpp.or.jp/download/pdf/number_of_registered.pdf（2024 年 10 月 3 日閲
覧）

第 1 章

Becker, H. S.（1963）. *Outsiders: Studies in the sociology of deviance.* New York: Free Press.
Glaser, D.（1956）. Criminality theories and behavioral images. *American Journal of Sociology,*
61, 433–444.
Hirschi, T.（1969）. *Cause of delinquency.* University of California Press.
法務省 法務総合研究所（2024）．令和 5 年度版 犯罪白書―非行少年と生育環境―
Retreived from https://www.moj.go.jp/housouken/housouken03_00127.html（2024 年 7
月 5 日閲覧）
Lombroso, C.（1876）. *L'uomo delinquente.* Italy: Independently published.
前田雅英（2022）．刑事法の要点［第 2 版］ 東京法令出版
Merton, R. K.（1938）. Social structure and anomie. *American Sociological Review, 3*（5）, 672–
682.
Sutherland, E. H.（1947）. *Principes of criminology*（4th ed.）. Chicago: J. B. Lippincott.
Sykes, G. M., & Matza, D.（1957）. Techniques of neutralization: A theory of delinquency.
American Sociological Review, 22（6）, 664–670.

第 2 章

法務省 法務総合研究所（2024）．令和 5 年度版 犯罪白書―非行少年と生育環境―
Retreived from https://www.moj.go.jp/housouken/housouken03_00127.html（2024 年 7
月 5 日閲覧）
角谷慶子（2013）． 司法領域における SST の活用―矯正と保護を中心に― 精神医学, *55*
（3）, 231–236.
前田ケイ（2011）． 生きる力をつける支援のために―保護司面接のための SST マニュアル―
日本更生保護協会
皿田洋子（2017）． SST 臨床心理学, *17*（4）, 500–501.

第 3 章

警察庁生活安全局人身安全・少年課（2024）．令和 5 年における少年非行及び子供の性被害の
状況 Retrieved from https://www.npa.go.jp/bureau/safetylife/syonen/pdf_r5_syonenhi
koujyokyo_kakutei.pdf（2024 年 12 月 12 日閲覧）
法務省 法務総合研究所（2022）．令和 4 年度版 犯罪白書―新型コロナウイルス感染症と刑
事政策 犯罪者・非行少年の生活意識と価値観― Retreived from https://www.moj.
go.jp/content/001387336.pdf（2024 年 7 月 11 日閲覧）
法務省 法務総合研究所（2024）．令和 5 年度版 犯罪白書―非行少年と生育環境―
Retreived from https://www.moj.go.jp/housouken/housouken03_00127.html（2024 年 7
月 5 日閲覧）

233

川出敏裕・金　光旭（2023）．刑事政策［第3版］　成文堂
前田雅英（2000）．少年犯罪—統計からみたその実像—　東京大学出版会

第4章

法務省 法務総合研究所（2024）．令和5年度版　犯罪白書—非行少年と生育環境—
　　　Retrieved from https://www.moj.go.jp/housouken/housouken03_00127.html（2024年7
　　　月5日閲覧）
清水美紀（2017）．児童虐待に関する地域間比較—「平成27年度福祉行政報告例」データの分
　　　析—　社会保障研究，*2*（2），279–308．
Teasdale, J., Williams, M., & Segal, Z. (2014). *The mindful way workbook: An 8-week program to
free yourself from depression and emotional distress.* Guilford Press.（小山秀之・前田泰宏
　　　（監訳）(2018)．　マインドフルネス認知療法ワークブック—うつと感情的苦痛から自由
　　　になる8週間プログラム—　北大路書房）

第5章

法務省 法務総合研究所（2024）．令和5年度版　犯罪白書—非行少年と生育環境—
　　　Retreived from https://www.moj.go.jp/housouken/housouken03_00127.html（2024年7
　　　月8日閲覧）
全国保護司連盟（2024）．統計でみる保護司　Retrieved from https://www.kouseihogo-net.jp/
　　　hogo/hogoshi/condition.html（2024年10月3日閲覧）

第6章

法務省 法務総合研究所（n. d.）．犯罪白書　Retrieved from https://www.moj.go.jp/
　　　housouken/houso_hakusho2.html（2024年7月24日閲覧）
厚生労働省（2023）．通院処遇ガイドライン　Retrieved from https://www.mhlw.go.jp/
　　　content/12601000/001080417.pdf（2024年7月11日閲覧）
碓井真史（2014）．なぜ心神喪失者を許せないのか　Yahoo! ニュース THE PAGE　Retrieved
　　　from https://news.yahoo.co.jp/articles/f63d77afac89dd0c31411cc884f6cdab21ee26f0?pa
　　　ge=1（2024年8月6日閲覧）
重度精神疾患標準的治療法確立事業運営委員会（2022）．医療観察法統計資料2020年版
　　　Retrieved from https://www.ncnp.go.jp/common/cms/docs/toukeishiryou20221226.pdf
　　　（2024年10月3日閲覧）

第7章

警察庁犯罪被害者支援室（2023）．警察による犯罪被害者支援　令和5年度版　Retrieved
　　　from https://www.npa.go.jp/higaisya/shien/pdf/keisatuniyoruhanzaihigaisyashien_
　　　R5.pdf（2024年7月8日閲覧）
東京弁護士会（2024）．犯罪被害者等のプライバシーに配慮し，報道に際して被害者特定事項
　　　等に関する要請を尊重するよう求める意見書　Retrieved from https://www.toben.or.jp/
　　　message/pdf/20240327_2ikensho.pdf（2024年8月8日閲覧）

第8章

加茂登志子（2021）．ドメスティック・バイオレンス（DV）と心身の健康障害　厚生労働省e-
　　　ヘルスネット　Retrieved from https://www.e-healthnet.mhlw.go.jp/information/heart/
　　　k-06-004.html（2024年7月8日閲覧）
内閣府（n. d.）．配偶者からの暴力被害者支援情報　Retrieved from https://www.gender.
　　　go.jp/policy/no_violence/e-vaw/index.html（2024年8月8日閲覧）
内閣府男女共同参画局（2023a）．配偶者暴力加害者プログラム 実施のための留意事項　令和
　　　4年度 配偶者暴力加害者プログラムに関する調査研究事業　Retrieved from https://
　　　www.gender.go.jp/policy/no_violence/e-vaw/chousa/pdf/r04_kagaishya-p.pdf（2024年

234　｜　文　献

8 月 8 日閲覧）

内閣府男女共同参画局（2023b）．配偶者暴力相談支援センターにおける相談件数等（令和 4 年 度 分） Retreived from https://www.gender.go.jp/policy/no_violence/e-vaw/data/pdf/2022soudan.pdf

内閣府男女共同参画局（2024a）．男女間における暴力に関する調査報告書 Retreived from https://www.gender.go.jp/policy/no_violence/e-vaw/chousa/pdf/r05/r05danjokan-10.pdf（2024 年 7 月 8 日閲覧）

内閣府男女共同参画局（2024b）．男女共同参画白書 令和 6 年度版 Retreived from https://www.gender.go.jp/about_danjo/whitepaper/index.html（2024 年 7 月 8 日閲覧）

内閣府男女共同参画局（n. d.）．配偶者からの暴力被害者支援情報 Retreived from https://www.gender.go.jp/policy/no_violence/e-vaw/index.html（2024 年 8 月 8 日閲覧）

佐藤由佳利（2020）．配偶者等暴力被害におけるカウンセリングの意義 北海道教育大学大学院研究紀要, *17*, 3–10.

第 9 章

法務省（n. d.）．親権者 離婚を考えている方へ―離婚をするときに考えておくべきこと― Retreived from https://www.moj.go.jp/MINJI/minji07_00015.html（2024 年 7 月 23 日閲覧）

厚生労働省（2022）．令和 4 年度「離婚に関する統計」の概況 人口動態統計特殊報告 Retreived from https://www.mhlw.go.jp/toukei/saikin/hw/jinkou/tokusyu/rikon22/dl/gaikyo.pdf（2024 年 7 月 8 日閲覧）

厚生労働省子ども家庭局（2022）．令和 3 年度 全国ひとり親世帯等調査結果報告 Retreived from https://www.moj.go.jp/content/001388754.pdf（2024 年 7 月 8 日閲覧）

熊上 崇・赤石千衣子（編著）（2024）．別居・離婚後の「共同親権」を考える―子どもと同居親の視点から― 明石書店

熊上 崇・岡村晴美（編著）（2023）．面会交流と共同親権―当事者の声と海外の法制度― 明石書店

補 論

新井利昌（2017）．農福一体のソーシャルファーム―埼玉福興の取り組みから― 創森社

Bonta, J., & Andrews, D. A.（2017）．*The psychology of criminal conduct*（6th ed.）．Routledge.（原田隆之（訳）（2018）．犯罪行動の心理学 ［原著第 6 版］ 北大路書房）

Cobb, S.（1976）．Social support as a moderator of life stress. *Psychosomatic Medicine, 38*（5），300–314.

法務省（2024）．令和 5 年版 再犯防止推進白書（令和 4 年度再犯の防止等に関する施策） Retreived from https://www.moj.go.jp/hisho/saihanboushi/hisho04_00108.html（2024 年 7 月 5 日閲覧）

法務省 法務総合研究所（2024）．令和 5 年度版 犯罪白書―非行少年と生育環境― Retreived from https://www.moj.go.jp/housouken/housouken03_00127.html（2024 年 7 月 5 日閲覧）

Kinner, S. A., & Wang, E. A.（2014）．The case for improving the health of ex-prisoners. *American Journal of Public Health*, *104*（8），1352–1355.

熊上 崇（2023）．ケースで学ぶ 司法犯罪心理学【第 2 版】―発達・福祉・コミュニティの視点から― 明石書店

社会福祉法人南高愛隣会・共生社会を創る愛の基金（編）（2021）．「暮らしのルールブック」の使い方―ともに学ぼう，楽しく生きていくために守ること― エンパワメント研究所

田島良昭（2018）．一隅を照らす蠟燭に―障がい者が "ふつうに暮らす" を叶えるために― 中央法規出版

山本譲司（2003）．獄窓記 ポプラ社

索　引

あ
IPV　173
アノミー理論　30

い
一時保護　175
一部執行猶予　38
一般遵守事項　111
医療観察制度　129

お
応急の救護　114
恩赦　109

か
改善指導　42
学習性無力感　184
家庭裁判所調査官　68
科料　38
間欠強化　184
観護処遇　67
観護措置　66
鑑定　15
鑑定医　130
鑑定入院　130

き
逆送　88
協議離婚　198
共通評価項目　134
共同親権　202
業務独占資格　5
緊急避難　13

く
虞犯少年　63

け
ケア会議　135
刑事施設　39
刑法　12
刑務所　39
検察官送致　88

こ
拘禁刑　37
更生緊急保護　114
更生保護施設　114

拘置所　39
拘留　38
心の健康教育　3

さ
罪刑法定主義　12
裁判員裁判　23
裁判離婚　199

し
CFP　111
死刑　37
試験観察　70
資質向上の責務　5
執行猶予　38
指導監督　86
児童自立支援施設　86
児童養護施設　87
社会的絆理論　30
社会復帰調整官　130
少年院　87
少年鑑別所　67
少年刑務所　39
処遇指標　40
処遇調査　40
触法少年　63
女性自立支援施設　175
女性相談支援員　175
女性相談支援センター　175
自立更生促進センター　116
自立準備ホーム　116
親権　200
親権喪失　203
親権停止　203
心神耗弱　15, 129
心神喪失　15, 129
審判離婚　199
信用失墜行為の禁止　4

す
ストレングス　33

せ
生活行動指針　111
精神保健観察　133
精神保健参与員　132
精神保健審判員　132
正当行為　13

237

正当防衛 13
生物 – 心理 – 社会モデル 31
生来性犯罪者説 29
全件送致主義 65

そ

捜査 19

た

多職種チーム会議 135
単独親権 202

ち

地域生活定着支援センター 116, 226
地方更生保護委員会 46
調停離婚 199

て

デート DV 175

と

特定少年 61
特定生活指導 93
特別遵守事項 111
ドメスティック・バイオレンス 173

は

配偶者暴力相談支援センター 175
罰金刑 38
犯罪少年 63
犯罪被害給付制度 158

ひ

被害者参加制度 154

被害者対策要綱 154
被害者等通知制度 154, 157
被害者連絡制度 157
秘密保持義務 4

ふ

夫婦関係調整調停 199
分化的接触理論 30
分化的同一化理論 30

ほ

法務少年支援センター 68
保護観察 38, 90
保護観察官 86
保護司 86
保護処分 62
保護措置 62, 86
保護命令 173
補導援護 86

め

名称独占資格 5
面会交流 198
面前 DV 181

よ

要保護性 68

ら

ラベリング理論 30

り

離婚 197
離婚調停 199

法 令 一 覧

法令等の内容は刊行時点のものである。

医療観察法災害ガイドライン［厚生労働省］　6章
　　平成三十年五月二十二日
　　https://kouseikyoku.mhlw.go.jp/kantoshinetsu/gyomu/bu_ka/iji/saigai.pdf

覚醒剤取締法［昭和二十六年法律第二百五十二号］　2, 5章
　　公布日：昭和二十六年六月三十日
　　施行日：令和四年六月十七日（令和四年法律第六十八号による改正）
　　https://elaws.e-gov.go.jp/document?lawid=326AC0100000252

家事事件手続法［平成二十三年法律第五十二号］　9章
　　公布日：平成二十三年五月二十五日
　　施行日：令和六年五月二十四日（令和六年法律第三十三号による改正）
　　https://laws.e-gov.go.jp/law/423AC0000000052

矯正教育課程に関する訓令［法務省矯少訓第2号］　4章
　　平成二十七年五月十四日
　　https://www.moj.go.jp/content/001321781.pdf

警察官職務執行法［昭和二十三年法律第百三十六号］　1章
　　公布日：昭和二十三年七月十二日
　　施行日：令和四年六月十七日（令和四年法律第六十八号による改正）
　　https://laws.e-gov.go.jp/law/323AC0000000136

刑事施設及び被収容者等の処遇に関する規則［平成十八年法務省令第五十七号］　2章
　　公布日：平成十八年五月二十三日
　　施行日：令和六年四月一日（令和六年法務省令第二十五号による改正）
　　https://laws.e-gov.go.jp/law/418M60000010057/#Mp-Ch_10

刑事収容施設及び被収容者等の処遇に関する法律（刑事収容施設法）［平成十七年法律第五十号］　1, 2, 4章
　　公布日：平成十七年五月二十五日
　　施行日：令和六年四月一日（令和五年法律第六十三号）
　　https://laws.e-gov.go.jp/law/417AC0000000050/

刑事訴訟法［昭和二十三年法律第百三十一号］　1, 2, 3, 7章
　　公布日：昭和二十三年七月十日
　　施行日：令和六年十二月十二日（令和五年法律第八十四号による改正）
　　https://laws.e-gov.go.jp/law/323AC0000000131

刑法［明治四十年法律第四十五号］　1-4, 6, 8章
　　公布日：明治四十年四月二十四日
　　施行日：令和五年七月十三日（令和五年法律第六十六号による改正）
　　https://laws.e-gov.go.jp/law/140AC0000000045

更生保護法［平成十九年法律第八十八号］　2, 4, 5章
　　公布日：平成十九年六月十五日
　　施行日：令和六年四月一日（令和四年法律第五十二号による改正）
　　https://laws.e-gov.go.jp/law/419AC0000000088

公認心理師法［平成二十七年法律第六十八号］　序章
　　公布日：平成二十七年九月十六日
　　施行日：令和六年五月二十七日（令和三年法律第三十七号による改正）

https://elaws.e-gov.go.jp/document?lawid=427AC1000000068

国外犯罪被害弔慰金等の支給に関する法律施行規則〔平成二十八年国家公安委員会規則
第二十三号〕 `7章`
　　公布日：平成二十八年十月十二日
　　施行日：令和五年十一月一日（令和五年国家公安委員会規則第十三号による改正）
　　https://laws.e-gov.go.jp/law/428M60400000023/

困難な問題を抱える女性への支援に関する法律（女性支援新法）〔令和四年法律第五十
二号〕 `8章`
　　公布日：令和四年五月二十五日
　　施行日：令和六年四月一日（令和四年法律第六十六号による改正）
　　https://laws.e-gov.go.jp/law/504AC0100000052

裁判員の参加する刑事裁判に関する法律（裁判員法）〔平成十六年法律第六十三号〕 `1章`
　　公布日：平成十六年五月二十八日
　　施行日：令和六年二月十五日（令和五年法律第二十八号による改正）
　　https://laws.e-gov.go.jp/law/416AC0000000063

裁判所法〔昭和二十二年法律第五十九号〕 `1章`
　　公布日：昭和二十二年四月十六日
　　施行日：令和五年六月十四日（令和五年法律第五十三号による改正）
　　https://laws.e-gov.go.jp/law/322AC0000000059

指定通院医療機関運営ガイドライン〔厚生労働省〕 `6章`
　　施行日：平成三十一年四月一日施行
　　（平成三十一年三月五日改正）
　　https://www.mhlw.go.jp/content/12601000/001080415.pdf

指定入院医療機関運営ガイドライン〔厚生労働省〕 `6章`
　　施行日：平成三十一年四月一日施行
　　（平成三十一年三月五日改正）
　　https://www.mhlw.go.jp/content/12601000/001080396.pdf

児童虐待の防止等に関する法律（児童虐待防止法）〔平成十二年法律第八十二号〕 `8章`
　　公布日：平成十二年五月二十四日
　　施行日：令和六年四月一日（令和四年法律第百四号による改正）
　　https://laws.e-gov.go.jp/law/412AC1000000082

児童福祉法〔昭和二十二年法律第百六十四号〕 `3,4章`
　　公布日：昭和二十二年十二月十二日
　　施行日：令和六年十月一日（令和六年法律第四十七号による改正）
　　https://laws.e-gov.go.jp/law/322AC0000000164

住民基本台帳法〔昭和四十二年法律第八十一号〕 `2章`
　　公布日：昭和四十二年七月二十五日
　　施行日：令和六年十一月二十一日（令和六年法律第三十二号による改正）
　　https://laws.e-gov.go.jp/law/342AC0000000081

少年院法〔平成二十六年法律第五十八号〕 `4章`
　　公布日：平成二十六年六月十一日
　　施行日：令和五年十二月一日（令和四年法律第六十七号による改正）
　　https://laws.e-gov.go.jp/law/426AC0000000058/

少年鑑別所法〔平成二十六年法律第五十九号〕 `3章`
　　公布日：平成二十六年六月十一日

施行日：令和五年十二月一日（令和四年法律第六十七号による改正）

https://laws.e-gov.go.jp/law/426AC0000000059/

少年教護法［昭和八年法律第五十五号］ `4章`

公布日：昭和八年五月五日

https://hourei.ndl.go.jp/simple/detail?lawId=0000023875&current=-1

少年審判規則［昭和二十三年最高裁判所規則第三十三号］ `3,4章`

公布日：昭和二十三年十二月二十一日

施行日：令和六年九月十七日（最高裁判所規則第十四号による改正）

https://hourei.ndl.go.jp/simple/detail?lawId=0000040647&current=-1

少年法［昭和二十三年法律第百六十八号］ `1,3,4-6章`

公布日：昭和二十三年七月十五日

施行日：令和五年十一月十五日（令和五年法律第二十八号による改正）

https://laws.e-gov.go.jp/law/323AC0000000168

心神喪失等の状態で重大な他害行為を行った者の医療及び観察等に関する法律（心神喪失者等医療観察法）［平成十五年法律第百十号］ `1,6章`

公布日：平成十五年七月十六日

施行日：令和五年七月十三日（令和五年法律第六十六号による改正）

https://elaws.e-gov.go.jp/document?lawid=415AC0000000110

ストーカー行為等の規制等に関する法律（ストーカー規制法）［平成十二年法律第八十一号］ `8章`

公布日：平成十二年五月二十四日

施行日：令和六年四月一日（令和五年法律第六十三号による改正）

https://laws.e-gov.go.jp/law/412AC0100000081

精神保健及び精神障害者福祉に関する法律（精神保健福祉法）［昭和二十五年法律第百二十三号］ `1,6章`

公布日：昭和二十五年五月一日

施行日：令和六年四月一日（令和四年法律第百四号による改正）

https://laws.e-gov.go.jp/law/325AC0100000123

第 4 次犯罪被害者等基本計画［警察庁］ `7章`

令和三年三月三十日

https://www.npa.go.jp/hanzaihigai/kihon_keikaku/4th_bp.pdf

地域社会における処遇のガイドライン［法務省・厚生労働省］ `6章`

平成十七年七月十五日

http://kansatuhou.net/10_shiryoshu/pdf/6_tiikishoguu_guide.pdf

通院処遇ガイドライン［厚生労働省］ `6章`

施行日：平成三十一年四月一日施行

（平成三十一年三月五日改正）

https://www.ncnp.go.jp/nimh/chiiki/documents/doc19032604.pdf

盗犯等ノ防止及処分ニ関スル法律［昭和五年法律第九号］ `1章`

公布日：昭和五年五月二十二日

https://hourei.ndl.go.jp/simple/detail?lawId=0000022359&current=-1

道路交通法［昭和三十五年法律第百五号］ `1,2,5章`

公布日：昭和三十五年六月二十五日

施行日：令和六年十一月一日（令和六年法律第三十四号による改正）

https://laws.e-gov.go.jp/law/335AC0000000105

入院処遇ガイドライン［厚生労働省］ 6章
施行日：平成三十一年四月一日施行
（平成三十一年三月五日改正）
https://www.mhlw.go.jp/content/12601000/001080410.pdf

配偶者からの暴力の防止及び被害者の保護等に関する法律（配偶者暴力防止法）［平成
十三年法律第三十一号］ 8章
公布日：平成十三年四月十三日
施行日：令和六年四月一日（令和五年法律第三十号による改正）
https://laws.e-gov.go.jp/law/413AC0100000031/

犯罪捜査規範［昭和三十二年国家公安委員会規則第二号］ 1, 3章
公布日：昭和三十二年七月十一日
施行日：令和六年四月一日（令和六年国家公安委員会規則第七号）による改正
https://laws.e-gov.go.jp/law/332M50400000002/

犯罪被害者等基本法［平成十六年法律第百六十一号］ 7章
公布日：平成十六年十二月八日
施行日：平成二十八年四月一日（平成二十七年法律第六十六号による改正）
https://laws.e-gov.go.jp/law/416AC1000000161

**犯罪被害者等給付金の支給等による犯罪被害者等の支援に関する法律（犯罪被害者等
給付金支給法；以下，犯給法）**［昭和五十五年法律第三十六号］ 7章
公布日：昭和五十五年五月一日
施行日：令和六年九月二十六日（令和六年法律第六十五号による改正）
https://laws.e-gov.go.jp/law/355AC0000000036

**犯罪被害者等の権利利益の保護を図るための刑事手続に付随する措置に関する法律
（以下，犯罪被害者保護法）**［平成十二年法律第七十五号］ 7章
公布日：平成十二年五月十九日
施行日：令和六年三月一日（令和四年法律第四十八号による改正）
https://laws.e-gov.go.jp/law/412AC0000000075

犯罪被害者等の権利利益の保護等を図るための施策の推進に関する条例［兵庫県条例
第十五号］ 7章
施行日：令和五年四月一日
https://web.pref.hyogo.lg.jp/kf13/documents/honnbunn.pdf

**犯罪被害者等のプライバシーに配慮し，報道に際して被害者特定事項等に関する要請
を尊重するよう求める意見書**［東京弁護士会］ 7章
令和六年三月二十七日
https://www.toben.or.jp/message/pdf/20240327_2ikensho.pdf

法務省設置法［平成十一年法律第九十三号］ 2章
公布日：平成十一年七月十六日
施行日：令和六年四月一日（令和四年法律第五十二号による改正）
https://laws.e-gov.go.jp/law/411AC0000000093

保護司法［昭和二十五年法律第二百四号］ 5章
公布日：昭和二十五年五月二十五日
施行日：令和四年六月十七日（令和四年法律第六十八号による改正）
https://laws.e-gov.go.jp/law/325AC0000000204

民法［明治二十九年法律第八十九号］ 3, 9章
公布日：明治二十九年四月二十七日

施行日：令和六年五月二十四日（令和六年法律第三十三号による改正）
https://laws.e-gov.go.jp/law/129AC0000000089

執筆者一覧（執筆順）　＊は編著者

髙坂　康雅＊（和光大学現代人間学部　教授　公認心理師）
　　　序章，第5章～第9章，事例を読む（第1章，第8章），ワーク（1，8），コラム
　　　（1，5～8）

尾崎　一浩（尾崎一浩法律事務所　弁護士，大阪経済大学人間科学部　講師）
　　　第1章～第4章，コラム（2～4）

若井　貴史（哲学心理研究所　公認心理師・臨床心理士）
　　　事例を読む（第2章，第4章，第7章），ワーク（2，4，7）

熊上　崇（和光大学現代人間学部　教授　公認心理師）
　　　補論，事例を読む（第3章，第5章，第6章，第9章），ワーク（3，5，6，9）コ
　　　ラム（9）

編著者紹介

髙坂　康雅（こうさか・やすまさ）

2009 年　筑波大学大学院人間総合科学研究科心理学専攻修了
現　在　和光大学現代人間学部教授（心理学博士），公認心理師

〈主著・論文〉
思春期における不登校支援の理論と実践—適応支援室「いぐお〜る」の挑戦（共著）　ナカニ
　　シヤ出版　2016 年
恋愛心理学特論—恋愛する青年／しない青年の読み解き方　福村出版　2016 年
レクチャー青年心理学—学んでほしい・教えてほしい青年心理学の 15 のテーマ（共著）　風
　　間書房　2017 年
ノードとしての青年期（共著）　ナカニシヤ出版　2018 年
公認心理師試験対策総ざらい　実力はかる 5 肢選択問題 360　福村出版　2021 年
深掘り！関係行政論　教育分野—公認心理師必携　北大路書房　2021 年
第 2 版　本番さながら！公認心理師試験予想問題厳選 200　メディカ出版　2022 年
深掘り！関係行政論　産業・労働分野—公認心理師必携　北大路書房　2023 年
深掘り！関係行政論　保健・医療分野—公認心理師必携　北大路書房　2024 年

深掘り！　関係行政論　司法・犯罪分野
——公認心理師必携——

2025 年 4 月 10 日　初版第 1 刷印刷
2025 年 4 月 20 日．初版第 1 刷発行

定価はカバーに表示してあります。
落丁・乱丁本はお取り替えいたします。

編著者　　　　髙坂　康雅
発行所　　　　㈱北大路書房

〒 603-8303　京都市北区紫野十二坊町 12-8
電話　（075）431-0361㈹　　振替　01050-4-2083
FAX　（075）431-9393

装幀／野田和浩
ⓒ 2025　検印省略　印刷・製本／創栄図書印刷（株）
ISBN978-4-7628-3285-7　　　Printed in Japan

・　JCOPY〈㈳出版者著作権管理機構　委託出版物〉
本書の無断複写は著作権法上での例外を除き禁じられています。
複写される場合は，そのつど事前に，㈳出版者著作権管理機構
（電話 03-5244-5088, FAX 03-5244-5089, e-mail: info@jcopy.or.jp）
の許諾を得てください。

◆◆◆◆ 深掘り！関係行政論 シリーズ ◆◆◆◆

働いてからも使える！　心理職の「下地」をつくる法制度入門書。
心理学習の学びにも最適。

深掘り！関係行政論 教育分野 ―公認心理師必携―

■ 主な目次

序　章　公認心理師とは ―公認心理師法―
第1章　教育とは何か ―日本国憲法・教育基本法・学校教育法―
第2章　子どもの心身の健康を守る ―学校保健安全法―
第3章　子どものいじめを予防する ―いじめ防止対策推進法―
第4章　不登校の子どもを支援する ―教育機会確保法―
第5章　障害などを有する子どもを支援する ―特別支援教育―

髙坂康雅（著）A5判・184頁
本体価格 2200円＋税
ISBN978-4-7628-3178-2

深掘り！関係行政論 産業・労働分野 ―公認心理師必携―

■ 主な目次

序　章　公認心理師と産業・労働分野 ―公認心理師法―
第1章　労働とは何か ―労働基準法―
第2章　労働者のメンタルヘルスを守る ―職場における心の健康づくり―
第3章　労働者の安全を支える ―労働安全衛生法―
第4章　性別を問わない働き方を進める
　　　　―男女雇用機会均等法と育児・介護休業法―
第5章　ハラスメントから労働者を守る ―労働施策総合推進法―
第6章　過労死等から労働者を守る ―過労死等防止対策推進法―
第7章　労働者の職場復帰を支援する ―職場復帰支援―
補　論　産業・労働分野で働くために知っておくべきこと

髙坂康雅（編著）A5判・264頁
本体価格 2700円＋税
ISBN978-4-7628-3228-4

深掘り！関係行政論 保健・医療分野 ―公認心理師必携―

■ 主な目次

序　章　公認心理師と保健医療分野 ―公認心理師法―
第1章　安全な医療とは何か？ ―医療法と医療倫理―
第2章　精神障害者の福祉の増進を図る ―精神保健福祉法①―
第3章　精神障害者に対する医療 ―精神保健福祉法②―
第4章　精神障害者の退院促進と社会的自立 ―精神保健福祉法③―
第5章　依存症の背後にある生きづらさを支え
　　　　―アルコール健康障害対策基本法・ギャンブル等依存症対策基本法―
第6章　自殺を予防し，幸福な人生をつくる ―自殺対策基本法―
第7章　被災者のこころをケアする
　　　　―被災者のこころのケア都道府県対応ガイドライン―
補　論　公認心理師が，なぜ法律を学ぶのか？
　　　　―法律・予算・仕事・キャリア形成について考える―

髙坂康雅（編著）A5判・200頁
本体価格 2700円＋税
ISBN978-4-7628-3243-7